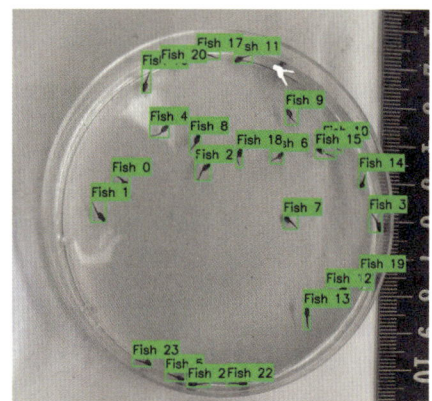

a）叶片及病害检测　　　　　　　　b）鱼苗检测与计数

图 3-1　目标检测示例

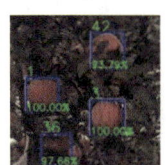 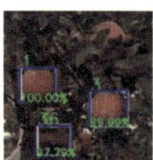 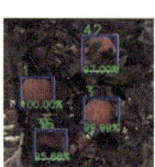  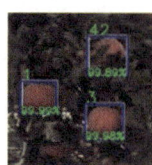 

第 3 帧　　　第 14 帧　　　第 20 帧　　　第 34 帧　　　第 42 帧　　　第 53 帧

图 3-2　目标跟踪

a）图像分类　　　　　　　　　　　b）目标检测

c）语义分割　　　　　　　　　　　d）实例分割

图 3-4　计算机视觉中四种不同技术的效果图

a）玉米生长监测　　　　　b）苹果产量估计　　　　　c）玉米病虫害识别

图 3-5　实例分割的农业应用

a）蚜虫　　　b）褐斑病　　　c）白粉病　　　d）花叶病　　　e）锈病　　　f）赤霉病

图 3-6　苹果叶片病害数据集

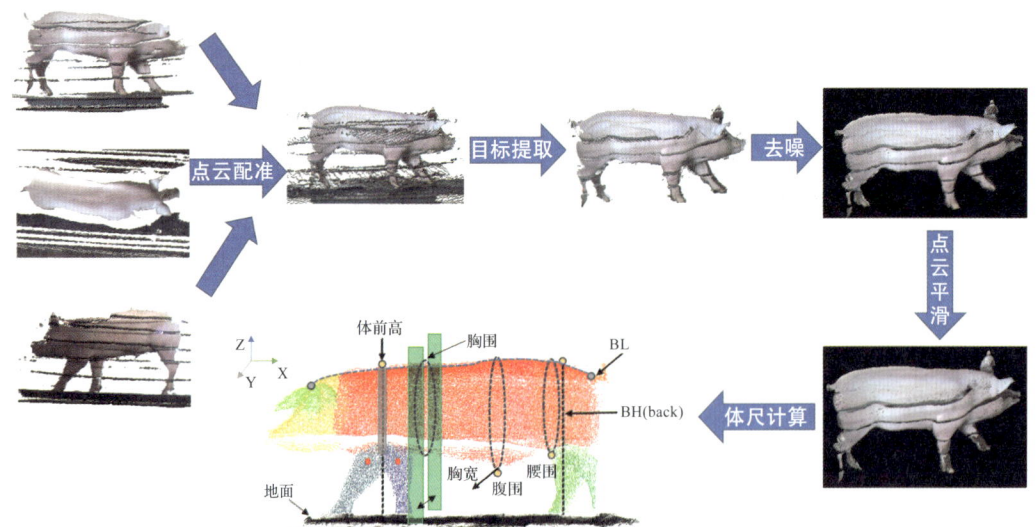

图 3-9　牲畜三维体尺测量示意图

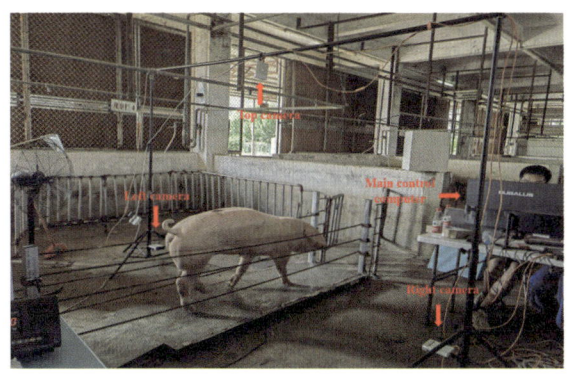

图 3-10　猪（左）、牛（右）三维点云采集现场图

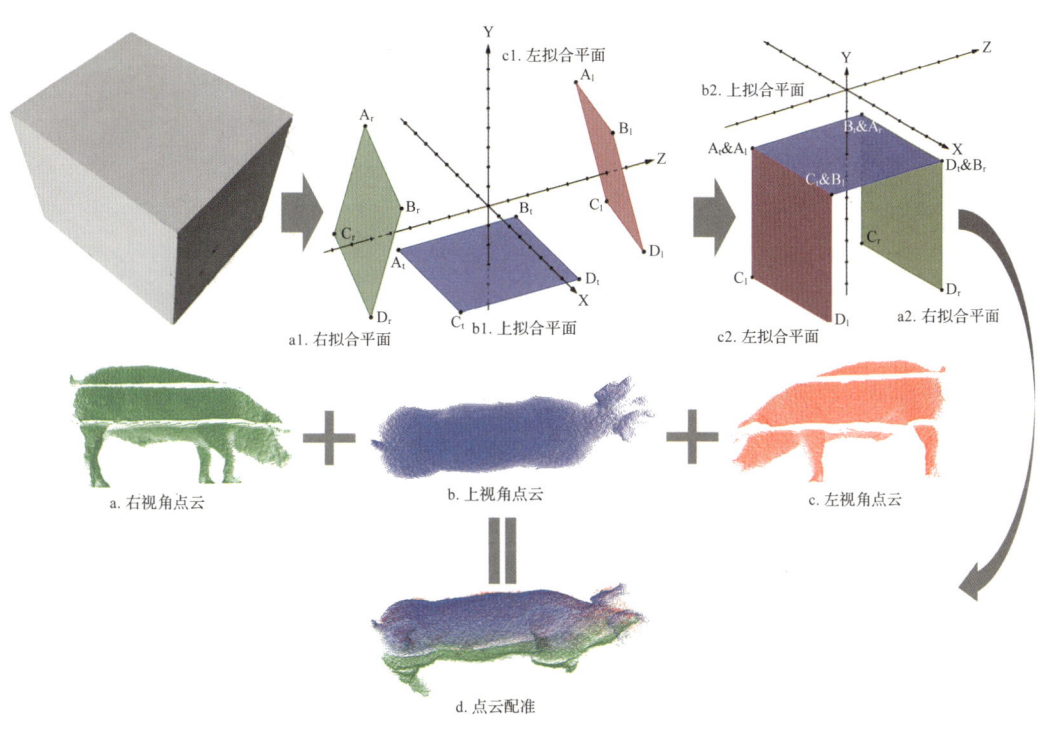

图 3-11　长方体标定物配准融合方案

图 3-12　目标点云提取过程：最小包围盒提取点云（左），最小包围盒内背景点云（中），提取猪体目标点云（右）

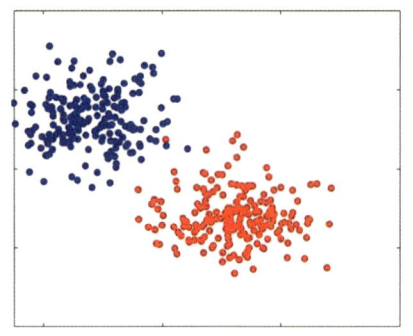 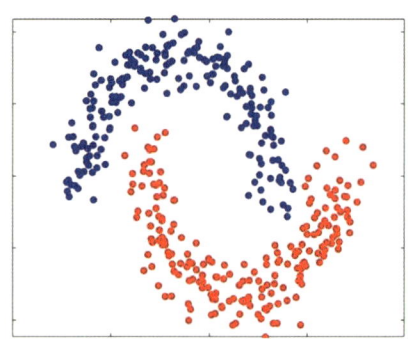

图 4-3　线性可分数据（左）与非线性可分数据（右）的示例

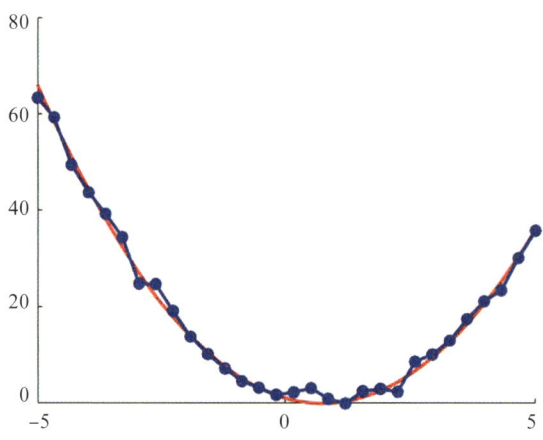

图 4-7　过拟合的示例。图中蓝色曲线中的多项式函数"完美地"拟合了这些数据点；相较之下，红色曲线所代表的二次函数，则能更好地拟合未知的数据点，具有更强的泛化能力

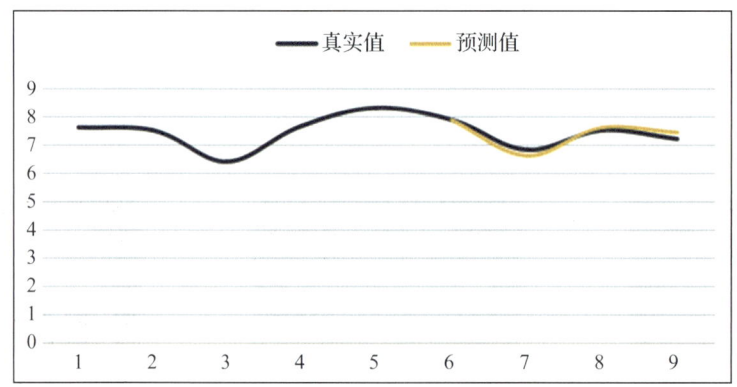

图 4-29　"大土 2 项"品种在 7～9 月的毛利真实值与预测值对比图

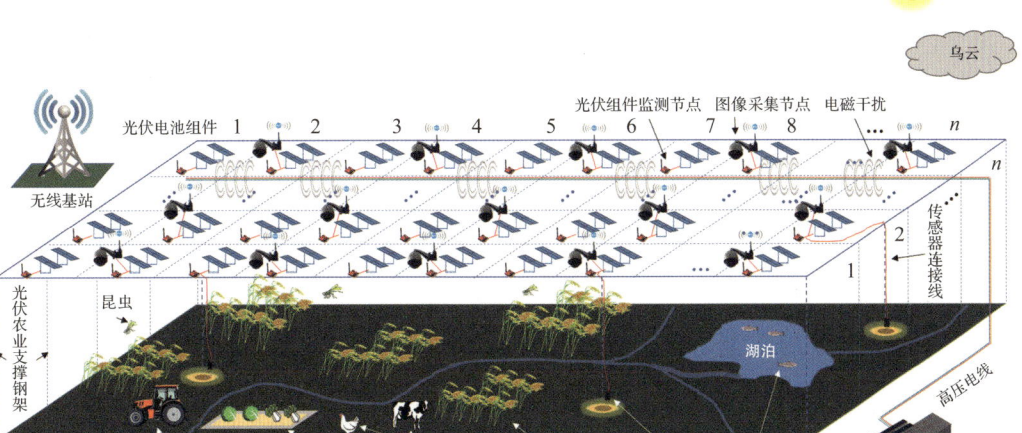

图 5-3　光伏农场物联网的结构示意图

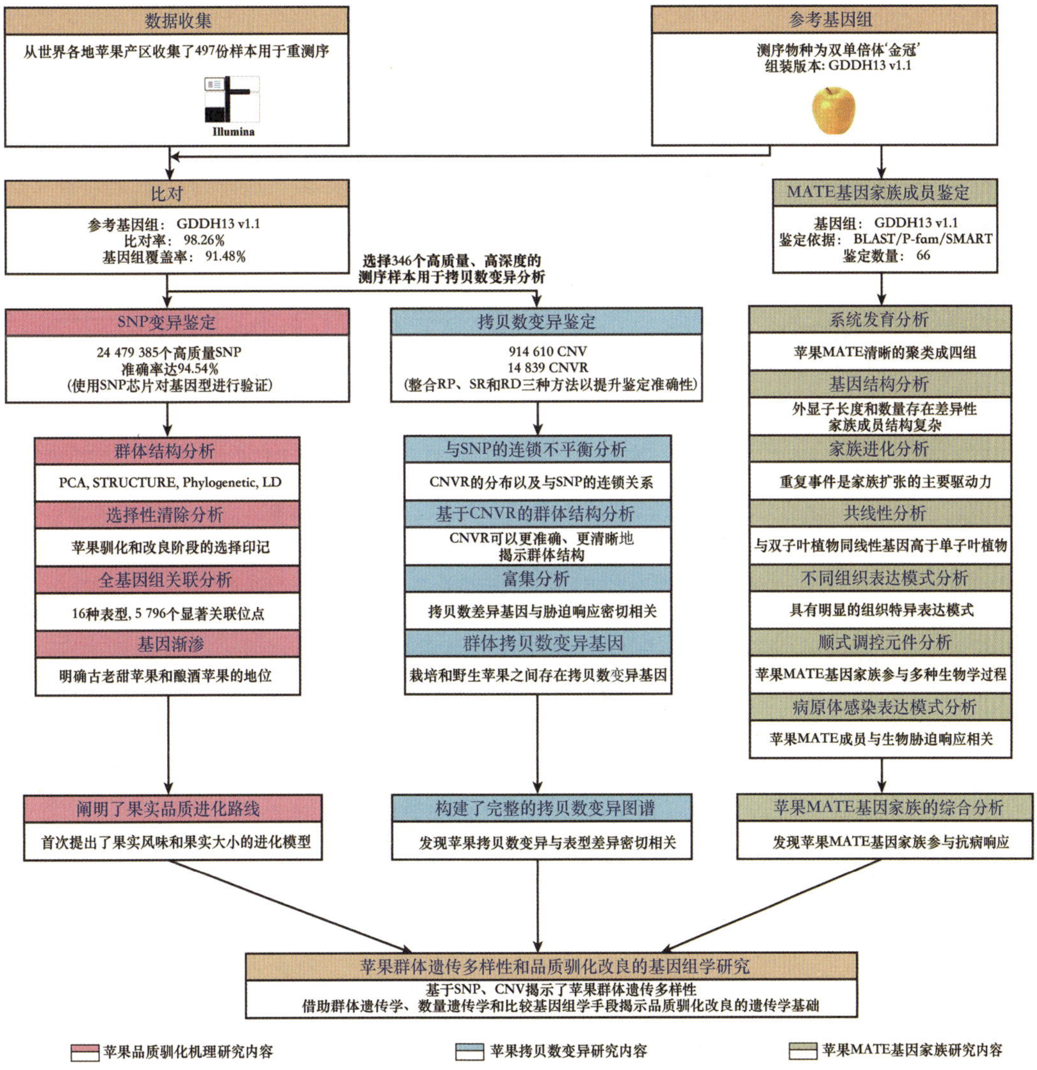

图 7-1　组学数据用于果树群体遗传多样性和品质驯化改良研究的分析流程

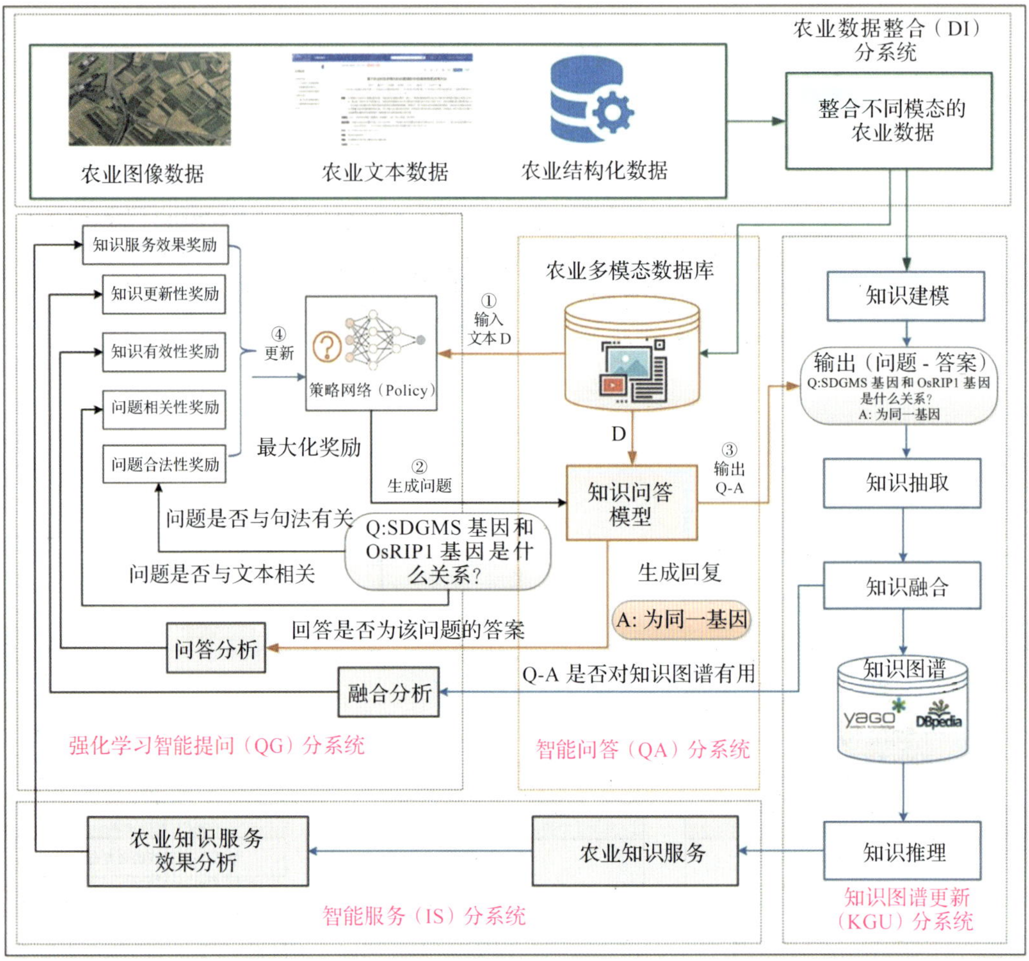

图 7-20 农业知识工程及知识服务解决方案框架

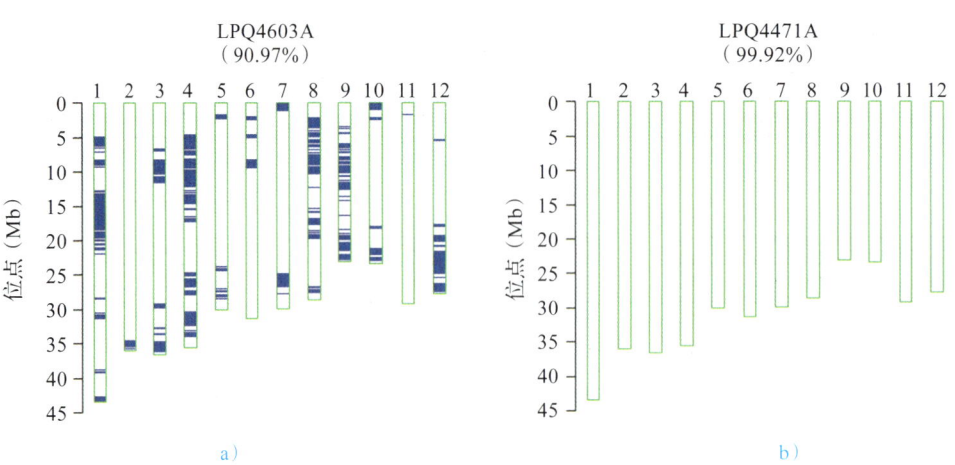

图 7-22 利用水稻绿色基因芯片 GSR40K 对水稻种质资源进行纯合度分析

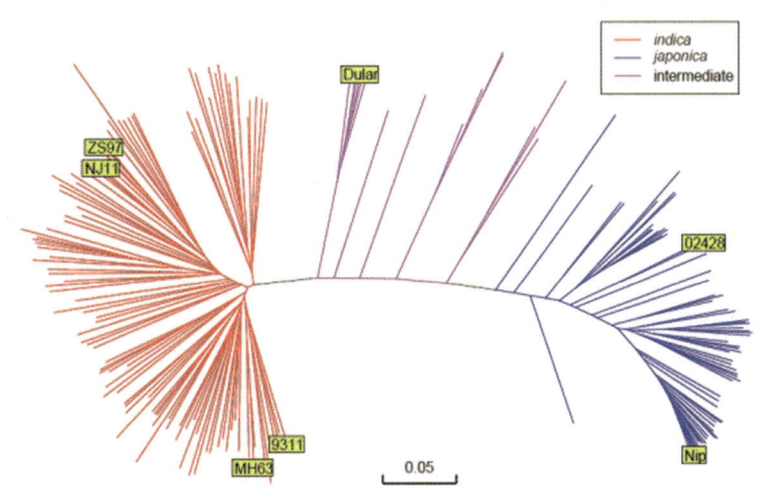

图 7-23 利用水稻基因芯片 RiceSNP50 对 195 份水稻自交系进行系统发育分析

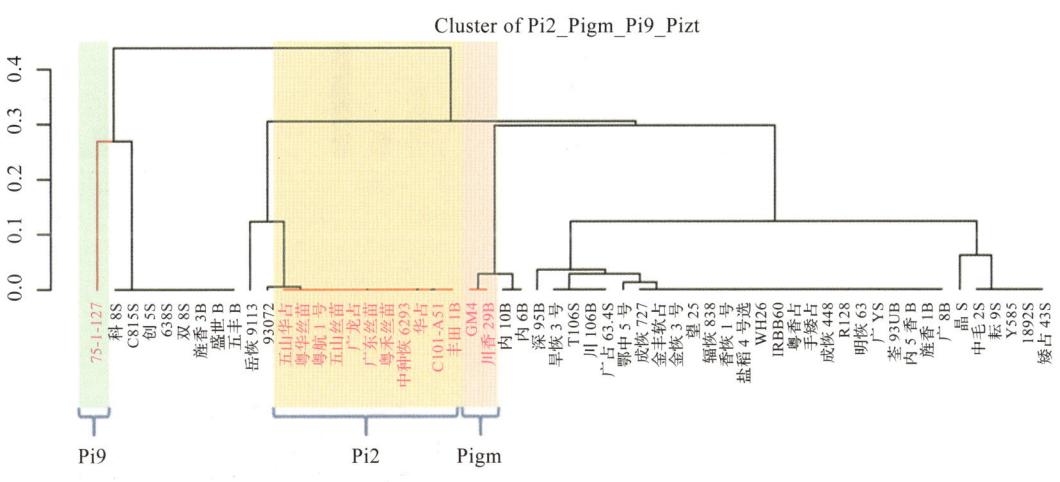

图 7-24 利用水稻基因芯片 GSR40K 对 Pi2 区段功能单倍型鉴定结果

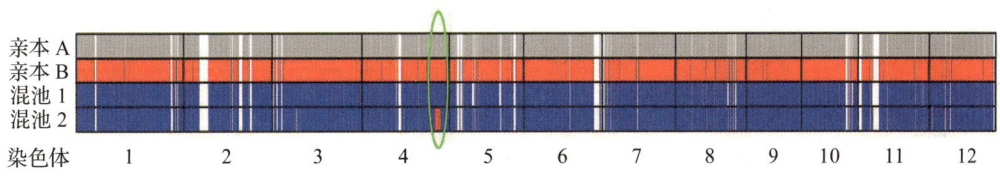

图 7-25 利用水稻基因芯片 GSR40K 对水稻分离群体开展 BSA 初步定位

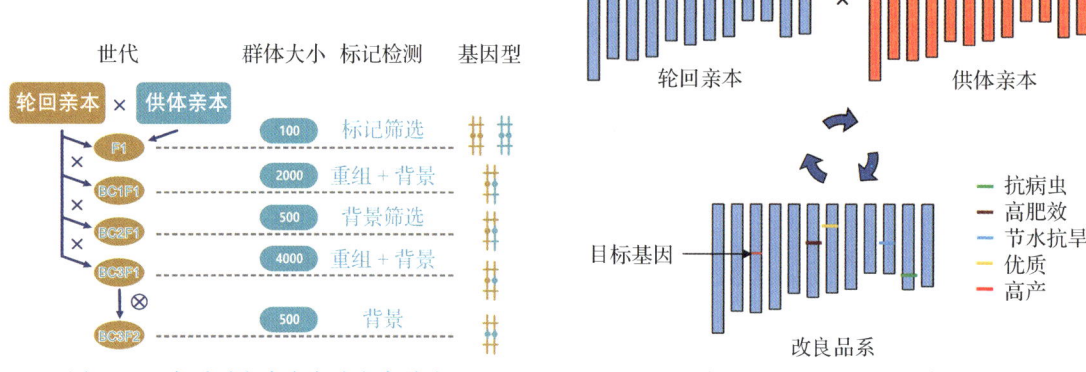

图 7-26　水稻稻瘟病定向改良育种流程

图 7-27　利用基因芯片，通过单性状突破、多性状集成，培育绿色超级稻新品种

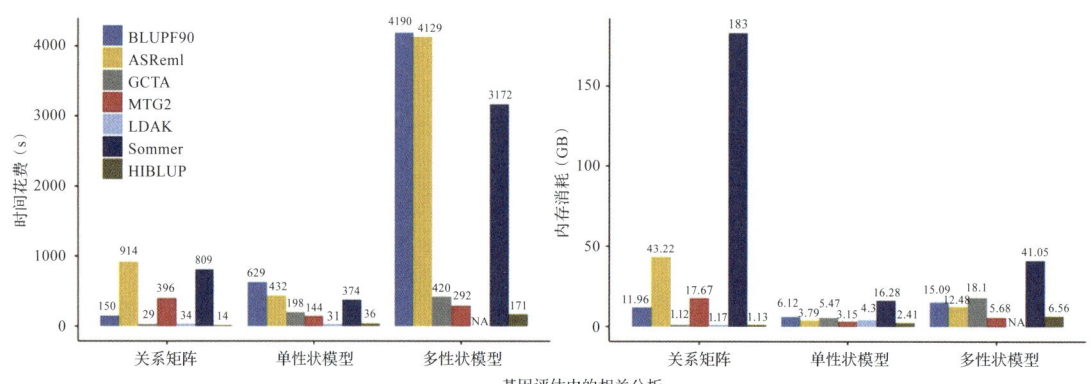

图 7-28　HIBLUP 新工具与国外现有工具计算时间及内存消耗对比

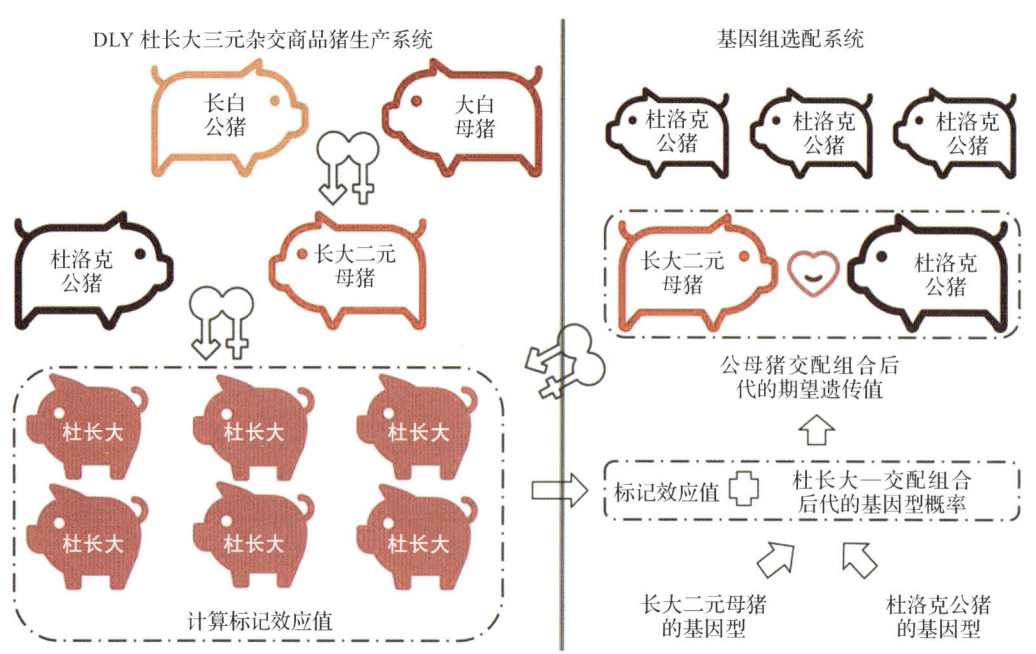

图 7-29　基因组精准选配流程图

普通高等学校人工智能通识系列教材

人工智能通识教程

（农林院校版）

主　编　黄　栋　张红雨　舒　磊
副主编　黄　琼　王昌栋　刘　斌
参　编　魏霖静　肖媚燕　胡　炼

General Course of Artificial Intelligence

(for Agriculture and Forestry Universities)

机械工业出版社
CHINA MACHINE PRESS

本书从农林院校的独特视角出发，系统介绍了人工智能的基础技术及其应用，旨在帮助读者建立清晰的"人工智能+农业"的知识框架，并掌握相关技术的基本原理与实践方法。全书共八章，遵循"基础→技术应用→前沿展望"的逻辑架构编排，循序渐进地引导读者深入理解人工智能的发展趋势、关键技术及智慧农业应用案例。

第1章从人工智能与农业的演进历程切入，介绍相关概念、核心特征及关键技术体系，探讨人工智能如何赋能农业现代化。第2章讲解机器学习的基础知识，为后续人工智能技术的学习奠定理论基础。第3~7章详细介绍人工智能的若干关键技术及其应用，包括计算机视觉、大数据分析、物联网、区块链、生物信息学等。每章不仅阐述基础原理，还结合典型案例，展示其在农业生产与管理各环节的应用实践。第8章展望大模型时代的智慧农业，分析人工智能大模型的发展趋势及其对农业智能化的深远影响。

本书内容力求体系完整、结构严谨、易于理解，兼顾理论技术与实践应用，并提供了相关农业领域的实际案例，使读者能够结合具体场景理解技术的实用价值。

本书适用于高等院校农林类、理工类及其他专业有志于学习人工智能和智慧农业关键技术的本科生、研究生，可作为农林院校人工智能通识课程的教材。

图书在版编目（CIP）数据

人工智能通识教程：农林院校版 / 黄栋，张红雨，舒磊主编. -- 北京：机械工业出版社，2025.8.
（普通高等学校人工智能通识系列教材）. -- ISBN 978-7-111-79127-0

Ⅰ.TP18

中国国家版本馆 CIP 数据核字第 2025BF1431 号

机械工业出版社（北京市百万庄大街22号 邮政编码100037）
策划编辑：李永泉　　　　　　　　　责任编辑：李永泉　姚　蕾
责任校对：甘慧彤　马荣华　景　飞　责任印制：任维东
河北宝昌佳彩印刷有限公司印刷
2025年8月第1版第1次印刷
185mm×260mm・12.25印张・4插页・274千字
标准书号：ISBN 978-7-111-79127-0
定价：69.00元

电话服务　　　　　　　　　网络服务
客服电话：010-88361066　　机　工　官　网：www.cmpbook.com
　　　　　010-88379833　　机　工　官　博：weibo.com/cmp1952
　　　　　010-68326294　　金　书　网：www.golden-book.com
封底无防伪标均为盗版　　　机工教育服务网：www.cmpedu.com

前言

农业是人类文明的基石,农业技术的不断演进有力地推动着社会经济的持续发展。从原始的刀耕火种,到机械化、自动化,再到当今的信息化、智能化,农业经历了多个时代的巨大跨越。近年来,随着机器学习、计算机视觉、大数据分析、物联网等人工智能领域相关技术的迅速发展,农业正步入一个全新的智能化时代。

面向智慧农业的时代趋势,本书的编写旨在为农林院校师生、农业科技人员、涉农企业管理者等提供一本系统、全面且具有农林特色的人工智能通识教材。通过学习本书,读者能够掌握人工智能和智慧农业的关键技术,深入理解其在实际生产中的应用,为未来农业科技创新和产业实践奠定坚实的基础。

本书立足于人工智能的核心技术体系和智慧农业的特色实践,从机器学习基础出发,深入讲解计算机视觉、大数据分析、物联网、区块链、生物信息学等关键技术的基本原理,并辅以关键技术在农业生产中的实际应用案例。本书既适合作为高等院校农学、植物保护、园艺、动物科学、动物医学、农业工程等涉农专业的人工智能通识教材,也适合作为计算机科学与技术、信息工程、物联网等理工类专业学生了解"人工智能 + 农业"、探索智慧农业的指导书籍。同时,本书可作为农业科技工作者、涉农企业和管理人员的参考资料,为人工智能与智慧农业领域的学习、研究和应用提供技术理论支撑和实践指导。

本书以"农林类学生看得懂、理工类学生可受益、交叉学科有启发、课程建设可参考"为编写思路,在编写过程中充分考虑了计算机 / 人工智能与农业领域的交叉特点,并结合了智慧农业的最新发展趋势和应用案例。本书具有以下显著特色。

1. 通识性与系统性并重

全书围绕人工智能关键技术与农业应用展开,既涵盖人工智能基础概念、核心算法等通识讲解,亦提供多个方向关键技术及其实际应用案例的进阶性、系统性介绍,帮助读者构建完整的人工智能知识体系。

2. 理论结合实践，贴近农业应用

在阐述人工智能关键技术时，书中辅以大量农业领域的实际案例，例如作物病虫害智能诊断、动物行为识别、牲畜生长性能监测、农产品市场分析以及作物/牲畜品种选育等，旨在帮助读者结合具体应用场景，深刻理解人工智能技术的实用价值。

3. 循序渐进，适合不同层次读者

本书内容编排由浅入深，从人工智能与智慧农业的基本概念出发，逐步深入至关键技术，再拓展至前沿发展趋势，采用模块化设计，既适合初学者入门，也适合具备一定技术基础的读者进行深入学习。

本书特别适用于农林院校的人工智能通识课程，可作为32~64学时的教学教材，并提供课程PPT、实验指导手册等配套资源（https://ai4ag.github.io）。建议在教学中注重培养学生的人工智能思维，在教学过程中采用基础讲解和案例教学相结合的方式，使学生既能掌握人工智能的基本原理，又能理解其在农业中的实际应用。

全书按照"基础→技术应用→前沿展望"的逻辑脉络进行编排，划分为三篇：

- ❏ 基础篇（第1~2章）系统阐述人工智能与智慧农业的基本概念及发展背景，并讲解机器学习的基础知识，为读者理解后续章节中各领域技术奠定扎实的理论基础。
- ❏ 技术应用篇（第3~7章）详细介绍计算机视觉、大数据分析、物联网、区块链、生物信息学等人工智能相关技术，并结合实际农业应用案例进行讲解。
- ❏ 前沿展望篇（第8章）探讨人工智能大模型等前沿话题，展望大模型时代的智慧农业发展趋势。

本书由多名长期从事人工智能与智慧农业领域教学和科研工作的高校教师及其团队成员共同编写完成。具体分工如下：黄栋负责第1章和第8章，魏霖静负责第2章，刘斌负责第3章，王昌栋负责第4章，舒磊负责第5章，黄琼和肖媚燕共同负责第6章，张红雨负责第7章。胡炼参与内容构思、设计与完善，黄栋完成全书统稿。

在本书编写过程中，除了前面提到的作者之外，还有多所高校师生参与了编写和校稿工作：参加第1章撰写的人员有高月芳、关圣贤；参加第2章撰写的人员有魏巍、浦宁；参加第3章撰写的人员有尹令、窦荣雨、李世君、许堃莹、李恒照、李长乐；参加第4章撰写的人员有陈曼笙、林家祺、黄镇伟、何振宇、麦子丰、李哲远；参加第5章撰写的人员有刘野、李凯亮、胡婷婷；参加第7章撰写的人员有冯在文、李立、翟瑞芳、李学娟、张隽美、邱树青、全源、张青叶；参加第8章撰写的人员有温长吉。在此，我们衷心感谢他们的热情参与！

由于编者水平有限，书中难免存在错误和不足之处，敬请读者批评指正。

编　者
2025年3月

目 录

前言

基 础 篇

第1章 绪 论   2
    1.1 从原始农业到现代农业   2
    1.2 人工智能与农业的发展与交汇   3
        1.2.1 人工智能的发展历程   3
        1.2.2 智慧农业的概念源起与变迁   4
    1.3 特色领域人工智能通识：讲什么，怎样讲   5
    1.4 本书的主要内容   6

第2章 机器学习基础   8
    2.1 机器学习的基本概念   8
    2.2 机器学习的三要素   9
        2.2.1 模型   9
        2.2.2 学习准则   10
        2.2.3 优化算法   10
    2.3 机器学习的常见模型   11
        2.3.1 分类模型概览   11
        2.3.2 聚类模型概览   12
        2.3.3 回归模型概览   13

2.4 从机器学习到深度学习　　14
　　2.4.1 为何走向深度　　14
　　2.4.2 常见的深度学习模型　　15
　　2.4.3 常见的深度学习框架　　16
2.5 前沿方向速览　　18
　　2.5.1 集成学习　　18
　　2.5.2 强化学习　　19
　　2.5.3 多模态学习　　20
　　2.5.4 迁移学习与大模型微调　　20

技术应用篇

第 3 章　计算机视觉：天光云影　　22

3.1 基本概念　　22
　　3.1.1 计算机视觉的定义　　22
　　3.1.2 计算机视觉的农业应用　　23
3.2 关键技术　　23
　　3.2.1 图像分类　　24
　　3.2.2 目标检测　　25
　　3.2.3 目标跟踪　　28
　　3.2.4 实例分割　　30
　　3.2.5 新兴研究方向　　34
3.3 农业应用　　35
　　3.3.1 应用概述　　35
　　3.3.2 应用案例分析　　35

第 4 章　大数据分析：吹沙到金　　43

4.1 基本概念　　43
4.2 关键技术　　44
　　4.2.1 数据预处理　　44
　　4.2.2 数据分类　　46
　　4.2.3 数据聚类　　51

	4.2.4 预测分析	54
	4.2.5 知识图谱	58
	4.2.6 数据可视化	62
4.3	农业应用	70
	4.3.1 应用概述	70
	4.3.2 应用案例分析	71

第 5 章 物联网：万物互联   77

5.1	基本概念	77
	5.1.1 物联网的起源	77
	5.1.2 农业物联网的发展	78
	5.1.3 农业物联网的定义	78
	5.1.4 农业物联网的结构	79
5.2	关键技术	79
	5.2.1 物联网信息感知	79
	5.2.2 物联网信息传输	82
	5.2.3 物联网网络中间件	84
5.3	农业应用	86
	5.3.1 应用概述	86
	5.3.2 应用案例分析	87

第 6 章 区块链：云中锦书   91

6.1	基本概念	91
	6.1.1 区块链的起源	92
	6.1.2 区块链的定义	92
	6.1.3 区块链的发展	93
6.2	关键技术	94
	6.2.1 技术特性	94
	6.2.2 部署分类	95
	6.2.3 区块链的技术架构	96
	6.2.4 密码学基础	97
	6.2.5 分布式网络	102
	6.2.6 共识机制	107

	6.2.7　智能合约	111
6.3	农业应用	115
	6.3.1　应用概述	115
	6.3.2　应用案例分析	115

第 7 章　生物信息学：见微知著　　120

7.1	基本概念	120
7.2	农业组学	121
	7.2.1　农业基因组学	122
	7.2.2　农业表型组学	127
	7.2.3　农业组学发展趋势	132
7.3	农业生物数据库	133
	7.3.1　水稻数据库	133
	7.3.2　油菜数据库	137
	7.3.3　棉花数据库	141
	7.3.4　其他作物数据库	144
	7.3.5　动物数据库	146
7.4	农业知识工程	151
	7.4.1　农业知识工程的基本概念	151
	7.4.2　农业知识工程的基本内容	153
7.5	农业生物信息学展望	158
7.6	农业应用	159
	7.6.1　应用概述	159
	7.6.2　应用案例分析	159

前沿展望篇

第 8 章　大模型时代的智慧农业　　176

8.1	大模型的发展历程	176
	8.1.1　深度神经网络的复兴	176
	8.1.2　大模型时代的开启：从 Transformer 到 ChatGPT	176
	8.1.3　多模态大模型的兴起	177
	8.1.4　国产大模型的崛起	178

8.2 深度求索的求索之路 179
    8.2.1 从 DeepSeek Coder 到 DeepSeek-R1 179
    8.2.2 技术特点与开源战略 180
8.3 "大材"（大模型）与"小用"（为我所用） 180
    8.3.1 大模型使用方式的权衡 180
    8.3.2 大模型幻觉问题及应对措施 181
8.4 大模型时代，智慧农业何去何从 182
    8.4.1 技术赋能 182
    8.4.2 未来方向 183

基 础 篇

第1章

绪 论

> "稻花香里说丰年,听取蛙声一片。"
> ——辛弃疾《西江月·夜行黄沙道中》

农业承载着人类最朴素的生活愿望,也是人类最坚实的幸福依托。当源远流长的农业发展脉络与奔涌而至的人工智能浪潮在这个时代交汇,又将激起怎样的浪花?

1.1 从原始农业到现代农业

农业的发展,见证了人类文明的起源与变迁。人类改造自然的农业之旅,起步于刀耕火种的原始农业,走过了以犁耕为代表的古代农业,再走到以机械化、自动化、智能化为代表的现代农业,有史可稽的农业历程绵延数千年,有迹可循的农业"佐证"则或逾万年。在此期间,农业工具的演进是农业发展的一大主线,也是决定农业生产力的关键要素。

在原始社会,有限的生产工具带来了有限的生产力,衍生出刀耕火种的原始生产方式。人们来到一处丛林后,以石制刀斧对草木进行砍伐、焚烧,快速清理出一片平地,焚烧之后的草木灰也可以增加土壤肥力,便于农业种植。当这片土地的肥力下降之后,则不得不易地而种,因此这种原始农业又称为"迁徙农业"。

随着生产力的不断发展,生产工具也在不断进步。当人类由原始社会发展至古代社会,耕犁等更为先进的农业工具的出现,带来了农业生产方式的改变,逐渐开启了精耕细作的农业生产方式。距今 5300 年至 4000 年的良渚文化,是早期犁耕稻作农业的典型代表。良渚文化遗址中出土的石犁等农业工具,标志着农业耕作技术发展的一次重大突破。耕犁作为古代农业的最基本垦耕工具,其与畜力结合的应用,极大地提升了农业生产力,使众多劳动力从农业劳动中解放出来,转而从事手工业等其他行业,从而推动了古代社会的繁荣与发展。

18 世纪 60 年代至 19 世纪中叶兴起的工业革命,不仅推动了工业生产力的变革,也对农业发展产生了巨大影响。英国人瓦特改良蒸汽机,促进了从手工劳动向动力机器生产的转变。19 世纪中叶以蒸汽机为动力的拖拉机问世,标志动力车辆由路面驶向田间,成为重要的牵引农机具。新的农业机械大幅提升了农业生产力,开启了机器动力取代人力和畜力的新时代。随着近现代农业机械与技术的持续进步,农业机械化与自动化相辅相成、相互促进,共同推动了农业的现代化发展。

当前,在人工智能技术席卷全球的浪潮下,农业发展也迎来了从机械化、自动化走向数字化、智能化的转折期。从刀耕火种到犁耕农作，再到机械化作业，传统农业的发展往往以"器"（工具）的升级为主线，而在人工智能时代下，农业的发展将不止于"器"，更在于"智"的升级。当农业遇到"智慧"，存在哪些关键技术、应用和挑战？农业学科和非农业学科的学生，需要了解和掌握哪些人工智能基础知识，才能更好地拥抱或许就在不远处的智慧农业时代？这正是本书试图去探索和解决的问题。

1.2 人工智能与农业的发展与交汇

智慧农业是以人工智能为代表的新一代信息技术与传统农业交叉融合的领域。本节将先从人工智能的发展历程说起，再介绍智慧农业的概念源起与变迁，回顾人工智能和农业这两条支线的发展及交汇。

1.2.1 人工智能的发展历程

人工智能（Artificial Intelligence，AI）的概念在1956年的达特茅斯会议上首次被提出，此后其发展历经了三起两落。

早期人工智能技术在简单推理任务上取得的进展，让人们对其未来发展充满期待。诺贝尔奖获得者赫伯特·西蒙在1957年预测："机器将在二十年内做到人类所能完成的一切工作。"人工智能先驱马文·明斯基在1970年提到："在三至八年内，我们将拥有具备人类平均智能的机器。"但是，当年这些对于人工智能的"过高"期待并未实现。伴随着过高期待与现实瓶颈之间的落差，人工智能的发展在20世纪70年代进入了低谷期，各国对人工智能项目的支持力度和经费投入随之缩减。这段低谷期也被称为第一次"人工智能寒冬"（AI winter）。

20世纪80年代，人工智能的发展逐渐回暖，在此期间，专家系统（Expert System）成为新的趋势。专家系统通过大量预定义的逻辑推理来模仿人类智能，借助知识表示和知识推理来解决一些通常由人类专家解决的问题。专家系统在取得初步成功之后，其局限性也逐渐显现。当专家系统面对越来越复杂的问题时，其知识库的扩展成本越来越高昂，也难以对每一种推理决策的可能性完全覆盖。在20世纪80年代后半段，随着个人计算机兴起并成为新的时代宠儿，人工智能的发展进入第二次低谷期。

20世纪90年代之后，人工智能又逐渐回到人们的视野，其后引发了全球关注的几个标志性事件：1997年，美国国际商用机器公司（International Business Machines，IBM）的"深蓝"计算机击败国际象棋冠军卡斯帕罗夫，震惊世界；2012年，卷积神经网络AlexNet在ImageNet分类任务比赛ILSVRC-2012中以巨大优势夺冠，开启了深度学习的研究与应用热潮；2016年，谷歌公司开发的AlphaGo系统击败人类围棋冠军李世石，正式宣告围棋这一曾被认为难以被人工智能攻破的人类智力堡垒失守；2022年，大语言模型ChatGPT横空出世，触发了全球范围内人工智能大模型的研究热潮，也让人们看到了通用人工智能的曙光；2024年，我国初创企业深度求索（DeepSeek）发布了多个人工智能大模型，因其低成本、高性能的突破性进展而在国内外受到广泛关注。

什么是图灵测试

图灵测试（Turing Test）是由英国数学家、计算机科学家艾伦·图灵于1950年提出的一种检验机器是否具备智能的测试，其核心思想是：如果一台机器能在与人类的对话中表现得与人类无异，使人无法区分其对话对象究竟是"人"还是"机器"，那么就可以认为这台机器具有"智能"。需要注意的是，图灵测试是一种思想而不是"方法"，更多地用于从哲学和思想实验的角度探讨"智能"的定义，而不是衡量人工智能系统能力的严格标准。尽管图灵测试在人工智能的发展史上具有里程碑意义，但在今天的人工智能研究和应用中，图灵测试更像是一种象征性概念，而非实际评价工具。

1.2.2 智慧农业的概念源起与变迁

智慧农业是农业生产的高级阶段，其概念由农业自动化、数字农业、精准农业、智能农业等相关概念演化而来。它将现代信息化技术综合应用到农业的生产、管理、营销等各个环节，是实现农业智能化决策、社会化服务、精准化种植、可视化管理、互联网销售等的一种新型发展体系和发展模式；其目标在于引导传统农业向信息化、智能化方向发展，进而改变农业产业结构，实现农业产业转型升级。在智慧农业的技术引领下，农业生产力的三要素——劳动者、劳动工具和劳动对象均已发生本质性变化。广义的智慧农业还包含农业电子商务、质量安全溯源、智慧农旅、农业信息服务等方面。

1. 智慧农业国外发展概览

近年来，世界各国高度关注智慧农业的发展，从国家战略层面积极推进智慧农业关键技术的创新与应用，对农业劳动生产率的提升产生了持续而有力的影响。根据不同国家的智慧农业发展经验，各国发展模式与其人均土地、资源密度高度相关。

作为北美洲面积最大的两个国家，美国与加拿大在智慧农业发展方面取得了显著成绩。随着工业与城市不断发展，美国农村地区陷入空心化与老龄化困境。通过农业机械化弥补农业劳动力不足，成为美国农业发展的关键举措。随着信息技术的发展，较高的农业劳动力成本与地广人稀的特征加速了美国的农业信息化进程和智慧农业发展。加拿大与美国类似，也经历了非农产业发展吸纳农村剩余劳动力的过程，导致农业劳动力不断减少，但也促进了农业机械化的发展。随着农业信息化进程加速，精准农业与智慧农业在加拿大得到较大发展。总体来看，地广人稀是美国和加拿大的显著特征，土地资源价格偏低，人力资源的市场价格相对偏高，农场主往往选择以机械设备替代人力资源要素。

欧盟由多个成员国组成，其内部不同区域之间的农业发展也存在较大差异。基于构建农业创新系统的目的，欧盟委员会于2012年构建了集政府、企业、农民、社会组织、科研机构等于一体的创新系统，实现资料共享、协同合作；2017年提出"智慧乡村计划"，着力推进农村地区数字基础设施、智能农业装备建设，强调通过对农业生产数字化、智能化的支持，推进智慧农业与智慧乡村建设，并引导农民与社会群体积极参与其中。2022年，欧洲经济和社会委员会提出，政府与服务商需要开发专门适应农村生活与农业生产的技术，包括智慧农业与精准农业技术等，强调通过农业咨询服务提升农民的数字素养与数字技术应用能力，弥补农民在应用智慧农业技术等方面的不足。在欧盟智慧农业发展方面，相对完善的农业创新体系是其显著特征。

亚洲农业发达国家的典型代表是日本。日本人均耕地面积较少，土地产权要素稀缺、价高，农业生产劳动力短缺且趋于老龄化。在此背景下，积极推进农业信息化与智慧农业发展，成为实现农业现代化发展的关键举措，具体措施包括制定系统的教育培训体系、强化数据信息的协作共享、通过助农体系推动智慧农业技术落地。20世纪90年代以来，日本政府不断加强农业教育的改革与发展，逐步将农业教育纳入基础教育体系中。日本成立了约300所农业高中，在42个都道府县设立了农学院，作为培养农业管理干部的核心机构，还面向农业人员推出线上课程，引导学生线下参观并参与智慧农业示范项目体验活动。随着人工智能技术的不断发展，智慧农业在日本日益受到关注，并被广泛应用于农业生产经营的各个领域。

2. 智慧农业国内发展概览

伴随着计算机与人工智能技术的迅速发展及其在农业领域的深入应用，智慧农业已成为世界各国农业发展的战略要地。世界各国的农业实践表明，智慧农业是农业发展进程中的必然趋势。当前，我国智慧农业呈现良好的发展势头，但整体上还处于现代农业发展的概念导入期和产业链逐步形成阶段。

20世纪80年代，我国农业专家系统开始起步，虽起步较晚，但发展迅速，主要包括施肥专家咨询系统、栽培管理专家系统等，涉及作物栽培、品种选择、育种、病虫害防治、生产管理、节水灌溉、农产品评价等方面。1996年至2005年间，我国开展了以农业专家系统为核心的智能化农业信息技术应用示范工程，共研发出5个农业智能系统开发平台、超过70个应用框架、超过200个本地化农业专家系统，涉及粮食、果树、蔬菜、畜牧、水产等不同农业领域，推动了我国农业智能信息技术的应用与发展。2009年"感知中国"目标提出后，农业物联网和无人机开始迅速发展。物联网、移动互联、大数据、云计算、空间信息技术、智能装备技术开始深度融合。

现在，我国农业农村信息化与智能化已由起步阶段进入快速推进阶段，对农业高产、优质、高效、生态、安全的要求更加迫切，农业生产方式逐渐向集约化生产、产业化经营、社会化服务、市场化运作、信息化管理转变，这些变化都迫切需要现代信息技术的支撑。农业信息技术的应用正从单项技术应用向综合集成技术应用过渡，以人工智能为代表的信息技术将为农业农村信息化与智能化发展带来强劲的推动力。

1.3 特色领域人工智能通识：讲什么，怎样讲

农林特色人工智能通识教育涉及计算机、人工智能和农业领域的诸多关键技术，这些技术在农业生产的不同环节发挥着重要作用，推动农业从经验驱动向数据驱动转变，实现更精准、更高效、更智能的管理模式，形成以智慧农业为代表的领域特色。由于人工智能领域的

技术体系庞大、涉及内容众多，在编写本书时，主要考虑以下两个关键问题：一是重点讲解哪些关键技术，二是如何组织这些关键技术的讲解顺序。

在内容选择上，本书希望构建一个清晰的人工智能认知框架，使不同背景的读者都能理解"人工智能+农业"的核心概念和关键技术。本书特别关注农业类、信息类及交叉学科读者的需求，从智慧农业和机器学习基础出发，进一步选择了计算机视觉、大数据分析、物联网、区块链、生物信息学等在当前智慧农业领域应用广泛的技术进行讲解，力求使内容具有普遍适用性。在讲解时兼顾不同学科背景的读者，注重其通俗易懂性，使读者在理解人工智能通识概念的同时，能够进一步根据自身的专业特点选择适合的重点内容进行深入学习与思考。

在讲解顺序上，按照基础概念、关键技术、应用案例的逻辑结构进行每一个技术章节的编写工作。在全书层面，则按基础篇、技术应用篇、前沿展望篇的顺序组织各章节内容。本书所涉及的多个技术领域在农业生产中的常规顺序是：先借助物联网采集数据，再结合大数据技术进行处理，进一步结合计算机视觉、生物信息学技术进行更为专业且深入的分析，在此过程中结合区块链等技术确保数据可信、可追溯。然而，现实生产流程不一定是课堂的唯一最佳讲解顺序。各章节顺序的安排亦可以采取"回溯"的潜在主线：在建立智慧农业和机器学习的基本认识（第1章、第2章）之后，先讲解在当前智慧农业学习和科研中应用广泛的技术之一——计算机视觉（第3章），其涉及的图像分类、目标检测、目标跟踪等技术内容非常直观且易于理解，可以更好地激发读者的学习兴趣，以此为技术应用篇"打头阵"；然后"回溯"其上游，依次讲解大数据分析（第4章）、物联网（第5章）、区块链（第6章），并进一步呈现人工智能、生物、农业的交叉学科领域——生物信息学（第7章）；最后，在人工智能大模型迅速崛起的时代背景下探讨智慧农业的未来发展（第8章）。

全书从基础出发，从广泛应用和易于理解的方向切入，再逐步走向更为专业、深入、交叉的技术内容，符合智慧农业关键技术思考逻辑，也便于不同学科背景的读者循序渐进、有选择性地理解和掌握核心内容。

1.4 本书的主要内容

人工智能领域的知识体系庞大，技术门槛较高，使得许多农林院校师生、科研人员、涉农企业从业者在学习和应用人工智能技术时面临诸多挑战。因此，本书的编写目标是系统性地梳理"人工智能+农业"的核心技术，降低学习门槛，使不同背景的读者都能快速理解并掌握人工智能和智慧农业的关键概念、技术方法及其应用，特别是为农林院校的人工智能通识教育提供一本既有技术深度和广度又有实践指导价值，并对不同专业的师生具有广泛适用性和灵活性的教材。

本书按照"基础→技术应用→前沿展望"的逻辑结构进行编写，逐步深入探索智慧农业的技术体系。本书共8章，各章节内容安排如下。

❏ **第1章** 概述农业技术的发展历程，从原始农业到现代农业，探讨不同时期农业如何在科学技术的推动下不断演进,并深刻影响社会经济发展。聚焦人工智能与农业的结合,探讨智慧农业的主要概念、发展趋势及关键技术。本章力求为读者提供对智慧农业的整体认知框架,并为后续章节的讲解奠定基础。

- 第2章 首先介绍机器学习的基本概念,讲解其关键要素,包括模型、学习准则和优化算法。阐述农业应用中常见的分类、回归、聚类等算法模型,并探讨集成学习、强化学习、多模态学习和迁移学习等前沿方向。
- 第3章 介绍计算机视觉在农业中的核心应用,讲解图像分类、目标检测、目标跟踪和实例分割等关键技术,并结合苹果叶片病害诊断、肉牛行为识别、牲畜生长性能监测等实际案例,帮助读者理解如何将计算机视觉技术应用到农业生产的不同环节。
- 第4章 介绍大数据的采集、清洗、存储和分析方法,并详细讲解数据分类、聚类、预测分析、知识图谱和可视化等关键技术。通过农产品市场预测、养殖规划、辅助定价、精准推荐等真实案例分析,讲解大数据如何赋能农业生产决策。
- 第5章 介绍物联网的主要架构,包括感知层、传输层和应用层,重点探讨物联网信息感知、信息传输、网络中间件等概念与技术,并结合太阳能杀虫灯物联网、光伏农场物联网等应用案例,系统展示农业物联网如何提升农业生产效率、优化资源配置,并推动农业向绿色、可持续方向发展。
- 第6章 首先介绍区块链的基本概念和技术特性,包括共识机制、智能合约、加密算法等,并探讨区块链在农产品溯源、农业供应链金融和农业保险中的应用。结合案例分析,讲解区块链在保障农产品质量安全、提升农业供应链透明度和信用体系建设上的作用。
- 第7章 介绍农业组学、农业生物数据库、农业知识工程等核心概念,重点探讨生物信息技术如何在农作物育种、畜禽选育等领域发挥重要作用,并结合育种案例,分析农业生物信息学的应用现状和未来发展趋势。
- 第8章 介绍人工智能大模型的发展历程、应用方式、模型幻觉等,探讨大模型在农业中的潜在应用,并展望大模型时代下智慧农业的未来发展路径。

第 2 章
机器学习基础

<blockquote align="center">
"操千曲而后晓声，观千剑而后识器。"
——刘勰《文心雕龙》
</blockquote>

对事物的深刻理解与准确判断，离不开对大量经验（数据）的观察与体悟。人如此，机器亦如此。机器学习正是遵循着同样的道理，通过从数据中学习、总结和归纳规律，掌握鉴别与预测的智慧。作为学习后续各章节关键技术的基础，理解机器学习的核心概念和原理至关重要。那么，什么是机器学习？机器如何将数据转化为可用的知识？本节将从这些基本问题出发，初探机器学习的世界。

2.1 机器学习的基本概念

机器学习（Machine Learning，ML）是一个多学科交叉领域，研究计算机模拟或实现人类的学习行为、自动从数据中学习规律的过程。换句话说，机器学习是一种从观察到的数据（样本）中发现规律，并利用学到的规律（模型）对未观察到的位置和数据进行预测的方法，是人工智能的基础技术。

根据监督信息（样本标签）的可获得性不同，传统的机器学习主要分为以下几类。

- **有监督学习**（Supervised Learning）：每个样本都有对应的目标值（标签），模型通过学习输入特征与标签之间的关系来进行预测。常见的任务包括回归（预测连续值）和分类（预测离散类别）。
- **无监督学习**（Unsupervised Learning）：样本没有标签，模型的目标是从数据中发现潜在的结构或模式，常见的任务包括聚类和降维。
- **半监督学习**（Semi-supervised Learning）：介于有监督学习和无监督学习之间，部分样本有标签，部分样本没有标签。

接下来，将介绍机器学习中的一些基本概念：数据集、特征、标签、模型、训练集与测试集等。

- **数据集**（Dataset）：一组数据的集合称为一个"数据集"，其中的每一条单独数据是对一个事件或对象的描述，称为一个"样本"（Sample）或"示例"（Instance）。
- **特征**（Feature）：特征是输入变量，反映事件或对象在某些方面的表现或性质，又称"属性"（Attribute），例如线性回归中的 X 变量。简单的机器学习项目可能会使用单个或几个特征，复杂的机器学习项目则可能涉及数万、数十万甚至更多的特征。
- 标签（Label）：标签是要预测的事物，例如线性回归中的 Y 变量。根据是否有标签，数据可分为有标签数据和无标签数据。
- 模型（Model）：可以将模型简单理解为定义了特征与标签之间关系的一种函数，即通过已知的数据和目标训练数据，最后得到针对输入特征数据映射出的预测结果。

在有监督学习中，数据集通常被划分为训练集和测试集，其区别如下：
- 训练集（Training Set）：用于训练模型的数据集。模型通过学习训练集中的样本特征与标签之间的关系，调整自身参数，以最小化预测误差。
- 测试集（Test Set）：用于评估模型性能的数据集。测试集中的数据不参与模型训练，用于模拟模型在真实场景中的表现，评估其泛化能力（即对未见数据的预测能力）。

数据集可以按照一定比例（如 80% 为训练集、20% 为测试集）进行划分，以确保模型既能充分学习数据规律，又能有效检验其性能。

除训练集与测试集之外，有时还会划分出验证集（Validation Set），用于模型调优和选择。验证集在训练过程中用于评估模型的性能，帮助调整超参数（如学习率、网络层数等），防止模型过拟合训练集。与测试集的区别在于，验证集参与模型的训练过程，而测试集仅用于最终评估模型的泛化能力。

2.2 机器学习的三要素

在了解了机器学习的基本定义、主要分类方式以及常用术语之后，进一步深入掌握其内部工作机制是理解与应用机器学习技术的关键。模型如何表示问题？如何衡量预测的好坏？如何通过算法调整模型？这些问题构成了机器学习的核心基础。本节将围绕模型、学习准则和优化算法三个要素展开阐述，帮助读者从原理层面建立对机器学习过程的基本认识。

2.2.1 模型

在机器学习中，模型本质上是一个"函数"，把我们给它的"输入"（数据）转化为想要的"输出"（标签）。比如，我们想训练一个模型来判断一张图片是猫还是狗，输入就是这张图片，输出就是"猫"或者"狗"的标签。可以将这个过程抽象为一个函数，即从一个样本 X 到样本标记值 Y 的映射：

$$f: X \rightarrow Y \tag{2-1}$$

其中，X 表示输入空间，如输入图片；Y 表示输出空间，如"猫""狗"等标签；$f(x)$ 表示模型对输入 x 的预测结果。

在理想情况下，假设存在一个真实的映射关系 $y = f(x)$，或者一个真实的条件概率分布 $p_r(y|x)$，那么机器学习的目标就是找到一个函数模型来逼近这个真实的映射或分布，即以一个模型来模仿"现实规律"。

2.2.2 学习准则

模型做出了预测，但如何知道"预测得好不好"呢？这就需要一个学习准则来评判。学习准则是用来衡量模型预测结果与真实值之间差异的标准。在有监督学习中，学习准则通常通过损失函数（Loss Function）或代价函数（Cost Function）来定义。

损失函数度量了模型预测值 $\hat{y} = f(x,\theta)$ 与真实值 y 之间的差异，其中 θ 表示模型参数。损失函数的值通常为非负值，其值越大表示预测误差越大，越接近 0 则表示预测值与真实值（真实标签）越接近。

下面是常见的损失函数。

1）0-1 损失函数：

$$L(y,\hat{y}) = \begin{cases} 0, & \text{if } y = f(x,\theta) \\ 1, & \text{if } y \neq f(x,\theta) \end{cases} \tag{2-2}$$

该损失函数在实际应用中较少使用，更多用于与其他损失函数进行对比。

2）平方损失函数：

$$L(y,\hat{y}) = (y - f(x,\theta))^2 \tag{2-3}$$

该损失函数一般不适用于分类问题，多用于回归问题，可以理解为最小二乘法。

3）交叉熵损失函数：

$$L(y,\hat{y}) = -\sum_i y_i \log \hat{y}_i \tag{2-4}$$

该损失函数常用于分类问题。例如，对于一个三分类问题（猫、狗、鸟），真实标签可以表示为一个独热（One-hot）向量（比如猫：1，狗：0，鸟：0），模型预测值可以表示为一个概率分布（比如猫：0.8，狗：0.1，鸟：0.1）。交叉熵损失函数的作用在于衡量这个预测分布和真实分布之间的差距，用来评价模型预测得"准不准"。模型预测得越准确，损失越小；模型预测得越离谱，损失越大。通过在模型训练过程中最小化这个损失，模型可以学会更准确地分类。

2.2.3 优化算法

机器学习中使用的任何损失函数都会变成寻找最小值的问题（如果损失函数越大越精确，可以先乘以负号）。优化算法是用来高效地找到最优模型参数的方法，即通过调整参数 θ，使得损失函数的值最小。其核心任务是找到使损失函数最小的模型参数 θ，从而让模型的预测结果尽可能接近真实值。

常见的优化算法包括梯度下降法（Gradient Descent）、随机梯度下降法（Stochastic Gradient Descent，SGD）、牛顿法（Newton's Method）等。其中，梯度下降法是一种经典的优化算法，通过迭代更新模型参数 θ，沿着损失函数的负梯度方向逐步逼近最优解。随机梯度下降法是梯度下降法的改进版本，每次只使用一个样本或一个小批量样本来计算梯度并更新模型参数。

参数分为普通参数与超参数，以下是两者的区别。

- **普通参数**（Parameter）即模型参数，是模型内部的变量，模型通过调整这些变量来学习数据中的规律。模型参数是由模型自己通过训练数据学习得到的，不需要人为设定。例如：在线性回归中，模型参数是直线的斜率和截距；在神经网络中，模型参数是神经元之间的连接权重。模型参数是通过优化算法（如梯度下降法）自动调整的，目标是让模型的预测更准确。
- **超参数**（Hyperparameter）是控制模型训练过程的设置，它们决定了模型的结构和训练方式。超参数是由人为设定的，模型无法自动学习，例如神经网络中的学习率（控制模型参数更新的步长）、神经网络的层数（决定模型的复杂度）、正则化系数（控制模型的过拟合程度）等。超参数通常需要通过实验或经验来调整与设置。

优化算法的目标是找到使损失函数最小的模型参数。选择合适的优化算法和调整学习率等超参数，是提高模型性能的关键。

2.3 机器学习的常见模型

机器学习模型是用于从数据中学习规律并进行预测的工具。根据任务的不同，机器学习模型可以分为几大类，包括分类模型、聚类模型和回归模型等。本节将对这些常见模型进行简要介绍，详细讲解将在第 4 章给出。

2.3.1 分类模型概览

分类（Classification）模型用于预测离散的类别标签，比如判断一封邮件是垃圾邮件还是正常邮件，或者识别一张图片中的动物是猫还是狗。常见的分类模型包括以下几种。

1. 逻辑回归

逻辑回归（Logistic Regression）是一种经典的分类模型，尽管名字中有"回归"，但它主要用于二分类问题（如判断是或否）。它的核心思想是通过一个 S 形函数（Sigmoid 函数）将输入数据映射到 0 到 1 之间的概率值，表示样本属于某一类的可能性。例如，逻辑回归可以预测某个人是否会购买某件商品。

2. 神经网络

神经网络（Neural Network）是一种模拟人脑神经元工作方式的分类模型，特别适合处理复杂的非线性问题。它由多个层组成，每一层包含多个神经元，这些神经元通过权重和激活函数连接起来。神经网络可以学习数据中的复杂模式，广泛应用于图像分类、语音识别和自然语言处理等领域。

神经网络通过输入数据（如图像像素）逐层传递信息，每一层对数据进行变换并提取特征，最终输出预测结果（如图像类别）。训练过程中，神经网络通过调整权重来最小化预测误差。神经网络的优点是可以处理复杂的非线性关系，适合高维数据（如图像、文本）；其缺点是往往需要大量的数据和计算资源，训练时间较长，且模型的可解释性较差。2.4 节将进一步介绍从传统神经网络到深度神经网络（即深度学习）的发展与应用。

3. 支持向量机

支持向量机（Support Vector Machine，SVM）是一种常用的分类模型，其目标在于找到一个"超平面"将不同类别的数据分开。比如，在二维空间中，SVM 会找到一条直线将两类数据分开，并且让这条直线离两类数据点都尽可能远。SVM 适用于线性和非线性分类问题，但在处理大规模数据时计算复杂度较高。

4. 决策树

决策树（Decision Tree）是一种树状结构的分类模型，通过一系列"如果－那么"规则将数据划分为不同的类别。比如，判断一个人是否会喜欢某部电影，决策树可能会先问"年龄是否大于 30 岁"，如果是，再问"是否喜欢动画片"，最终得出预测结果。决策树易于理解和解释，但容易过拟合（即在训练数据上表现很好，但在新数据上表现较差）。

5. 随机森林

随机森林（Random Forest）是一种集成学习模型，由多棵决策树组成。每棵决策树对数据进行分类，通过投票或平均的方式得出最终结果。比如，判断一个人是否会违约，随机森林会让多棵决策树分别做出预测，然后根据多数投票决定最终结果。随机森林的优点是准确性高、抗过拟合能力强，其缺点是训练时间较长。

6. 朴素贝叶斯

朴素贝叶斯（Naive Bayes）是一种基于概率的分类模型，它假设特征之间相互独立。比如，判断一封邮件是否为垃圾邮件，朴素贝叶斯会计算邮件中出现某些关键词的概率，并根据这些概率做出预测。它的优点是计算速度快，适合处理高维数据（如文本分类），其缺点是对特征独立性假设较强，可能影响准确性。

7. XGBoost

XGBoost（eXtreme Gradient Boosting）是一种基于梯度提升树的集成学习模型，通过逐步添加树模型来拟合残差（即模型预测值与真实值之间的差异）。它预测精度高、训练速度快，广泛应用于各种机器学习竞赛和实际场景。

2.3.2 聚类模型概览

聚类（Clustering）模型的目标是在无监督（即没有真实标签）的情况下，将一组数据样本划分为不同的簇（Cluster），以使每个簇内的数据尽可能相似，而不同簇之间的数据差异较大。常见的聚类模型包括以下几种。

1. k 均值聚类

k 均值聚类（k-means Clustering）是一种经典的聚类算法，它将数据划分为 k 个簇，每个簇的中心由簇内数据的平均值决定。比如，将顾客划分为不同的消费群体，k 均值聚类会根据顾客的消费行为将相似的顾客分到同一组。k 均值聚类的优点是简单高效，注意需要预先指定簇的数量。

2. 谱聚类

谱聚类（Spectral Clustering）是一种基于图论的聚类方法，它通过数据的相似性矩阵来构建图结构，并利用图的谱（即图的特征值和特征向量）进行聚类。谱聚类的核心思想是将数据点看作图中的节点，将数据点之间的相似性看作边的权重，然后通过对图的拉普拉斯矩阵（Laplacian Matrix）进行特征分解来划分数据，其显著优势在于对复杂非线性数据的聚类能力。

3. 层次聚类

层次聚类（Hierarchical Clustering）通过构建树状结构将数据逐步合并或分裂为不同的簇。比如，将动物划分为不同的类别，层次聚类可能会先将相似的动物（如猫和狗）合并为一组，再逐步合并更大的类别（如哺乳动物）。层次聚类的优点是不需要预先指定簇的数量，其缺点是计算复杂度较高。

4. DBSCAN

DBSCAN（Density-Based Spatial Clustering of Applications with Noise，具有噪声的基于密度的空间聚类应用）是一种基于密度的聚类算法，它将高密度区域的数据点划分为同一簇，并将低密度区域的数据点标记为噪声。比如，在地理数据中，DBSCAN可以将人口密集的区域划分为同一簇，而将人口稀少的区域标记为噪声。DBSCAN的优点是可以发现任意形状的簇，且对噪声数据不敏感。

2.3.3 回归模型概览

回归（Regression）方法是一种有监督的学习算法，回归模型用于预测连续值，比如预测房价、股票价格或温度。常见的回归模型包括以下几种。

1. 线性回归

线性回归（Linear Regression）是一种简单的回归模型，它假设输入特征与输出值之间存在线性关系。比如，预测房价时，线性回归可能会根据房屋面积、位置等特征拟合一条直线，表示房价随面积的增加而线性增长。线性回归的优点是简单直观，其缺点是对非线性关系拟合效果较差。

2. 多项式回归

多项式回归（Polynomial Regression）是在原始特征的基础上引入多阶项（如平方项、立方项）来拟合非线性关系。比如，某种作物的生长速率与温度之间可能呈现抛物线状，此时线性回归难以准确建模，而二次或三次多项式回归可拟合出更接近真实情况的曲线。多项式回归可表示非线性关系，形式简单，易于可视化，但也容易过拟合，特别是在阶数过高时对噪声较敏感。

3. 岭回归

当特征之间存在多重共线性（即多个变量高度相关）时，普通线性回归模型会变得不稳定。岭回归（Ridge Regression）通过在损失函数中加入 L2 正则项，约束参数大小，能够有效防止过拟合，提升模型泛化能力。

4. 基于机器学习的回归方法

传统回归模型通常需要人为设定函数形式，且对特征之间的关系假设较为强烈。基于机器学习的回归方法则通过数据驱动的方式自动建模，能够处理非线性、复杂的特征交互关系，具有更强的适应性与灵活性。常见的机器学习回归模型包括：支持向量回归（Support Vector Regression）、随机森林回归（Random Forest Regression）等。

关于基于机器学习的回归方法的深入内容，特别是其在时间序列预测中的应用及其深度学习扩展，将在 4.2.4 节中详细讲解。

2.4 从机器学习到深度学习

深度学习是机器学习的一个分支，专注于使用深度神经网络（Deep Neural Network，DNN）来解决复杂问题。相较于传统的三层神经网络，深度神经网络通常是指包含超过三层的神经网络，其优势在于能够自动从数据中学习多层次的特征表示，它在处理图像、语音、文本等复杂数据时表现出色。深度学习可以逐步从数据中提取从低级到高级的特征，最终实现高效的预测和分类。

2.4.1 为何走向深度

深度学习的兴起源于传统机器学习在处理复杂问题时的局限性。传统机器学习方法往往依赖于人工设计特征，这在处理图像、语音、文本等复杂高维数据时效率低下。深度学习可以通过多层神经网络自动学习数据的特征表示，无需人工干预。例如，在图像识别任务中，深度学习可以自动从像素中提取具备良好鉴别性的特征，有效提升面对复杂数据时的分类、回归等机器学习任务性能。

从传统神经网络（浅层神经网络）到深度神经网络，以下是推动深度学习发展的几个关键因素。

1. 算力：计算能力的提升

随着 GPU（图形处理器）等硬件技术的发展，深度学习模型的训练速度大幅提升。这使得训练包含数百万个甚至数千亿个参数的深度神经网络成为可能。

2. 数据：大数据的支持

深度学习的成功离不开海量数据的支持。互联网时代产生了大量的图像、文本和语音数据，这些数据为深度学习模型提供了丰富的训练资源。

3. 算法：关键算法的突破

深度学习领域的关键算法突破（如反向传播、ReLU 激活函数、Dropout 正则化等）显著提高了模型的训练效率和性能。此外，卷积神经网络（Convolutional Neural Network，

CNN)、循环神经网络（Recurrent Neural Network，RNN）、长短期记忆网络（Long Short-Term Memory，LSTM）、Tranformer 等深度学习模型的提出，进一步推动了深度学习在计算机视觉和自然语言处理等领域的应用。

特征工程与表征学习的区别

在传统机器学习中，模型性能在很大程度上依赖于特征工程（Feature Engineering），也就是通过人工方式提取、筛选、转换原始数据中的关键特征。例如：在图像识别任务中，研究人员可能会提前定义边缘检测器、纹理描述符、颜色直方图等人工特征；在文本处理任务中，则需要手动设计关键词提取、词频统计、TF-IDF 等方法。特征工程的优点是解释性强、模型简洁，其缺点是高度依赖专家经验，难以捕捉数据中复杂或非线性的高阶结构，且可迁移性差。

与此相对，深度学习的本质优势（之一）在于表征学习（Representation Learning），也称为特征学习（Feature Learning）。其核心在于让模型自动从数据中学习出适合任务的特征表示，而不需要人为干预。在深度神经网络中，浅层网络负责提取低层特征（如边缘、颜色），中层网络学习局部组合（如图像块、纹理模式），深层网络则学习全局语义信息（如对象、概念）。这种从低到高、逐层抽象的特征学习过程，大幅度减轻了对手工特征设计的依赖，使模型更具通用性和迁移能力。

可以说，特征工程强调"人教机器怎么理解数据"，表征学习则是"让机器自己学会理解数据"。这种范式转变是深度学习能够在图像识别、语音识别、自然语言处理等领域取得突破性成果的根本原因之一。

2.4.2 常见的深度学习模型

深度学习模型通过多层结构对数据进行特征提取和抽象表达，在图像识别、语音识别、自然语言处理等领域取得了显著成果，以下介绍几类代表性的深度学习模型。

1. 卷积神经网络

卷积神经网络（CNN）是一种专门用于处理图像数据的深度学习模型，通过模拟人类视觉系统的感知机制，对图像进行特征提取和分类（或回归）判断。卷积神经网络通常由多个卷积层（Convolutional Layer）、池化层（Pooling Layer）和全连接层（Fully-Connected Layer）组成，能够逐层提取图像特征，并最终映射为预测结果。相比于传统方法，卷积神经网络不依赖人工设计特征，可以自动从原始图像中学习有效表达，并广泛应用于图像识别、人脸检测、医学影像分析等领域。随着技术的发展，ResNet、MobileNet 等改进结构进一步提升了卷积神经网络在准确性、计算效率和可扩展性方面的表现，使其成为计算机视觉任务中的核心工具。

残差网络（ResNet）是卷积神经网络的重要改进之一，由微软亚洲研究院何恺明等研究人员在 2015 年提出。ResNet 引入了残差连接（Residual Connection）的思想，用于解决深层网络在训练过程中容易出现的梯度消失和性能退化问题。通过在网络中增加恒等映射通路，使信息能够在网络中直接跳跃式传播，从而有效训练上百层甚至上千层的深度神经网络。ResNet 的提出不仅提升了图像识别的准确率，也为后续更复杂的神经网络（如 ResNeXt、DenseNet 等）奠定了基础。

2. 循环神经网络

循环神经网络（RNN）是一种专为处理时间序列或语言等序列数据而设计的模型，其特点在于"记忆"机制，即每一步的输出不仅取决于当前输入，还受到上一步状态的影响。循环神经网络易受到梯度消失影响，导致其对长期依赖关系的学习较为困难，在实际中常采用长短期记忆网络、Transformer 等模型加以改进。尽管 Transformer 等模型逐渐取代了循环神经网络在许多任务中的主导地位，但循环神经网络在小规模、低资源的时间序列场景中依然有其价值。

3. 长短期记忆网络

长短期记忆网络（LSTM）是一种改进的循环神经网络，专为解决循环神经网络在长序列建模中存在的梯度消失问题而设计。长短期记忆网络引入了三种门控结构——输入门、遗忘门和输出门，控制信息的写入、保留和输出，从而实现对长期依赖信息的有效记忆，在语音识别、机器翻译、情感分析等任务中表现较为出色，尤其适用于捕捉序列中的时序特征。训练中可以结合双向结构（BiLSTM）、注意力机制等手段增强其建模能力，并与 CNN、Transformer 等模型进行融合，提升综合表达能力。

4. Tranformer 模型

Transformer 是一种基于自注意力（Self-attention）机制的深度神经网络结构，最初用于自然语言处理任务。Transformer 模型彻底摒弃了 RNN 的序列计算方式，利用多头自注意力（Multi-head Self-attention）机制并行处理整个输入序列，实现更高效的信息交互。Transformer 中的每一层包括多头自注意力、前馈神经网络、层归一化与残差连接，具备良好的扩展性与训练稳定性。当前，Transformer 已成为大语言模型（如 BERT、GPT 系列、DeepSeek 系列）的核心架构，在文本生成、问答系统、代码生成等任务中表现卓越，并逐步扩展至图像、语音乃至多模态场景。随着模型规模的提升和训练数据的扩展，基于 Transformer 的大模型已成为当前通用人工智能研究的主导技术路径。

2.4.3　常见的深度学习框架

在上一节中，我们了解了常见的深度学习模型，例如卷积神经网络、循环神经网络、长短期记忆网络以及 Transformer 模型等。然而，仅有模型结构还远远不够，想要训练出一个可以在现实场景中发挥作用的深度学习模型，还需要一个强大而灵活的"工具箱"——深度学习框架。

深度学习框架为模型设计、训练与部署提供了基础平台，集成了自动微分、优化器、数据加载、多卡并行、可视化监控等一系列功能，极大地降低了深度学习模型的实现门槛。可以说，如果把深度学习模型比作建筑设计图，那么深度学习框架就是盖房子的施工工具和平台，决定了建造速度、稳定性与可扩展性。

本节将介绍几个主流的深度学习框架,帮助读者理解它们各自的特点、适用场景及其在当前人工智能浪潮中的地位。

1. TensorFlow

TensorFlow 是由 Google Brain 团队开发的开源深度学习框架,支持从桌面训练到云端部署的完整流程,并通过计算图(Computation Graph)机制优化计算性能。TensorFlow 提供了灵活的工具和库,适用于构建和训练各种深度学习模型,并支持模型的分布式训练、TPU 加速和跨平台部署(如 TensorFlow Lite、TensorFlow.js),是工业界部署人工智能应用的首选之一。

2. PyTorch

PyTorch 是由 Meta 人工智能研究院(原名 Facebook 人工智能研究院)开发的开源框架,提供灵活的调试与操作方式,适合开发复杂的网络结构和新颖算法。PyTorch 的社区活跃,文档清晰,支持 Hugging Face 的 Transformers 库等热门工具库。近年来,PyTorch 也不断向工业界的生产部署靠拢,已成为学术与工业兼顾的主力框架。

3. MXNet

MXNet 是由亚马逊公司(Amazon)支持的开源框架,以其高效的计算性能和可扩展性闻名。MXNet 支持多种编程语言,适合大规模分布式训练。MXNet 是 AWS(Amazon Web Service)上原生支持的深度学习框架之一,适用于大规模并行训练场景,尤其适合构建需要云端计算资源的大型模型系统。但近年来其社区活跃度有所下降,已逐渐被 TensorFlow 和 PyTorch 取代。

4. PaddlePaddle

PaddlePaddle(飞桨)是由百度开发的开源深度学习平台,支持从研究到工业应用的全流程。PaddlePaddle 在自然语言处理和计算机视觉等领域有丰富的工具和模型库,具备良好的工程化能力和产业适配性,尤其在中文自然语言处理、语音识别、图像识别等任务中有优异表现。与 TensorFlow 和 PyTorch 相比,PaddlePaddle 在中文支持、文档本地化、国产化适配方面具有独特优势。

5. MindSpore

MindSpore(昇思)是华为推出的开源深度学习框架,支持端、边、云协同训练与部署,具有高效计算和隐私保护等特点。它通过自动并行化和图算融合技术,显著提升了模型训练和推理的效率,适合需要高性能和隐私保护的人工智能应用场景。MindSpore 框架已经逐步在国产芯片(如昇腾)上优化适配,是打造自主人工智能技术生态的重要工具之一。

6. Jittor

Jittor(计图)是由清华大学胡事民院士团队开发的开源深度学习框架,以其高性能和易用性著称。Jittor 通过即时编译(Just-In-Time Compilation)技术,显著提升了模型训练和推理的速度,可支持动态计算图和自动微分,适合研究和工业应用。Jittor 在计算机视觉、自然语言处理等领域有广泛应用，特别适合需要高效计算和灵活开发的场景。

2.5 前沿方向速览

机器学习领域的前沿方向不断演进，涵盖了从传统方法的改进到新兴技术的探索。以下是几个重要的前沿方向及其核心内容。

2.5.1 集成学习

集成学习（Ensemble Learning）是一种通过结合多个模型来提高预测性能的技术。它的核心思想是"众人拾柴火焰高"，即通过多个模型的协作弥补单个模型的不足，从而提高整体的准确性和鲁棒性。接下来将介绍集成学习的两个主要分支，即集成分类和集成聚类。

1. 集成分类

集成分类（Emsemble Classification）通过结合多个分类器的预测结果来提高分类性能。以下是常见的集成分类方法。

- **Bagging**：通过随机采样生成多个训练集，分别训练模型后进行投票或平均。典型的代表是随机森林（Random Forest），它通过构建多棵决策树并结合预测结果，显著提高了分类的准确性和抗过拟合能力。
- **Boosting**：通过逐步添加模型来拟合残差（即模型预测值与真实值之间的差异），典型的代表是 AdaBoost 和 XGBoost。Boosting 的核心思想是让后续模型专注于纠正前序模型的错误，从而逐步提高整体性能。
- **Stacking**：通过结合多个模型的预测结果作为输入，训练一个元模型（Meta Model）来生成最终预测。Stacking 可以充分利用不同模型的优势，但计算复杂度较高。

2. 集成聚类

集成聚类（Ensemble Clustering）通过结合多个聚类模型的结果来提高聚类性能。更具体而言，集成聚类的目标在于通过结合多个基聚类（Base Clustering）结果生成一个更优、更鲁棒的共识聚类（Consensus Clustering），尤其适用于复杂任务和大规模数据集。以下是具有代表性的集成聚类算法。

- U-SENC（Ultra-Scalable ENsemble Clustering）是一种超大规模集成聚类算法，旨在通过集成多个超大规模谱聚类（Ultra-Scalable Spectral Clustering，U-SPEC）的结果来增强聚类的鲁棒性和效率。U-SENC 首先通过多个 U-SPEC 生成多样化的基聚类结果，然后构建一个对象与基聚类之间的二部图，并通过高效的图分割方法获得最终的共识聚类结果。该算法具有接近线性的时间和空间复杂度，可在单机环境下实现千万级别大规模数据集的高效聚类。
- FastMICE（Fast MultI-view Clustering via Ensembles）是一种面向多视图数据的高效集成聚类算法，旨在解决现有多视图聚类算法在计算复杂度、信息融合和超参数调优方面的局限性。该方法通过引入随机视图组的概念，捕捉多视图之间的多样化关系，并设计了混合早期-晚期融合策略，实现了高效的多阶段信息融合。具体而言，FastMICE通过扩展多个视图为多个视图组，利用特征、锚点和邻居三个层次的多样性，构建视图共享的二部图。随后，通过快速图分割生成多样化的基聚类，并将这些聚类统一为一个二部图进行最终聚类。其优势在于具有接近线性的时间和空间复杂度，且无需超参调优即可适用于不同类型的多视图数据集。

2.5.2 强化学习

强化学习（Reinforcement Learning，RL）是一种通过智能体与环境动态交互进行学习的范式，旨在让智能体通过试错机制学习最优策略，以最大化长期累积奖励。根据数据获取方式和训练模式的不同，强化学习主要分为以下两类。

1. 在线强化学习

在线强化学习（Online RL）强调智能体与环境的实时交互与持续更新。在训练过程中，智能体通过与环境直接交互收集状态-动作-奖励序列数据，并利用这些新数据更新策略模型。以下是具有代表性的在线强化学习算法。

- DQN（Deep Q-Network）将深度神经网络与Q-Learning结合，通过经验回放机制缓解数据相关性，并引入目标网络（Target Network）稳定训练。DQN在Atari游戏等离散动作任务中取得了突破性进展。
- PPO（Proximal Policy Optimization）是一种基于策略梯度的高效算法，通过裁剪目标函数限制策略更新幅度，结合重要性采样复用数据，利用优势函数评估动作的长期收益，确保训练稳定性与样本效率的平衡。
- QMO（Quasi-Median Operation）是一种基于拟中值操作的准确值函数估计方法。该方法通过从多个Q函数中选取与中位数最接近的值作为估计值，有效平衡了高估与低估偏差，显著提升了值函数估计的准确性。

2. 离线强化学习

离线强化学习（Offline RL）依赖于预先收集的静态数据集进行策略学习，训练过程中智能体不再与环境交互。其核心挑战在于如何从历史数据中提取有效策略，同时避免因数据分布偏差导致的策略失效。以下是具有代表性的离线强化学习算法。

- BCQ（Batch-Constrained deep Q-learning）通过生成模型逼近历史动作分布，结合扰动网络生成受限候选动作，避免因数据分布偏差导致的策略过估计与外推误差。
- CQL（Conservative Q-Learning）是一种基于保守Q值估计的离线强化学习算法，通过最小化Q值在历史数据分布外的期望，约束策略对未知状态-动作对的过度乐观估计，提升策略安全性。
- LAD（Latent Distribution Representation Learning）是一种基于潜分布表征学习的离线强化学习框架。该框架的核心思想是在表征数据集中多个潜在分布的基础上，最小化它们之间的分布差异，以提升模型的泛化能力。

2.5.3 多模态学习

多模态学习（Multimodal Learning）是一种利用多种模态数据（如图像、文本、音频）进行学习的方法，其核心思想是通过结合不同模态的信息，提高模型的表达能力和预测性能。多模态学习主要面临以下挑战。

- **模态对齐**：如何将不同模态的数据对齐到同一个表示空间。
- **模态融合**：如何有效地融合不同模态的信息。
- **缺失数据处理**：如何处理某些模态数据缺失的情况。

多模态学习已应用于视觉问答、跨模态检索等任务。在视觉问答任务中，模型需要同时理解图像和文本信息，从而生成正确的答案；跨模态检索可利用多模态预训练模型（例如 CLIP 和 DALL·E 等），无需训练即可完成图文互搜。

2.5.4 迁移学习与大模型微调

迁移学习（Transfer Learning）是一种通过复用已有领域知识来提升新任务学习效率的机器学习范式。其核心在于将源任务（Source Task）中习得的模型参数、特征表征或领域知识迁移到目标任务（Target Task），以显著降低对目标领域数据量的依赖并提升模型训练效率。根据迁移方式的不同，迁移学习主要分为以下几类。

- **基于样本的迁移学习**：通过重加权或筛选源域中与目标域分布相近的样本，实现跨域知识迁移。
- **基于特征的迁移学习**：通过特征映射将异构域的样本投影到统一特征空间，使源域学习到的特征表示可有效应用于目标域。
- **基于模型的迁移学习**：以源域模型的网络架构和参数作为初始化，通过参数微调（Fine-tuning）使其适用于目标任务，在预训练 + 微调（Pre-training + Fine-tuning）范式中应用尤为广泛。

值得关注的是，随着 Transformer 等超大参数量模型的兴起，基于预训练大模型的参数微调已成为迁移学习的主流范式，其技术优势在于：通过在大规模通用数据集（如 ImageNet、Common Crawl 等）上预训练的深度神经网络，学得具有强泛化能力的底层特征表示；当应用于特定下游任务时，仅需通过轻量级微调（如调整顶层网络参数或添加任务适配层）即可实现优异的性能。这一技术路径在自然语言处理（Natural Language Processing，NLP）和计算机视觉（Computer Vision，CV）领域均取得突破性进展。

技术应用篇

第 3 章

计算机视觉：天光云影

> "半亩方塘一鉴开，天光云影共徘徊。"
> ——朱熹《观书有感》

人类认识世界，首先依赖于视觉。视觉赋予我们观察和理解周围事物的能力。而计算机视觉通过对人类视觉的模拟和超越，使计算机具备了更加精准和深入的视觉感知与分析能力。那么，机器是如何"看"世界的，又是如何赋能农业生产的？

3.1 基本概念

计算机视觉（Computer Vision），亦称机器视觉（Machine Vision），是一种使计算机具备类似于人眼视觉感知能力的技术。作为工业自动化和机器人技术的重要组成部分，计算机视觉凭借其自动化、高效和准确的特点，为多个行业提供了技术支持。随着计算机技术、图像处理技术以及深度学习算法的蓬勃发展，计算机视觉技术得到了快速发展，并被广泛应用于医疗、安防、交通和农业等领域。

农业作为我国的基础产业，直接关乎国家的粮食安全和农民的生计。传统的农业生产方式效率低下，且易受到自然灾害、病虫害等不确定因素的影响。随着农业现代化和科技进步，农业生产中积累了大量的图像数据，这为计算机视觉技术在农业领域的快速崛起创造了机会。在农业领域有效结合计算机视觉技术，不仅可以显著提升农业生产效率，还能为疾病诊断、病害控制和农产品分级提供准确的技术支持，助力农民实现精准农业，例如，识别和检测不同农作物、监测土壤和作物生长状态、预测和控制病害等。

3.1.1 计算机视觉的定义

计算机视觉通过模拟人类视觉系统，赋予计算机感知、理解和分析图像的能力，使其能够从视觉数据中提取有价值的信息并据此做出决策。

从狭义上讲，计算机视觉是指借助摄像头、传感器等设备捕获图像，并通过图像处理算法和计算机视觉技术对图像进行分析，以提取特定信息或完成特定任务的技术。例如，在工业生产中，计算机视觉可用于自动化检测产品缺陷；在农业生产中，计算机视觉可用于识别作物病害或监测作物生长状态。

从广义上讲，计算机视觉是一个多学科交叉的综合性领域，涵盖图像获取、图像处理、特征提取、模式识别、深度学习等多个子领域，它不仅涉及硬件设备（如摄像头、传感器）和软件算法（如图像处理、机器学习），还融合了光学、电子学、计算机科学等多学科的知识。通过结合先进的算法（如卷积神经网络、支持向量机等），计算机视觉系统能够从复杂的视觉数据中提取特征，理解图像内容，并为自动化系统提供可靠的决策依据。

3.1.2 计算机视觉的农业应用

计算机视觉技术在农业领域的应用正日益受到重视，为农业生产和管理带来了显著的效率提升和成本优化效果。以下是计算机视觉在农业中的部分应用场景。

作物生长监测与健康诊断：计算机视觉系统通过摄像头或无人机捕获农田作物的图像，实时监测作物的生长状态和健康状况。例如，通过分析作物的颜色、纹理和形态特征，系统能够准确判断作物是否遭受病虫害、是否面临营养不良或水分不足等问题，从而协助农民及时采取有效措施，减少作物损失并提高产量。

精准农业与资源优化：通过对农田土壤、作物和环境的图像进行分析，计算机视觉系统能够为农民提供精准的施肥、灌溉和病虫害防治建议。例如，利用无人机搭载的多光谱摄像头，系统能够帮助农民识别作物生长不均匀的区域，进而优化资源分配，减少化肥和农药的使用量，降低环境污染。

自动化收获与分级：在农产品收获和分级环节，计算机视觉技术能够显著提升效率和准确性。该技术可用于识别作物的成熟度、果树挂果量等指标，并指导自动化设备进行精准收获。此外，计算机视觉技术还适用于农产品的质量分级，例如根据水果的颜色、大小和表面缺陷进行分类，确保产品符合市场标准。

农产品质量管理和追溯：计算机视觉技术在农产品的质量管理和追溯方面也发挥着重要作用。例如，通过图像记录农产品的生长过程，确保产品的安全性和品质。此举在市场中提供了更高的透明度，有助于满足食品安全和质量标准，增强消费者对产品的信任。

智能农机与自动化作业：计算机视觉技术与智能农机的结合，有力推动了农业生产的自动化与智能化进程。例如，自动驾驶拖拉机、智能喷洒机器人和自动化采摘设备都依赖于计算机视觉系统进行环境感知和任务执行。这些智能农机能够根据计算机视觉提供的实时数据，自动调整作业路径和操作方式，从而显著提升作业效率和精准度。

农业环境监测与灾害预警：计算机视觉技术还可以在农业环境的实时监测和灾害预警中发挥重要作用。例如，通过分析农田图像中的土壤湿度、植被覆盖度和气象数据，该技术能够为农民提供干旱、洪涝等自然灾害和病虫害的预警信息。这有助于农民提前采取应对措施，从而有效减轻自然灾害和病虫害对农业生产造成的负面影响。

3.2 关键技术

本节将详细介绍计算机视觉的常用关键技术，包括图像分类、目标检测、目标跟踪和实例分割等。通过系统学习和理解这些关键技术，可以更好地掌握计算机视觉的基本原理和实践方法。

3.2.1 图像分类

图像分类（Image Classification），亦称图像识别（Image Recognition），是计算机视觉领域的基础任务之一，旨在将输入的图像分配到一个或多个预定义的类别中，其核心目标是让计算机能够像人类一样识别和理解图像内容，从而为后续的分析和决策提供支持。

1. 图像分类的概念

图像分类的任务是根据图像内容，将其归类到特定的类别中。例如，在农业领域中，图像分类可以用于识别不同种类的作物、区分健康与病害叶片，或对水果进行质量分级。

根据任务的复杂性、目的及应用领域，图像分类可以分为以下几种类型：

1）**单标签分类**：在单标签分类中，每个图像只能分配到一个类别或标签。这通常适用于相对简单的图像分类任务，其目标是确定图像所属的最相关或最合适的类别。

2）**多标签分类**：在多标签分类中，每个图像可以分配到多个类别或标签。这通常适用于更复杂的图像分类任务，其目标是确定图像中存在的所有相关类别，而不仅仅是其中一个。

3）**细粒度分类**：细粒度分类任务要求在同一大类别内进行更精细的分类，通常涉及识别和区分相似外观的对象或亚类别，如不同种类的鸟类、植物等。

这些分类依据任务的复杂程度和目标差异，涵盖了各种图像分类问题。每种任务类型都具备其特定的挑战性和应用领域。图像分类技术的发展主要得益于深度学习技术的进步，尤其是卷积神经网络（Convolutional Neural Network，CNN）的广泛应用。深度学习模型通过自动提取图像特征并进行分类，显著提升了图像分类的准确性和处理效率。

2. 图像分类的发展

图像分类技术的发展经历了从传统机器学习方法到深度学习方法的演进，逐步实现了从手工设计特征到自动化特征学习的转变。

在传统机器学习领域，图像分类的标准流程包括三个关键步骤：特征提取、特征筛选，以及通过适当的分类器进行特征分类。尽管这种方法不需要大量训练数据，且模型具有较好的可解释性，但其局限性亦显而易见。特征提取和筛选过程依赖人工设计，模型效果受所选特征影响极大，容易受到主观因素和领域知识的制约，难以处理大规模数据。

2012年，Alex Krizhevsky等人提出的AlexNet网络结构，标志着深度学习在图像分类领域取得突破性进展。AlexNet通过将图像特征的提取、筛选和分类三个模块融为一体，显著提升了分类性能。该网络结构包含5个卷积层和3个全连接层，其中浅层卷积层主要用于捕获图像边缘等通用特征，而深层卷积层则专注于学习特定数据集的分布特征。在2012年ImageNet大规模视觉识别挑战赛（ILSVRC）中，AlexNet以15.4%的低错误率夺冠，成为深度学习领域的重要里程碑。

2014年，GoogleNet的问世进一步推动了深度学习的发展。GoogleNet引入了Inception单元，打破了传统深度神经网络中卷积层、激活层和池化层依次排列的固定模式，大幅提升了模型的效率和性能。这一创新使 ImageNet 分类错误率降至 6.7%，标志着深度学习在图像分类领域的进一步成熟。

随着深度学习的不断发展，神经网络结构日益复杂化，相应的训练难度也随之增加。2015 年，何恺明等人提出了残差学习（Residual Learning）的概念，通过引入残差连接，有效解决了深层网络训练过程中出现的梯度消失和准确率饱和问题。ResNet 凭借 3.6% 的超低错误率，一举夺得了 2015 年 ImageNet 挑战赛的冠军，其卓越性能甚至超越了人类的平均识别水平，标志着深度学习领域的又一重大突破。

至今，图像分类领域已逐步从传统的机器学习方法过渡到以深度学习为核心的技术路线。深度学习模型在图像分类任务中展现了优异的性能，使得计算机能够以极高的准确性进行图像识别和分类。

3.2.2 目标检测

目标检测是计算机视觉中的一项重要任务，旨在从图像或视频中精确地定位并识别多个目标对象。与单纯的图像分类相比，目标检测不仅需要识别目标的类别，还需要确定目标在图像中的具体位置。该技术在农业领域应用广泛，涵盖作物病虫害检测、果实定位与计数、农田动物监测等多个方面。

1. 目标检测的概念

目标检测的核心任务包括目标定位和目标分类。目标定位任务旨在精确确定目标在图像中的具体位置，通常通过边界框表示；目标分类旨在识别目标的类别，例如区分作物、病虫害或农田动物。这两项任务共同协作，以准确地找到并标识图像中的目标物体。鉴于不同类别的物体在外观、形状和姿态上存在差异，加之成像过程中光照、遮挡、失焦模糊等因素的干扰，目标检测始终是计算机视觉领域内极具挑战性的问题之一。

具体而言，目标检测任务要求在图像或视频帧中精确确定目标的位置，并为每个检测到的目标生成相应的边界框，同时为每个目标分配一个类别标签，以指示其类型（例如苹果、猕猴桃、香蕉等）。如图 3-1 所示，在静态图片中，目标检测模型将返回一个由两个坐标点确定的矩形框，并在矩形框上方标示出目标的类别名称和置信度。

2. 目标检测的流程

目标检测的标准流程包括以下几个基本步骤：数据收集和标注、数据预处理、特征提取、候选区域生成、目标分类、目标定位，以及结果可视化和输出等。这一系列步骤旨在从图像或视频中精准地检测和定位多个目标，并为其分配相应的类别标签。

3. 目标检测的常用算法

随着深度学习技术的不断发展，特别是卷积神经网络（CNN）的兴起，目标检测的性能得到了显著提升。根据检测流程的不同，目标检测算法主要分为两类：一类是以 YOLO（You Only Look Once，你只看一次）和 SSD（Single Shot MultiBox Detector，单次多框检测器）为代表的一阶段检测算法；另一类则是以 Faster R-CNN 为代表的两阶段检测算法。

 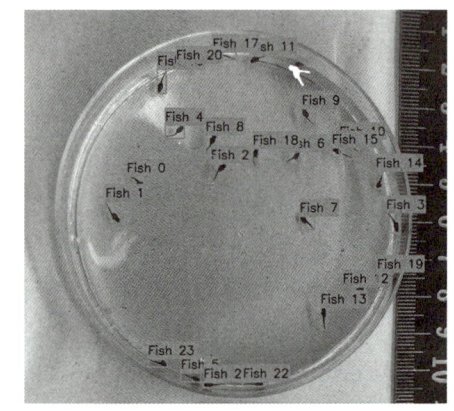

a）叶片及病害检测　　　　　　　　b）鱼苗检测与计数

图 3-1　目标检测示例（见彩插）

（1）一阶段检测算法

YOLO 系列算法是一阶段目标检测的典型算法，其具体实现方式是将输出层的特征划分为 7×7 的网格。对于每个网格，预测两个边框，并通过设定的阈值进行筛选，最后使用非极大值抑制（Non-Maximum Suppression NMS）去除冗余窗口。这种方法的优点是速度快、流程简单，对于自然图像中物体的检测效果较好；缺点是在预测阶段输入图片的尺寸受限。尽管每个格子可以预测多个包围框，但只会选择 IOU（Intersection Over Union，交并比）最高的包围框作为目标检测的输出。

YOLOv2 在 YOLOv1 基础上进行了优化，设计了一种新的骨干网络 DarkNet-19，采用卷积替换全连接层，同时采用聚类方法优化锚框的初始化。YOLOv3 针对 YOLOv2 进行了改进，增加了骨干网络的层数，并引入了多尺度特征提取机制，从而实现多尺度的目标检测。此后，YOLO 系列持续迭代更新，从 YOLOv4、YOLOv5 到更新的 YOLOv10、YOLOv11，每个新版本都在前一版本的基础上进行改进和优化，例如引入更高效的数据增强策略、优化损失函数、提升模型推理速度等，显著提高了检测的精度和速度。

SSD 目标检测算法基于 VGGNet-16 进行特征提取，并通过多尺度特征图来实现目标检测。该算法通过设置不同尺度和纵横比的默认框，结合非极大值抑制（NMS）筛选最终检测框。SSD 在保证较高检测精度的同时，也实现了较快的检测速度。

（2）两阶段检测算法

两阶段检测算法首先生成候选区域，然后对候选区域进行分类和回归，从而得到最终的检测结果。典型的算法包括 R-CNN 系列（如 Fast R-CNN、Faster R-CNN）。与一阶段检测算法相比，两阶段检测算法在检测准确率和定位精确度方面具有一定优势。

R-CNN 将深度学习与传统的计算机视觉方法相结合。该算法首先选择一个预训练的卷积神经网络（如 AlexNet 或者 VGGNet）作为骨干网络来提取图像特征。然后，在已提取的特征基础上使用选择性搜索方法生成约 2000 个候选框，并将这些候选框调整为固定尺寸，以满足卷积神经网络中全连接层的输入要求。Fast R-CNN 延续了 R-CNN 生成候选框的方法，将每个映射得到的特征矩阵经过感兴趣区域池化（RoI Pooling）操作缩放至 7×7 的尺寸，随后输入分类器和回归器中进行分类和回归。

Faster R-CNN 是在 Fast R-CNN 基础上的进一步优化，通过引入区域建议网络（Region Proposal Network，RPN）来替代 Fast R-CNN 中的选择性搜索部分，从而实现了端到端的检测。然而，Faster R-CNN 较难处理多尺度和小目标的问题，且其全连接层占据了大量参数，导致其检测速度相较于一阶段检测算法较慢，难以满足一些对效率有较高要求的实际应用场景。

4. 目标检测的发展

目标检测领域的发展历程经历了多个重要的阶段，总体上可分为两个主要历史时期，即传统方法时期和基于深度学习方法的时期。其中，深度学习方法的兴起引发了该领域的重大变革。以下是目标检测领域发展历程的简要回顾。

传统方法时期（2014 年前）：在深度学习兴起之前，目标检测主要依赖于手工设计的特征（如 Haar 特征、HOG 特征和 SIFT 特征等）以及传统的分类器（如 SVM）。尽管这些方法在某些特定场景下取得了不错的效果，但由于特征提取过程高度依赖人工设计，导致检测速度较慢且泛化能力有限。自 2010 年起，手工特征方法的性能逐渐趋于饱和，目标检测研究也因此进入了平台期。

基于深度方法的时期（2014 年至今）：2012 年，AlexNet 在 ImageNet 竞赛中的卓越表现，标志着深度学习在计算机视觉领域的崛起。2014 年，Ross Girshick 等人提出的 R-CNN 方法开创了基于深度学习方法的目标检测新路径。R-CNN 利用卷积神经网络高效提取特征，并结合选择性搜索生成候选区域，显著提升了检测的精度。继 R-CNN 之后，Fast R-CNN 和 Faster R-CNN 进一步优化了检测流程，特别是引入了区域建议网络（RPN），实现了端到端的训练和检测，推动了目标检测技术的持续进步。

2015 年，YOLO 和 SSD 的提出，标志着一阶段检测算法的兴起。YOLO 通过将检测任务转化为回归问题，成功实现了实时检测；而 SSD 则借助多尺度特征图，有效检测不同大小的目标，兼顾了检测速度与精度。从 YOLOv1 到 YOLOv11，YOLO 系列不断优化网络结构和训练策略，显著提升了检测性能。

近年来，目标检测领域继续快速发展，涌现出众多改进及变种方法。例如，为克服传统锚框方法的局限性，无锚框检测算法（如 CornerNet 和 DETR）应运而生。CornerNet 通过检测目标的角点来确定位置，而 DETR 则引入了 Transformer 架构，直接从全局上下文中学习目标的位置和类别，实现了高效的端到端检测。

如今，目标检测已经进入了一个新的阶段，并在各个领域得到广泛应用，涵盖自动驾驶、智能监控、医学图像处理和农业技术等。随着深度学习的兴起和技术的不断演进，相信目标检测领域将继续发展并不断优化，在更多实际场景中发挥重要作用。

5. 目标检测的应用

现有目标检测算法的应用范围非常广泛。在人脸检测方面，它可应用于公共安全、人脸支付、智能门控等领域；在行人检测方面，则可应用于智能辅助驾驶、区域入侵检测等领域；而在遥感检测方面，其应用涵盖河流监控、土地使用、农作物监控等领域。下面简单介绍目标检测在农业领域的具体应用。

（1）智能作物成熟度检测应用

在农业生产过程中，准确评估作物的成熟度对于确定最佳收获时机至关重要。如果收获时间过早或过晚，均可能导致产量下降或农产品品质降低。传统方法通常依赖人工检查和主观判断，这难免会引入一定的误差。为此，需要引入目标检测技术来构建智能作物成熟度检测系统，旨在提高产量和产品质量。

智能作物成熟度检测系统的关键组成部分包括以下几点：首先，在农田中部署高分辨率相机，或使用无人机或卫星图像采集设备，定期捕获作物的图像。接着，将这些采集到的图像通过互联网传输至中央服务器或云存储平台。在此基础上，构建目标检测模型，检测图像中的作物，并进一步识别作物上的果实或穗子。该系统通过量化作物的颜色、大小等特征，估计其成熟度。最终，结合目标检测和分析的结果，以及已知的成熟度标准，生成作物成熟度的定量估计。

（2）苹果叶片病害智能检测应用

苹果叶片病害是影响苹果产量和品质的重要因素，对苹果叶片早期病害进行准确检测并精准施药，是保障苹果产业健康发展的有力举措。传统的苹果叶片病害检测方法，其准确率主要依赖于专家经验和种植人员的相关专业知识，效率较低，且难以满足大规模农业生产的实际需求。近年来，研究人员将目标检测技术应用于苹果叶片早期病害检测任务中，能够实时识别叶片病害的类别及具体位置，为精准农药喷洒提供了科学指导。

面向苹果叶片早期病害的目标检测应用流程如下：首先，通过果园现场采集的方式收集病害图像数据，并依据病害特征进行分类，统计病害数量。然后，对数据集进行病害标注，建立病害图像数据集。为了提升数据多样性，训练过程中可运用多种数据增强手段。随后，搭建基于深度学习的目标检测模型，并利用训练集进行模型训练。最终，通过测试集对病害的回归和分类性能进行评价。

3.2.3 目标跟踪

目标跟踪是计算机视觉领域的核心技术之一，其重要性在于能够从视频序列中实时且准确地检测并持续追踪目标物体的运动状态。通过目标跟踪，计算机能够更好地理解视觉场景，从而为视频监控、无人驾驶等实际应用提供有力的支持。

1. 目标跟踪的概念

目标跟踪的核心任务是在视频序列中对特定对象进行连续定位，并随时间推移追踪其运动轨迹。目标跟踪主要分为两大类：单目标跟踪和多目标跟踪。单目标跟踪仅跟踪单个特定的对象，而多目标跟踪则同时跟踪视频序列中的多个对象。

在目标跟踪任务中，一个关键要素是对目标状态的详细描述，包括其位置、大小、方向以及可能的形状等属性。这些属性通常采用参数化形式表示，并且这些参数需要随时间不断更新。精确估计目标状态对于提升跟踪算法的性能至关重要。

目标跟踪算法一般包括四个部分：特征提取、运动模型、外观模型、在线更新机制。其中，特征提取负责提取图像目标的特征，一般要求这些特征既能较好地描述跟踪目标又能快速计算。运动模型旨在描述帧与帧之间目标运动状态的关系，预测下一帧中目标的可能位置，经典的运动模型包括均值偏移（Mean Shift）、滑动窗口（Sliding Window）、卡尔曼滤波（Kalman Filtering）、粒子滤波（Particle Filtering）等。外观模型的主要功能是在当前帧中评估候选图像区域是被跟踪目标的可能性。通过提取图像区域的视觉特征，并输入外观模型进行匹配或决策，最终确定被跟踪目标的空间位置。在线更新机制旨在捕捉目标及其背景在跟踪过程中的动态变化，不断更新外观模型，以确保跟踪的准确性和鲁棒性。

2. 目标跟踪的流程

目标跟踪的基本步骤包括：首先，输入初始帧并指定需要跟踪的目标，通常通过矩形框进行标定，如图 3-2 所示。

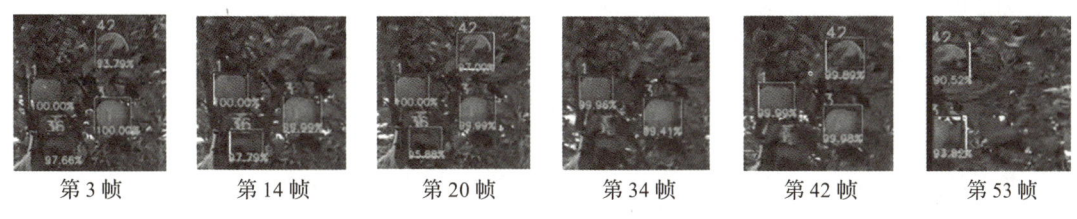

图 3-2 目标跟踪（见彩插）

接下来，在下一帧中生成多个候选框，并提取这些候选框的特征。外观模型随即对这些候选框进行评分。从这些评分中，选取得分最高的候选框作为预测目标，或者通过融合多个预测值以获得更优的预测目标。至此，算法基于第 1 帧的信息完成了对第 2 帧的预测，后续帧的处理过程与此类似。同时，算法还会根据指定规则更新模型，以提升目标跟踪的精确性。目标跟踪的基本流程如图 3-3 所示。

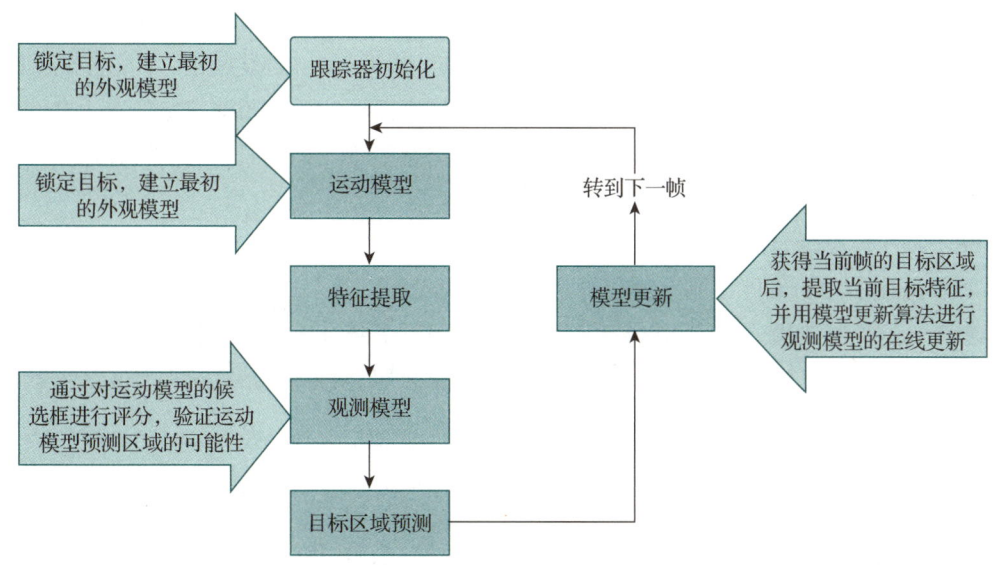

图 3-3 目标跟踪的基本流程

3. 目标跟踪的常用算法

目标跟踪算法主要分为传统方法和基于深度学习的方法。以下介绍几种常见的算法及其特点。

（1）光流法

光流法（Optical Flow）是一种通过分析图像中像素点的运动来跟踪目标的方法。简单来说，该方法通过观察视频中相邻帧之间的像素变化，推断出目标的运动方向和速度。光流法适用于目标运动较慢且背景相对简单的场景，但在复杂背景或快速运动的情况下效果较差。

（2）卡尔曼滤波

卡尔曼滤波（Kalman Filtering）是一种基于数学模型的跟踪算法，主要用于预测目标的位置和速度。该算法通过结合目标的运动模型和观测数据，逐步优化对目标状态的估计。卡尔曼滤波适合处理线性运动的目标，例如匀速直线运动的物体，但在非线性运动或复杂场景中，其性能会受到一定限制。

（3）粒子滤波

粒子滤波（Particle Filtering）是一种基于概率的跟踪方法。该方法通过生成大量的"粒子"来模拟目标可能的位置和状态，然后根据观测数据逐步筛选出最有可能的粒子作为目标的估计位置。粒子滤波适合处理非线性运动或复杂背景下的目标跟踪，但其计算量较大。

（4）均值偏移

均值偏移（Mean Shift）是一种基于颜色分布的跟踪算法。该算法通过分析目标的颜色特征，找到颜色分布最密集的区域作为目标的新位置。均值偏移适合处理颜色特征明显的目标，但当目标颜色与背景相似时，其跟踪效果会显著下降。

（5）基于相关滤波的算法

基于相关滤波的算法通过构建目标模型和候选区域之间的相关性来进行跟踪，典型的算法包括KCF（Kernelized Correlation Filters，核化相关滤波器）和MOSSE（Minimum Output Sum of Squared Error，最小输出误差平方和）。它们借助滤波器来预测目标位置，具有较高的计算效率和实时性。相关滤波算法适合处理对实时性要求高的场景，例如视频监控，但在目标快速变形或遮挡时表现不佳。

（6）基于深度学习的算法

随着深度学习的发展，基于卷积神经网络的目标跟踪算法（如SiamFC、MDNet）逐渐成为主流。这类算法通过训练深度神经网络来学习目标的特征表示，能够在复杂背景下实现高精度的跟踪。基于深度学习的算法适合处理多目标跟踪、目标变形或遮挡等复杂场景，但需要较大的计算资源和训练数据。

3.2.4　实例分割

实例分割的目标是识别图像中的每个物体实例，并为每个实例生成精确的像素级分割掩膜。简单来说，实例分割不仅要确定物体的类别，还要精确标注每个物体的边界，并将其与其他同类别物体有效区分。

为了更好地理解实例分割，我们首先需要了解图像分割、语义分割和实例分割之间的区别与联系。

- **图像分割**（Image Segmentation）：从广义上讲，图像分割是指将图像划分为多个区域或对象的过程。它可以包括语义分割和实例分割。
- **语义分割**（Semantic Segmentation）：语义分割的任务是为图像中的每个像素分配一个类别标签，但并不区分同一类别中的不同实例。例如，在一张包含多只猫的图片中，语义分割会将所有猫的像素统一标记为"猫"，但不会区分每只猫。
- **实例分割**（Instance Segmentation）：实例分割在语义分割的基础上更进一步，不仅需要标注每个像素的类别，还要识别并区分同一类别中的不同实例。例如，在一张包含多只猫的图片中，实例分割会为每只猫生成独立的分割掩膜，并清晰地区分每只猫的边界。

在农业应用中，实例分割的作用尤为重要。例如，在果园中，农民不仅需要识别出"苹果树"所在的区域，还需要区分每棵单独的苹果树，以便精准地进行施肥、病虫害监测和产量估算。对此，实例分割技术能够提供更为精细的信息，帮助实现精准农业。本节将重点介绍实例分割的概念和方法。

1. 实例分割的概念

实例分割是计算机视觉领域的一项高级任务，它不仅要求识别图像中的物体类别，还需要为每个物体实例生成精确的像素级分割掩膜。与目标检测相比，实例分割不仅提供了物体的边界框，还精确标注了物体的轮廓；与语义分割相比，实例分割能够区分同一类别中的不同实例。

在计算机视觉发展的早期阶段，由于技术和计算能力的局限，实例分割面临许多挑战，尤其是在复杂背景或密集物体场景下更为显著。然而，随着深度学习和卷积神经网络技术的迅猛发展，实例分割逐渐获得了更广泛的应用和发展。

通过前面章节的学习，我们已经知道图像分类的任务是识别图片中存在的不同物体的种类，目标检测的任务则是在识别图片中物体的基础上，进一步确定物体的位置，并用矩形框框出。而语义分割的任务是标注出图像中每个像素属于哪个类别，例如"人""羊"或"狗"，但不区分同一类别中的不同实例。实例分割的目标则更为精细，要求在同一类别中区分每个物体实例。图 3-4 展示了计算机视觉中四种不同技术对同一张输入图片的不同输出效果。

实例分割的意义在于其能够为更高级的农业计算机视觉任务，如作物生长监测、病虫害识别和作物产量估计，提供更为细致和精确的物体信息，如图 3-5 所示。这一技术的出现为农业领域的各种应用提供了强有力的支持，涵盖了从农田健康监测到土壤分析，从智能灌溉系统的水源管理到无人机的实时农田监控和数据分析等多个方面。

2. 实例分割的方法

随着卷积神经网络的广泛应用，越来越多的学者开始研究基于深度学习的实例分割算法，并取得了相较于传统图像分割更好的分割结果。目前，基于深度学习的实例分割方法大致可分为两阶段实例分割和单阶段实例分割两大类。

a）图像分类　　　　　　　　　　　　b）目标检测

c）语义分割　　　　　　　　　　　　d）实例分割

图 3-4　计算机视觉中四种不同技术的效果图（见彩插）

 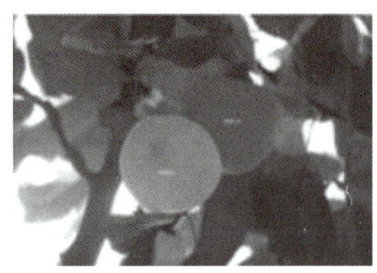 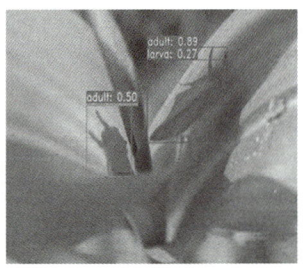

a）玉米生长监测　　　　b）苹果产量估计　　　　c）玉米病虫害识别

图 3-5　实例分割的农业应用（见彩插）

（1）两阶段实例分割

两阶段实例分割方法将任务分为目标检测和目标分割两个阶段进行。首先，在第一阶段中，目标检测器确定目标的位置；随后，在第二阶段中，基于这些位置进行目标分割。两阶段实例分割主要分为自上而下和自下而上两种方法。自上而下的实例分割方法是指在目标检测框内进行像素级别的语义分割，而自下而上的实例分割方法则是先将整个图像中的目标与背景分割，然后利用聚类思想对分割得到的掩膜进行逐像素聚类，进而识别每一类目标的实例。这种方法不受目标边界框的限制，而是将实例分割视为一种聚类任务，通过像素分组并确定每组的类别来生成实例掩膜。接下来，介绍两阶实例分割中的经典模型。

❑ Deep Mask

Deep Mask 是首个能够直接从原始输入图像中学习并生成候选框以进行分割的算法。

Deep Mask 网络实现了三个任务：前背景分割、前景语义分割以及前景实例分割。这三个任务均是基于同一个网络结构进行特征提取，仅在尾部具有单独的分支。相较于先前的算法，Deep Mask 仅需更少的建议框即可实现更高的召回率。

❑ Mask R-CNN

Mask R-CNN 在目标分类和回归分支的基础上，增加了用于预测每个感兴趣区域（Region of Interest，ROI）的语义分割分支。其基础网络中采用了 ResNet-FPN 结构，多层特征图的设计有助于多尺度物体及小物体的检测。

Mask R-CNN 的工作流程如下：首先，将输入图片送入特征提取网络，以获得特征图；接着，对特征图的每一个像素位置设定固定数量的 ROI，并将这些 ROI 区域送入区域推荐网络（Region Proposal Network, RPN）进行二分类(前景和背景)以及坐标回归，从而获得修正后的 ROI 区域。为了保证特征分辨率，该模型采用 ROI Align 操作替代原始的 ROI Pooling 操作，通过取消坐标量化操作并采用双线性插值法，有效保留了特征图的亚像素级空间信息。最后，增加了一个 Mask 掩膜分支，用于预测每个像素的类别。

（2）单阶段实例分割

单阶段实例分割方法是根据单阶段目标检测的思想而提出，它只使用一个模型来处理原始图像，对输入图像进行特征提取和检测，最终生成一组预测掩膜，用于指示哪些像素属于该目标物体。因此，单阶段实例分割方法通常比两阶段方法更为高效。

单阶段实例分割模型根据是否使用锚框可以分为基于锚框的分割和无锚框分割两大类。基于锚框的分割方法借鉴了目标检测中的锚框思想，无锚框分割方法则省略了使用预定义锚框的步骤，直接预测目标的位置和分割掩膜。接下来，介绍单阶段实例分割中的经典模型。

❑ YOLACT

YOLACT（You Only Look At CoefficienTs）是一个端到端的全卷积实时实例分割模型。它将实例分割任务分解成两个并行的子任务：生成一组原型掩膜和预测每个实例的掩膜系数。通过将得到的原型掩膜与掩膜系数进行线性组合来生成实例分割结果，并提出了更快的极大值抑制策略代替原来的非极大值抑制（Non-Max Suppression，NMS）。这种方法可以快速地产生高质量的掩膜。

❑ SOLO

SOLO（Segmenting Objects by Locations）基于同一类别下不同实例在大小和位置上的差异，提出了一个端到端的直接分割方法。SOLO 算法首先将输入图像划分为均匀的网格阵列，并通过特征金字塔网络（Feature Pyramid Network，FPN）融合深层语义特征与浅层细节信息。模型并行构建分类分支和掩码生成分支，其中分类分支负责预测网格单元的目标类别，而掩码分支则通过通道对齐机制将每个网格映射为对应实例的二进制掩码，最终通过矩阵融合输出实例分割结果。

单阶段实例分割算法由于不需要先进行目标检测，其算法流程简单，往往具有较快的推理速度。然而，其缺点也很明显：相较于两阶段实例分割方法，单阶段实例分割算法的分割精度可能有所降低；此外，在目标遮挡或背景复杂的情况下，分割效果不好。

3.2.5 新兴研究方向

在计算机视觉领域，除了前述关键技术之外，本节还将探讨一些前沿研究方向，包括 RGB-D 深度图像处理和遥感图像处理等。

1. RGB-D 深度图像处理

传统的二维图像在农业中已广泛应用，但随着农业技术的进步，许多场景需要更精确的三维空间信息。RGB-D 深度图像是一种三维图像，它不仅包含传统的红、绿、蓝（RGB）颜色信息，还增加了深度信息，因此也称为深度图（Depth Map）。其优势在于能够提供空间的立体视觉信息。

RGB-D 深度图像技术早期由微软的 Kinect 深度摄像头引入，随后随着硬件和算法的不断进步，逐渐在农业领域得到广泛应用。深度学习技术的兴起进一步推动了 RGB-D 图像处理的发展，使其在作物生长监测、病虫害检测、智能机器人导航等领域展现出巨大的应用潜力。

在农业领域，RGB-D 深度图像处理技术可以用于作物识别与病虫害检测。通过分析作物的颜色和形状变化，该技术能够快速判断作物是否受到病害侵袭。同时，它还能捕捉作物的三维形态信息，进行三维建模，从而精准监测作物的生长状态，预测产量，并为精准施肥、灌溉提供科学依据。

RGB-D 深度图像处理的实现：首先，从数据获取阶段开始，利用 RGB-D 相机（如 Kinect 或 Intel RealSense）捕获彩色图像及其对应的深度信息。随后，对获取的原始数据进行去噪、校准等预处理操作，以确保图像质量。接下来，从 RGB 图像中提取颜色、纹理等特征，同时从深度信息中提取几何特征（如高度、形状等），为后续的物体分割和识别提供基础数据。然后，采用分割算法将目标物体从背景中分离出来，再通过机器学习算法（包括深度学习算法）对分离出的物体进行分类和识别。此外，还可以利用深度信息重建三维场景，以支持进一步分析和决策。

2. 遥感图像处理

遥感，源自英文"Remote Sensing"，字面意为"遥远的感知"，是一种现代综合技术，用于从高空或外层空间接收目标物体发射的电磁波信息。这些信息经过扫描、传输和处理，用于判别目标物体的各种属性。

所谓遥感技术，是指通过卫星、无人机等设备从高空获取地表信息的技术。遥感图像处理则是对这些图像进行深入分析。遥感技术的优势在于速度快、观测宏观、结果客观，能够提供实时、准确的地表数据，如土壤覆盖、作物生长情况、地面生物量、作物健康状况等。同时，它还能连续观测地面，形成时空一体化的多维信息集合。目前，遥感技术主要应用于农业、气象、资源、环境、航海等领域。

遥感技术经历了从早期的摄影测量到现代的数字图像处理的演变。近年来，随着高分辨率卫星和无人机技术的普及，遥感图像处理在农业中的应用日益广泛。深度学习技术的引入，进一步提升了遥感图像的分类、目标检测和变化监测的准确性。

遥感图像处理的实现：首先，从数据获取阶段开始，通过卫星或无人机获取多光谱、高光谱或雷达图像。接着，对图像进行辐射校正、几何校正等预处理操作，以确保数据准确性。随后，通过颜色增强、空间滤波等方法提升图像质量，并从图像中提取颜色、纹理、形状等特征，为后续分析奠定基础。利用机器学习算法（包括深度学习算法），对图像进行分类，识别作物类型、监测长势等。在农业领域，遥感图像处理技术能够快速识别不同作物的种植区域，帮助农民和政府进行土地管理和产量预测。此外，通过遥感图像中的植被指数，例如 NDVI（Normalized Difference Vegetation Index），可以实时监测作物的生长状态，并结合模型进行产量预测。同时，分析遥感图像中的变化信息，还能提前预测干旱、洪涝等自然灾害，帮助农民及时采取预防措施。

3.3 农业应用

3.3.1 应用概述

计算机视觉技术作为智慧农业的重要组成部分，正在为农业生产和管理带来显著的变革。该技术通过模拟人类视觉系统，赋予计算机感知、理解和分析图像的能力，使其能够从视觉数据中提取有价值的信息并做出决策。在农业领域，计算机视觉技术的应用范围广泛，涵盖了从作物生长监测、病虫害识别到农产品分级、自动化作业等多个环节，为农业生产提供了高效且精准的解决方案。

本节将通过三个典型案例——苹果叶片病害智能诊断、基于视觉分析的肉牛行为识别、基于视觉三维重构的牲畜生长性能监测，展示计算机视觉技术在农业领域的实际应用。

3.3.2 应用案例分析

案例 3-1　苹果叶片病害智能诊断

1. 应用背景

苹果是全球最主要的水果作物之一，而中国的苹果种植面积占全球的 50% 以上，是世界上最大的苹果生产国。然而，苹果病害种类繁多，如褐斑病、白粉病、锈病等，严重影响了苹果的产量和品质。传统的人工检测方法依赖经验，效率低且易出错。随着深度学习技术的发展，基于计算机视觉的病害智能诊断系统应运而生。该系统通过结合图像分类和目标检测技术，能够快速、准确地识别病害，帮助农民及时采取有效措施，最大程度地减少损失。

2. 技术实现

基于深度学习方法的苹果叶片病害识别操作流程通常包括以下步骤：数据采集与预处理、模型构建与训练、模型部署与应用。下面将以西北农林科技大学信息工程学院研究团队提出的早期苹果叶片病害识别模型 LAD-Net 为例，详细介绍具体操作流程。

（1）数据采集与预处理

该案例选取了蚜虫、褐斑病、白粉病、花叶病、锈病、赤霉病6种常见的苹果叶片病害作为研究对象，在乾县苹果监测站进行拍摄，构建了项目所需的数据集，命名为AppleSet6，如图3-6所示。为了模拟实际应用场景，图像从不同角度和不同距离进行拍摄。此外，还在不同的天气条件（如晴天、多云和雨天）下进行了拍摄，以提升模型的鲁棒性。

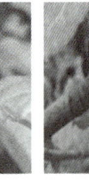

a）蚜虫　　　b）褐斑病　　　c）白粉病　　　d）花叶病　　　e）锈病　　　f）赤霉病

图3-6　苹果叶片病害数据集（见彩插）

为了增加数据集的规模和多样性，该案例对采集到的图像进行数据增强处理。数据增强的方法包括图像翻转、旋转、缩放、裁剪，以及添加噪声和模糊等处理。最后，将数据集AppleSet6按照4∶1∶1的比例划分为三个部分：用于模型训练的训练集，用于模型评估的验证集，以及用于测试模型泛化性能的测试集。这种划分方式确保了模型在训练、验证和测试阶段均有充足的样本进行准确性评估。

（2）模型构建与训练

该案例构建了一个轻量级深度学习模型LAD-Net，用于苹果叶片病害的智能诊断。LAD-Net采用了一种新的卷积操作AD Convolution，结合了非对称卷积和空洞卷积的优点，在保持感受野不变的前提下，有效减少了模型参数数量。此外，模型引入了注意力机制，构建了LR-CBAM模块，以便更精准地捕捉叶片病害的局部细节和全局信息，并自适应地调整空间和通道的重要性，从而显著提升模型的表征能力。在此基础上，该案例进一步构建了核心模块LAD-Inception。针对病斑大小不同的苹果叶片病害，通过添加一个额外的分支和残差连接，有效增强了提取病斑多尺度特征的能力。

在模型训练方面，该案例使用了交叉熵损失函数和Adam优化器，并利用反向传播算法进行模型训练。训练数据被划分为训练集、验证集和测试集。其中，验证集用于调整超参数，测试集用于评估模型的泛化性能。最终，LAD-Net在测试集上的准确率达到了92%以上。

（3）模型部署与应用

该案例选择将模型部署到嵌入式设备Jetson Nano上，该设备被组装成一个小型机器人（如图3-7所示），以提升自动检测的能力。机器人能够在模拟的果园环境中自主移动，并识别叶片病害。我们可以通过无线局域网连接到机器人，沿着苹果树的规划路径移动，并通过安装的摄像头捕捉苹果叶片病害图像。同时，LAD-Net实时识别图像，并在终端上显示结果（如图3-8所示）。

图 3-7 小型机器人设备

图 3-8 手机终端识别结果

案例 3-2 基于视觉分析的肉牛行为识别

1. 应用背景

肉牛养殖是指为了生产肉制品而进行的牛饲养农业实践，包括饲养、管理和繁殖牛的全过程，旨在获得高质量的牛肉产品。作为农业的重要组成部分，肉牛养殖不仅满足了人们对优质牛肉的需求，还推动了经济发展和食品供应链的稳定。此外，科学合理的养殖方法有助于维护生态系统的健康，减少资源浪费和环境污染，为农业和食品行业的可持续发展提供了重要支撑。

在现代畜牧业中，了解肉牛的行为，如吃草、饮水、活动等，对于提高生产效率、保障牛的福祉和确保肉制品质量至关重要。传统监测方法主要依靠直接接触（即将传感器附着在动物身上）来追踪动物行为，通过采集肉牛的活动量、温度和声音等数据，来判断肉牛的不同行为。然而，这些传统方法存在采样频率有限、精度不高、读数不一致等问题，同时还会耗费大量时间和人力资源。

基于视觉分析的非接触式肉牛行为识别技术，通过采集视频图像并运用机器学习算法进行处理，提供了一种更加高效且精准的解决方案。这种方法能够迅速而准确地捕捉并记录肉牛的各种行为，实现对牛群健康状况、饲养和管理等方面的有效监测与调整，从而提升养殖效率和动物福利，进一步推动肉牛养殖行业的可持续发展。

2. 技术实现

该案例使用摄像设备记录肉牛的行为数据，并对采集到的图像进行预处理，包括去噪、图像增强和标定。接着，从图像中提取关键特征，如肉牛关键身体部位的位置信息。这些特征被输入行为分类模型中，以识别肉牛的不同行为，如饮水、进食、卧姿等。最后，对分类结果进行分析，评估肉牛的行为习惯和健康状况，为养殖者提供有用的信息，以优化养殖管理和监控。这一流程利用计算机视觉技术实现了肉牛行为的自动化识别和监测，有效提升了养殖效率和动物福祉。

（1）数据采集与预处理

为了实现肉牛行为的自动识别，首先需要安装摄像头，覆盖养殖场内的关键区域，以捕捉肉牛在日常生活中的各种行为视频数据。这些视频数据将用于训练和验证我们的行为识别模型。

接下来，从视频数据中提取关键帧，并从中提取肉牛行为的相关特征，如牛的位置、姿势、移动方向等。特征提取的目的是将图像数据转换为一组数值特征，以便后续的分析和处理。在完成特征提取之后，可以使用实例分割技术，将牛从背景图像中精确地分割出来，以识别图像中的不同肉牛实例，并为每个实例分配唯一的标识号。图像分割的效果直接影响牲畜行为识别的准确性，这是实时获取个体牛信息的关键步骤。

（2）模型构建与训练

中国农业大学信息与电气工程学院研究团队提出了一种名为"SNSS-YOLO v7"的肉牛行为识别模型。该模型在YOLO模型的基础上进行了以下几点改进。①该模型采用"Slim-Neck"轻量化结构，对原YOLOv7模型中Neck层的标准卷积做出改进。通过这一模块，模型对主干网络提取的三种不同尺寸的特征图进行增强，在充分提取深层和浅层特征信息的同时，既减小了模型计算量和参数量，又保持了模型的精度。②该模型引入SEAM模块，取代了YOLOv7模型中的Rep结构。SEAM模块通过两层全连接网络融合每个通道的信息，加强了所有通道之间的联系。作为提升视觉感知能力的关键部分，该模型能够增强Neck层输出后的检测效果，通过更精准地捕捉行为特征，进一步提升模型的准确性。③该模型引入SimSPPF模块，取代了YOLOv7模型中的SPPCSPC模块。SimSPPF模块将输入分为两部分，其中一部分通过串联最大池化层来减少计算量，提高处理效率；另一部分则将输入特征与池化后的特征进行拼接，从而改善特征提取和感知能力。

在基于视觉分析的肉牛行为识别模型的训练过程中,模型通过实时视频流学习自动识别肉牛的不同行为,并对最终的识别性能进行评估,包括准确度、召回率等指标。

(3)模型部署与应用

当评估结果满足性能要求时,保存该模型的权重参数,并将模型部署到实际养殖场环境,以便分析肉牛的实际行为视频,从而自动识别肉牛的不同行为,如站立、躺卧、爬跨等。随后,借助云平台整合相关数据,生成行为报告,为养殖户提供较为全面的牛群健康管理解决方案。

案例 3-3　基于视觉三维重构的牲畜生长性能监测

1. 应用背景

表型选择测定是畜禽育种中常用的方法之一,而体尺参数则是描述畜禽外在特征、反映畜禽品种特性和个体在某一阶段生长情况的量化指标。体尺性状的度量广泛应用于我国地方畜禽种质资源调查和品质特性研究等方面,成为描述新品种、新品系外在特征特性的重要参数。长期以来,畜禽体尺性状的测量基本依靠人工完成,这不仅劳动强度大、费时费力,还容易造成畜禽的应激反应,且测量误差较大。随着计算机视觉和人工智能技术的不断发展,无接触式体尺自动测量已成为畜禽表型体尺测量的主要研究方向。相比人工测量,非接触自动测量不仅效率更高、准确度更优,还能实现规范化、流程化、自动化的测定。

以计算机视觉应用于猪表型体尺测量为例,目前主要有两种方案:

方案一是采用二维图像处理技术提取猪体轮廓包络以及定位体尺测量关键点,从而完成体尺测量,彩色相机价格便宜且容易安装,二维图像处理技术也较为成熟,已有不少研究工作利用二维图像进行体尺测量和体重估计。然而,二维图像缺少深度信息,从复杂背景中分离猪体轮廓较为困难,其测量精度也容易受照明条件和测量对象距离的影响。

方案二则得益于消费级三维深度相机的快速发展,三维重构技术开始广泛应用于现代农业领域。主流的深度相机(如 Kinect、双目视觉相机、ASUS Xtion Pro、Morpho3D 等)已在猪体尺测量和体重预测方面开展了多项研究工作。

2. 技术实现

华南农业大学数学与信息学院研究团队提出了一种方法,即利用多个 RGB-D 相机采集猪体不同角度的局部点云数据,将这些局部点云配准并融合成完整的点云,进而进行表面点云测量。其结构示意图如图 3-9 所示。基于三维点云的牲畜表型体尺测量主要涵盖三个技术模块——点云配准、点云预处理和体尺计算。

采用多视角深度相机构建的非接触式牲畜点云数据采集系统如图 3-10 所示。测量通道由栏杆隔离,形成一条宽 2~3 米的采集区域,在通道的上方及左右侧方分别安装了深度相机采集设备。对体型特别庞大的动物(如水奶牛),系统会增加一个后方摄像头,以保证点云采集数据的完整性。相机距离动物约 1 米,当动物进入相机最近拍摄区域时,有主控计算机启动抓拍指令,多视角相机同步采集牲畜局部点云数据。

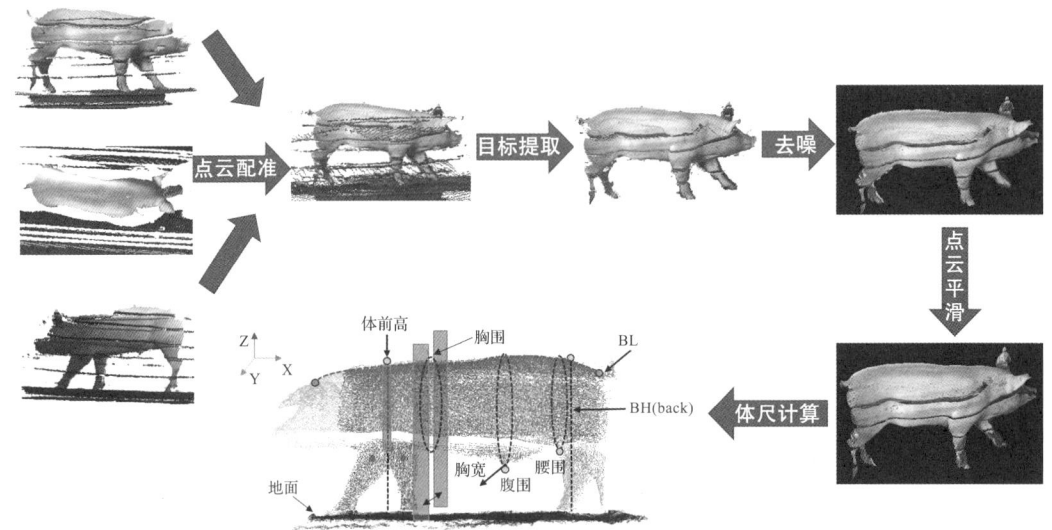

图 3-9 牲畜三维体尺测量示意图（见彩插）

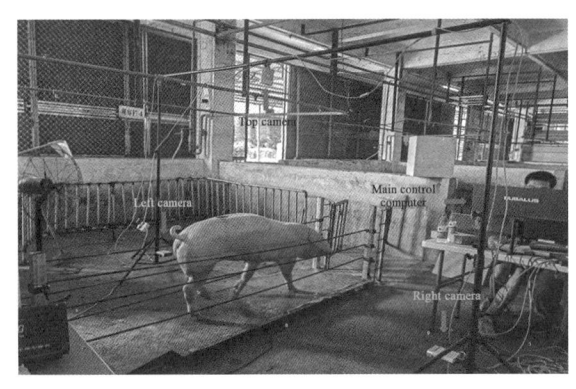 

图 3-10 猪（左）、牛（右）三维点云采集现场图（见彩插）

深度相机采集的各个局部点云是从不同视角获取的，需要通过点云配准融合成统一视角的完整点云。由于各个局部点云的重叠部分较少，且采集相机位置固定，因此利用长方体标定物进行计算，得出各个深度相机坐标系与世界坐标系的变换矩阵来进行配准，如图 3-11 所示。

配准后的完整点云包含栏杆、地板等背景点云，因此需要进行牲畜体目标点云提取，一个简单的方案是提取目标点云最小包围盒，如图 3-12 所示。

提取后的目标点云还包含大量近点和远点噪声，导致动物体轮廓边缘较为模糊。猪体点云中的近点噪声部分源于猪体与栏杆之间光线反复衍射，部分则由环境中的灰尘产生。噪声点呈絮状漂浮于栏杆与猪体之间，其密度远低于猪体点云。因此，采用统计滤波器和半径滤波器组合而成的两级滤波器对猪体点云进行去噪处理。其中，统计滤波器对空间距离敏感，半径滤波器对点云密度敏感。经过统计滤波器处理后，点云中的部分离群点被去除，同时使漂浮猪体周围的点云变得更加稀疏。经过两级去噪后，动物体点云中的远点噪声和大部分近点噪声基本被去除，但贴近动物体表面的小部分毛刺噪声点并没有被去除，导致动物体表面点云较为毛糙，呈现出凹凸不平和嵌套的现象。为进一步优化，继续采用在局部范围内移动最小二乘法将动物体表面点云拟合为平滑的曲面。

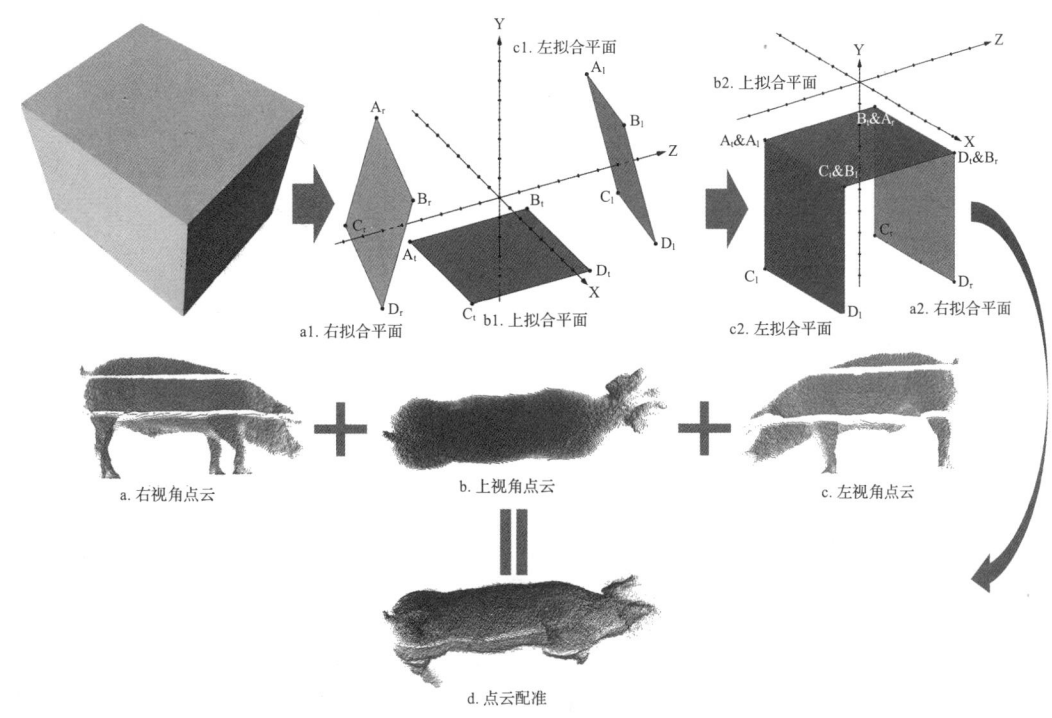

图 3-11　长方体标定物配准融合方案（见彩插）

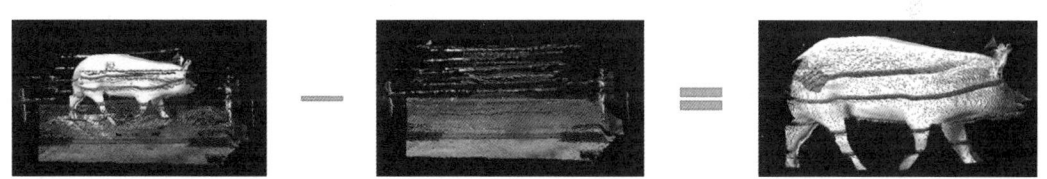

图 3-12　目标点云提取过程：最小包围盒提取点云（左），最小包围盒内背景点云（中），提取猪体目标点云（右）（见彩插）

经过点云预处理，获得高质量的牲畜体点云后，即可进行表型体尺测量。目前，牲畜三维点云自动体尺测量通常采用整体点云定位体尺测量关键点的方法。然而，牲畜整体点云数据量庞大且无序，加之身体姿态不同，各部分点云之间会相互干扰，影响体尺关键点的准确定位。例如，耳部点云性状差异、头部扭曲、部分点云丢失等问题，都会造成体长起始点定位困难；动物迈腿前行的姿态，则容易造成体高、胸围、腰围定位错误。为解决这一问题，将整体点云分割成不同部位的点云，再根据各部位点云进行体尺关键点的定位和计算，能够最大限度地排除猪体其他部分造成的干扰。根据猪体点云部位分割的结果，可对体长、前体高、后体高、前体宽、中体宽、后体宽、胸围、腹围、腰围进行测量。

在实际应用中，相关农牧企业利用牲畜三维表型体尺自动测量技术，成功实现了种猪体尺的自动测量及生长曲线的精准建模。通过短周期测量体尺信息，系统能够精细分析不同品系猪的生长拐点，为育种工作提供科学依据。此外，这一技术还被应用于奶牛体况评分，通过提取臀部、腹部轮廓特征，实现了体况的自动化评估，显著提升了饲养管理的效率。

第 4 章

大数据分析：吹沙到金

"千淘万漉虽辛苦，吹尽狂沙始到金。"
——刘禹锡《浪淘沙》

农业生产与管理的有效决策，离不开数据的坚实支撑。特别是在大数据时代，农业数据的爆炸式增长为精准决策提供了前所未有的机遇，同时也带来了严峻的挑战——如何从纷繁复杂的数据中提取有价值的信息？

4.1 基本概念

农业产业的快速发展产生了海量的农业数据，这些数据的有效利用能够助力农户和专业人士做出更明智的决策，并优化农业生产和资源利用。大数据分析技术的引入恰好契合了农业数据处理的迫切需求，并在农作物管理、病虫害预测和管理、农产品供应链管理、农业风险管理等多个场景中得到了广泛应用。

农业大数据分析借助先进的数据挖掘和机器学习技术，能够揭示大规模数据（无论是结构化数据还是非结构化数据）中隐藏的结构和关联，为专业人士提供全面的数据洞察，从而做出更准确的预测和决策。此外，大数据分析还能实现对数据的实时处理和分析，使决策者能够及时获取最新的数据和见解，这对于需要快速响应和灵活调整策略的农业场景尤为重要。

具体而言，农业大数据分析涵盖数据预处理、数据挖掘和机器学习、大数据可视化以及农业大数据应用等核心环节。数据预处理作为数据分析的关键步骤，旨在提高数据的质量和准确性，消除数据中的噪声或错误，确保后续分析的可靠性和有效性。在进行数据分析时，针对有监督学习任务，可以通过数据分类方法，利用训练集的标签信息来学习模型，从而实现对测试集数据的分类。而当数据没有标签信息时，则可以采用数据聚类方法，将数据样本点分配到不同的簇中，确保簇内的样本点具有较高的相似性，而不同簇间的样本点具有较低的相似性。对于实时农业数据的分析，预测分析技术能够基于历史数据中的模式和关联，推断未来可能发生的情况。为了更有效地表示农业数据，可以进一步运用知识图谱技术。知识图谱是一种用于表示和组织知识的图形化结构，它能够将实体、概念、关系等知识元素以节点和边的形式进行建模，便于机器理解和推理。在完成数据分析后，借助大数据可视化技术，可将大规模、高维度且复杂的农业数据以可视化的方式呈现，以便更加直观地理解和发现数据中的模式、趋势和关联。基于"理论与实践相结合"的理念,通过农业应用案例分析,讲解如何将理论知识应用于解决实际问题。

4.2 关键技术

本节将详细介绍农业大数据分析中常用的关键技术,包括数据预处理、数据分类、数据聚类、预测分析、知识图谱和数据可视化等。通过对这些关键技术的学习与理解,能够更全面地掌握农业大数据分析的核心原理和实践方法,从而为智慧农业的决策支持和资源优化提供坚实的数据支撑。

4.2.1 数据预处理

在数据分析和机器学习中,数据采集和预处理是至关重要的环节。数据采集是从不同来源获取有效信息的过程,而预处理则涉及对采集到的数据进行清洗、转换和整理,以尽量减少噪声和干扰,确保后续分析和建模的准确性和可靠性。数据预处理是数据科学工作流中的基础步骤,直接决定了后续分析的质量和效果。

1. 数据采集

数据采集的方式丰富多样,主要包括以下几种常见途径。

传统数据来源:传统数据来源可以是数据库、文件、API 接口等。这些数据通常以结构化形式存储,例如采用 txt、csv、mat、json 等文件格式。结构化数据具有明确的格式和逻辑关系,便于直接读取和分析。

传感器和物联网:随着物联网技术的广泛应用,各类传感器和设备在农业场景中得以普及。这些设备能够自动采集并存储数据,例如温室大棚中的湿度控制器可以实时记录环境湿度的变化。物联网技术为农业数据的自动化采集提供了重要支持,相关内容将在第 5 章详述。

数据爬虫:除了实地采集数据,互联网也为农业数据的获取提供了丰富的资源。面对海量的网络数据,人工采集不仅效率低下,且成本高昂。然而,数据爬虫技术却能够自动化地从互联网上抓取数据,如图 4-1 所示。网络爬虫通过编写脚本或使用专门工具,按照预设规则访问网页、提取信息并存储数据。网络爬虫技术特别适用于获取非结构化数据,例如社交媒体中的用户生成内容、评论、关注等。

2. 数据预处理

数据预处理是对原始数据进行清洗、转换和整理等一系列操作的过程,旨在提升数据质量并为后续分析做好准备。常见的数据预处理步骤如下所示。

数据清洗:数据清洗是处理数据中的噪声、缺失值、异常值和重复值的过程。噪声可以通过过滤或平滑技术消除,缺失值可以通过插值、删除或填充特殊值来处理,而异常值则可以通过统计方法进行识别和处理。此外,删除重复值能够有效降低数据冗余,提升数据集的整洁度。

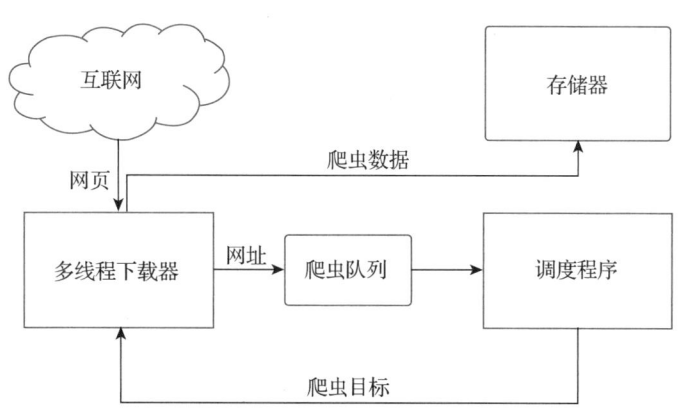

图 4-1　数据爬虫技术示意图

数据转换：数据转换是指将数据从一种形式转换为另一种形式，以满足建模和分析的具体需求。常见的数据转换操作包括特征缩放和特征编码等。

特征缩放是指将数据特征的值调整至相同的尺度或范围内，以消除不同特征之间的量纲差异。由于不同特征的取值范围可能存在显著差异（例如，一个特征的取值范围是 0 到 1，而另一个特征的取值范围是 0 到 1000），这种差异可能导致某些机器学习模型对取值范围较大的特征过度敏感，进而影响模型的性能。常见的特征缩放方法包括归一化和标准化。

- **归一化**（Normalization）：将数据缩放到一个固定的范围，通常是 [0, 1] 或 [-1, 1]。例如，通过最小–最大缩放法（Min-Max Scaling）将数据线性映射到指定范围。
- **标准化**（Standardization）：将数据转换为均值为 0、标准差为 1 的标准正态分布。这种方法适用于数据分布不服从正态分布的情况，能够有效减少异常值的影响。

特征编码是将非数值型数据（如分类数据）转换为数值形式，以便机器学习模型能够有效处理。常见的特征编码方法包括独热编码和标签编码。

- **独热编码**（One-Hot Encoding）：将分类变量转换为二进制向量。例如，如果一个特征有三个类别（A、B、C），独热编码会将其转换为三个二进制特征（A: [1, 0, 0]，B: [0, 1, 0]，C: [0, 0, 1]）。
- **标签编码**（Label Encoding）：将每个类别映射为一个整数。例如，A:1，B:2，C:3。这种方法适用于有序分类数据，但对于无序分类数据，可能会导致模型误解类别之间的关系。

特征选择和降维：在数据预处理过程中，可以使用特征选择（Feature Selection）和降维（Dimensionality Reduction）的方式来降低数据的维度和复杂度。特征选择能够从众多特征中选择最具代表性的特征；特征降维旨在降低特征维度，消除特征中的冗余信息。常用的特征降维方法包括主成分分析和线性判别分析等。

- **主成分分析**（Principal Component Analysis，PCA）是一种线性降维方法，通过线性变换将高维数据映射至低维空间，同时保留数据的主要变化信息。PCA 不仅能够降低数据的维度，还能保留数据的主要特征，适用于高维数据的降维和可视化。

❑ **线性判别分析**（Linear Discriminant Analysis，LDA）是一种有监督的降维方法，通过最大化类间距离并最小化类内距离，将数据映射至一个低维空间。LDA 特别适用于分类任务，能够显著增强数据的可分性。

4.2.2 数据分类

数据分类是机器学习和数据挖掘中的一项核心任务，广泛应用于模式识别、图像处理、医学诊断、金融风险评估等多个领域。其核心目标是通过训练集的标签信息来学习模型，利用训练得到的模型对新的、未见过的数据进行类别预测。在农业场景中，数据分类技术能够有效支持农作物病害检测和农产品质量分级等工作。

1. 数据分类的概念

数据分类的目标是将一组样本划分为若干个类别。其常规过程是通过带标签（即真实类标）的训练集数据来训练模型，进而实现对未知样本（测试集）的分类，如图 4-2 所示。在此过程中，数据标签亦称为监督信息，通常通过人工对训练集数据进行标注而获得。模型训练过程可以看作利用训练集数据及其标签信息来学习模型参数的过程。分类不仅能够为数据决策提供更多支持，通过将未知样本分类至合适的类别，还可以依据类别的特点和属性制定相应的决策。此外，分类还能揭示输入数据中的潜在关联和结构，从而帮助用户提取有用信息，并更深入地理解数据的特点和属性。

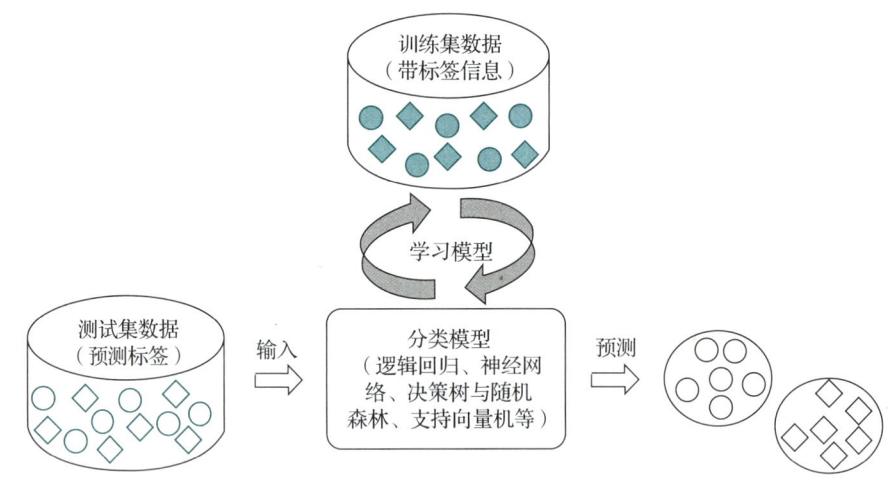

图 4-2 数据分类的基本过程

在农业场景中，分类技术有许多典型应用。例如，在病害虫检测中，通过对农作物的叶片或果实样本进行图像分类，能够有效识别病害虫，协助农民及时采取防治措施，避免农作物遭受损失。在农产品质量分级中，可以依据农产品质量、大小等特征将其进行分类，为农产品的分销和定价提供科学依据。分类模型能够自动处理大量数据，并能准确地对农业样本进行分类和识别，为农户和专业人士提供有价值的决策支持和管理建议，从而推动农业生产向智能化、高效化和可持续化方向发展。

2. 数据分类的常见方法

分类任务的目标是根据现有数据样本及其对应的标签或类别信息，构建模型来预测未知样本的类别。具体而言，常见的数据分类方法包括逻辑回归、神经网络、支持向量机、决策树与随机森林等。这些方法已在 2.3 节中有简要介绍，本节将进一步展开详细说明。

（1）逻辑回归

逻辑回归（Logistic Regression）是一种适用于二分类问题的分类模型。其基本思想是将线性回归模型与逻辑函数（即 Sigmoid 函数）相结合进行建模，并将输入的样本点分类为正类或负类。逻辑函数的表示形式如下：

$$g(z) = \frac{1}{1+e^{-z}} \tag{4-1}$$

其中，z 是线性回归模型的预测函数，$g(z)$ 将预测结果映射到 [0, 1] 区间的概率值。逻辑回归模型假设输入特征与输出标签之间存在线性关系，该关系由模型的权重系数 $w_0, w_1, \cdots, w_n$ 确定。具体的模型预测函数 z 可以定义为：

$$z = w_0 + w_1 x_1 + \cdots + w_n x_n \tag{4-2}$$

其中，$x_1, \cdots, x_n$ 是输入的特征。为实现数据分类，逻辑回归模型将预测结果通过逻辑函数进行转换，从而得到样本点属于某个类别的概率值（$\in [0,1]$）。通常，当概率大于或等于某个设定的阈值（如 0.5）时，样本被预测为正类，否则被预测为负类。

在训练过程中，常采用最大似然估计或梯度下降等优化方法，通过调整模型的权重系数，使得预测的分类结果与实际的分类结果尽可能接近。逻辑回归模型是构建更复杂模型的基础，适用于线性可分和非线性可分的数据分类问题。

图 4-3 给出了线性可分数据和非线性可分数据的示例。对于线性可分数据，逻辑回归分类模型可以找到一个线性的边界实现数据分类。而对于非线性可分数据，逻辑回归分类模型则会拟合更加复杂的决策边界。

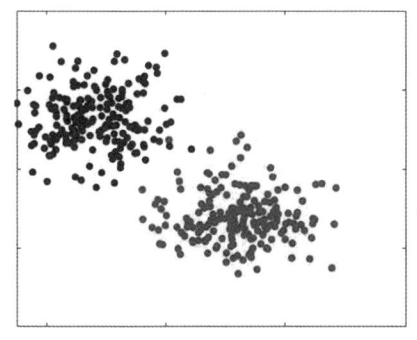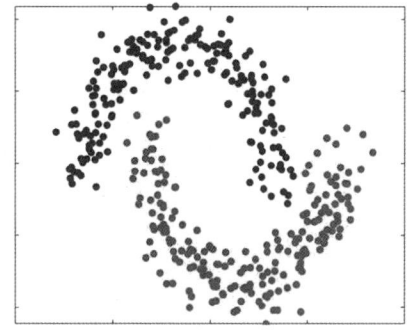

图 4-3　线性可分数据（左）与非线性可分数据（右）的示例（见彩插）

（2）神经网络

神经网络（Neural Network）是一种模拟人脑神经系统结构和功能的分类模型，通过构建多层神经元及其连接来学习输入数据的复杂特征表示，并将其映射到相应的类别中。神经网络的基本单元是神经元（亦称感知器），负责接收输入信号并产生输出。神经元通常具有带权重的输入连接和一个非线性的激活函数（如 Sigmoid 函数、ReLU 函数、Tanh 函数等），以计算输出值。

传统神经网络通常由三层结构组成：输入层、隐藏层和输出层（如图 4-4 所示）。输入层负责原始数据的输入，隐藏层用于提取数据的特征，输出层则生成最终的分类结果。当神经网络的层数从三层扩展到更多层时（如图 4-5 所示），这种结构被称为深度神经网络（Deep Neural Network），由此走向深度学习（Deep Learning）领域。深度学习通过增加网络的深度，能够学习到更加复杂和抽象的特征表示，因此在处理高维数据（如图像、文本）时表现出色。

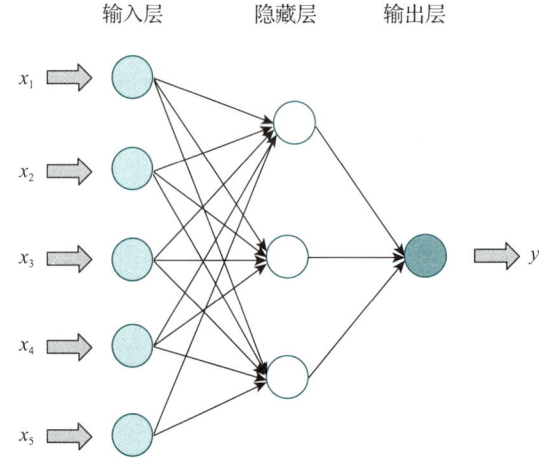

图 4-4　传统三层神经网络的示意图

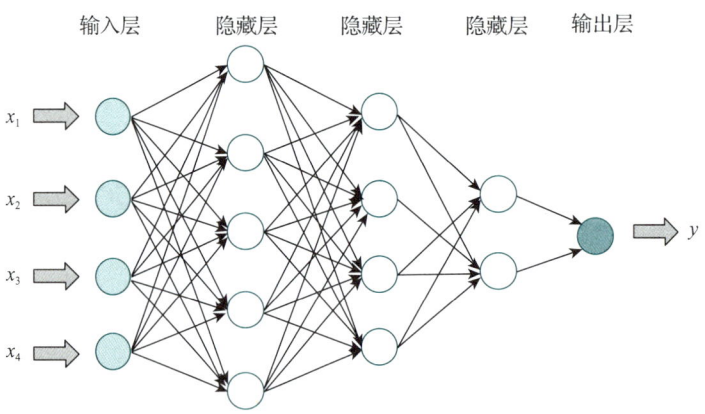

图 4-5　深度神经网络（五层）的示意图

神经网络的训练过程包括前向传播和反向传播两个核心过程。在前向传播过程中，样本数据通过神经网络从输入层传递到输出层，期间每个神经元将接收到的输入信号与其对应权重相乘，并经过激活函数处理，然后将处理后的输出结果传递到下一层。而在反向传播过程中，系统首先计算损失函数关于网络参数的梯度，随后将这些梯度从输出层逆向传播至输入层,通过梯度下降法更新网络参数,使得损失函数最小化。

神经网络具有强大的表示能力和学习能力,能够有效应对各种复杂的分类问题。通过增加网络的深度或宽度,使用合适的激活函数和优化算法,以及进行适当的数据预处理,神经网络能够完成高性能的分类任务。然而,神经网络的训练过程相对较慢,且需要依赖大量的训练样本和计算资源。

(3)支持向量机

支持向量机(Support Vector Machine, SVM)是一种常用的分类模型,其主要目标是找到特征空间中一个最优的超平面划分,将不同类别的样本数据分隔开,并在分类过程中保持较大的间隔,从而实现模型泛化能力的最大化。针对两个类别的样本分类问题,在样本空间中,可以通过线性方程来描述待学习的划分超平面:

$$\omega^T x + b = 0 \tag{4-3}$$

其中,ω 是法向量,决定超平面的方向;b 是位移项,决定超平面和原点间的距离。支持向量是离超平面最近的样本点,对于定义超平面具有重要作用,并决定了最优超平面的位置和方向。

如果样本数据在原始特征空间中不是线性可分的,支持向量机可以使用核函数将数据映射到更高维的空间,使其满足线性可分的条件。支持向量机在处理小样本、高维数据以及非线性问题时表现出色,但在处理大规模数据集时可能会面临计算复杂度较高的问题。

(4)决策树与随机森林

决策树(Decision Tree)是一种基于树形结构的机器学习模型,广泛应用于分类和回归任务。它通过将数据集分割成多个子集,并根据特征的取值进行决策,逐步构建出一个树形结构(如图4-6所示)。在决策树中,每个节点代表一个特征,每个分支代表该特征的一个具体取值,而叶节点则代表一个预测结果。构建决策树的关键是选择最优划分的特征,以不断提升叶节点内部所包含样本点的纯度(相似性),从而提高模型的预测准确性。

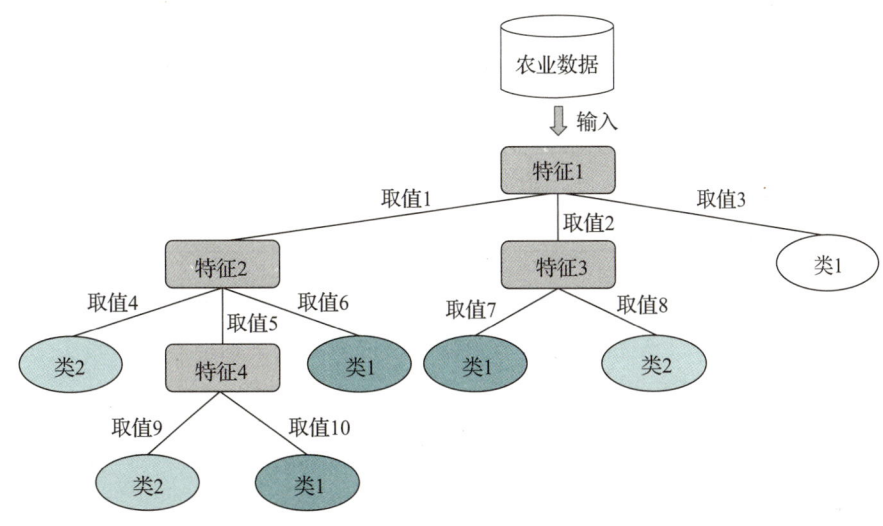

图 4-6 决策树的示例

决策树的构建过程包括选择最佳的特征和取值进行分割，直至满足停止条件（如达到最大深度或节点中的样本数低于特定阈值）。决策树具有易于解释的特点，能够从树结构中提取相关的决策规则。

随机森林（Random Forest）是一种基于决策树的集成学习方法，通过构建多个决策树并汇总它们的预测结果来进行分类。随机森林的每个决策树是通过从原始数据集中有放回地抽样样本得到的。此外，每个决策树在构建过程中只考虑随机选择的一部分特征子集，以增加决策树之间的多样性。随机森林的最终预测结果依据多数投票原则确定类别标签。通过在多个决策树上进行集成，随机森林有效降低了过拟合风险，并提升了预测的准确性。

3. 分类的评价指标

为了评估分类模型的性能，常见的评价指标包括正确率、错误率、精确率、召回率和 $F1$ 值。这些指标的取值范围均为 $0 \sim 1$，值越接近 1，表示预测分类结果与真实分类结果的匹配度越高。

- **正确率**（Accuracy）是指模型在测试集中对样本进行正确分类的比例，其计算公式如下：

$$正确率 = \frac{测试集中正确分类的样本数}{测试集样本数} \quad (4-4)$$

- **错误率**（Error Rate，ER）与正确率相反，是指模型在测试集中对样本进行错误分类的比例，其计算公式如下：

$$错误率 = 1 - 正确率 \frac{测试集中错误分类的样本数}{测试集样本数} \quad (4-5)$$

针对类别 K，模型对于测试集中样本的分类结果包括以下几种情况：真正例（True Positive，TP）、假负例（False Negative，FN）、假正例（False Positive，FP）和真负例（True Negative，TN）。在介绍精确率和召回率前，先对这几种情况进行说明，如表 4-1 所示。

表 4-1 针对类别 K 的四种分类情况

真实类别	预测类别	
	预测结果是类别 K	预测结果不是类别 K
真实结果是类别 K	TP：真正例	FN：假负例
真实结果不是类别 K	FP：假正例	TN：真负例

- **精确率**（Precision）是指模型对于测试集中预测为正例的样本中，真实为正例的比例，其计算公式如下：

$$精确率 = \frac{TR}{TP + FP} \quad (4-6)$$

- **召回率**（Recall）是指模型对于测试集中真实为正例的样本中，被正确预测为正例的比例，其计算公式如下：

$$召回率 = \frac{TR}{TP+FN} \quad (4\text{-}7)$$

- $F1$ 值（$F1$-measure）作为一个综合指标，是精确率和召回率的调和平均，其计算公式如下：

$$F1值 = \frac{2 \times 精确率 \times 召回率}{精确率 + 召回率} \quad (4\text{-}8)$$

4. 过拟合、泛化能力与正则化

在分类模型的训练过程中，过拟合（Overfitting）是一个常见的问题。过拟合现象表现为模型在训练集上表现良好，但在未知的测试数据上表现不佳，如图 4-7 所示。这种现象通常源于模型过于复杂，过度拟合了训练数据中的噪声和细节，从而导致其泛化能力（Generalization Ability）下降。泛化能力是指模型在未知的新数据上的预测能力，是衡量模型性能的重要指标。

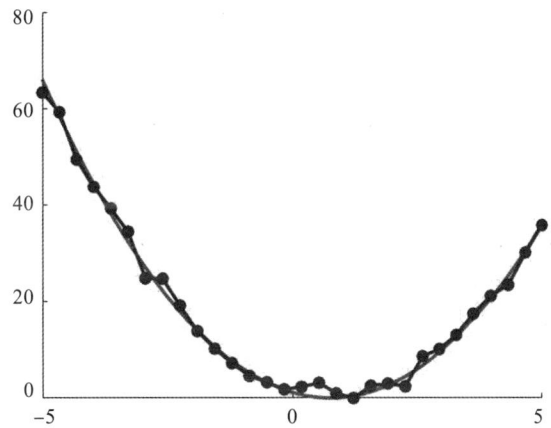

图 4-7　过拟合的示例。图中蓝色曲线中的多项式函数"完美地"拟合了这些数据点；相较之下，红色曲线所代表的二次函数，则能更好地拟合未知的数据点，具有更强的泛化能力（见彩插）

为了避免过拟合现象，常用的方法是正则化（Regularization）。正则化通过在损失函数中引入额外的惩罚项，限制模型的复杂度，从而防止模型过度拟合训练数据。常见的正则化方法包括 L1 正则化和 L2 正则化。L1 正则化通过在损失函数中加入模型权重的绝对值之和，促使模型权重稀疏化；而 L2 正则化则通过在损失函数中加入模型权重的平方和，限制权重的增长。正则化技术能够有效提升模型的泛化能力，使其在测试数据上的表现更加稳定。

4.2.3　数据聚类

数据聚类是一种常见的无监督学习任务。与有监督学习不同，聚类不需要预先标注的标签信息，而是通过分析数据的内在结构和关系，自动揭示数据中的潜在模式。该技术在模式识别、数据挖掘、机器学习和图像分析等领域应用广泛。

1. 数据聚类的概念

在现实应用场景中，人工标注数据的成本往往较高，这推动了无监督学习技术的发展。作为无监督学习中的重要任务之一，聚类的目标是通过分析数据的分布特征，将一组数据样本点划分为若干个簇，使得簇内的样本点具有较高的相似性，而不同簇间的样本点具有较低的相似性，从而揭示数据中的潜在结构信息，如图4-8所示。聚类分析的结果可以帮助我们更深入地理解数据特点，并能通过可视化方法直观展示数据的分布规律。

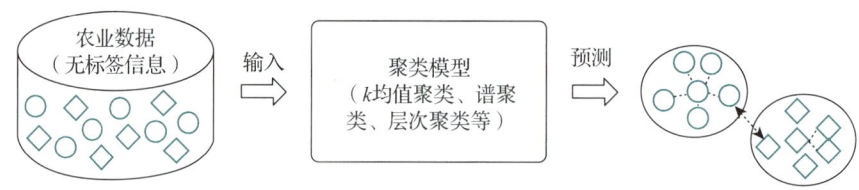

图 4-8　数据聚类的基本过程

2. 数据聚类的常见方法

常见的数据聚类方法包括 k 均值聚类、谱聚类、层次聚类等。接下来，我们将对一些经典的聚类算法进行介绍。

（1）k 均值聚类

k 均值聚类（k-means Clustering）是一种简单且高效的无监督学习算法，广泛应用于数据挖掘和统计分析领域。其目标是通过计算数据样本点与簇中心之间的欧氏距离，将数据划分为预定义的 k 个簇。k 均值聚类的核心思想是通过迭代优化，使得每个簇内的样本点尽可能接近其簇中心，而不同簇之间的样本点尽可能相互远离。

k 均值聚类的基本实现步骤如下：

1）**初始化**：随机选择 k 个样本点作为初始簇中心。

2）**分配**：计算每个样本点到所有簇中心的距离，并将其分配到最近的簇。

3）**更新**：重新计算每个簇的中心点，将其设定为该簇内所有样本点的均值。

4）**迭代**：重复分配和更新步骤，直至簇中心不再变化或达到预定的迭代次数。

尽管 k 均值聚类方法简单易用，但它对初始簇中心的选择较为敏感，且只能处理线性可分的数据。为了提升聚类效果，可以采用 k 均值++ 或 Mini-Batch k 均值等改进方法。k 均值++通过优化初始簇中心的选择策略，减少了对初始值的依赖；而 Mini-Batch k 均值则通过使用数据子集进行迭代，降低了计算复杂度，更适合处理大规模数据集。

（2）谱聚类

谱聚类（Spectral Clustering）是一种基于图论和特征向量分解的先进聚类技术，特别适合处理非凸形状的簇。与传统的基于距离的聚类方法相比，谱聚类将数据转换为图的形式，并在图上进行聚类操作。其核心思想是构建相似性矩阵和拉普拉斯矩阵，通过特征向量分解将数据映射至低维空间,随后采用k均值等算法完成聚类任务。

谱聚类的基本实现步骤如下:

1)**构建相似性矩阵**:计算样本点之间的相似性,通常使用高斯核函数或欧氏距离。

2)**构建拉普拉斯矩阵**:基于相似性矩阵,计算图的拉普拉斯矩阵。

3)**特征向量分解**:对拉普拉斯矩阵进行特征分解,选择前k个最小特征值对应的特征向量。

4)**低维空间聚类**:将所选特征向量作为新的特征空间,并采用k均值算法在该空间中进行聚类。

谱聚类能够有效处理复杂的数据结构,尤其在处理高维数据和非线性可分数据时表现优异。然而,传统谱聚类算法的计算复杂度较高,通常仅适用于中小规模数据集。针对这一局限性,研究人员开发了一系列适用于大规模数据集的高效谱聚类算法,例如LSC(Landmark-based Spectral Clustering,基于地标的谱聚类)、U-SPEC(Ultra-scalable Spectral Clustering,超可扩展谱聚类)等。这些改进的谱聚类算法可以在百万乃至千万规模的复杂数据场景中,实现快速且鲁棒的聚类。

(3)**层次聚类**

层次聚类(Hierarchical Clustering)是一种基于树状结构的聚类方法,通过将数据组织成层次结构来实现聚类。该方法主要分为两种:凝聚法(Agglomerative Hierarchical Clustering)和分裂法(Divisive Hierarchical Clustering)。凝聚法从每个样本点作为一个独立簇开始,逐步合并最近的簇,直至满足停止条件;而分裂法则从所有样本点作为一个整体簇开始,逐步分裂簇,直至达到预定的簇数量。

常见的凝聚法可以采用单链接(Single-Linkage,SL)、全链接(Complete-Linkage,CL)和平均链接(Average-Linkage,AL)等合并准则。这些准则分别基于样本点之间的最小距离、最大距离和平均距离进行簇合并。在实际应用中,平均链接的合并准则通常比另外两种合并准则更加稳定且有效。

层次聚类的优点在于能够生成层次化的聚类结果,并通过树状图直观展示数据的聚类结构(如图4-9所示)。然而,层次聚类的计算复杂度较高,适用于中小规模数据集。

(4)**DBSCAN**

DBSCAN是一种基于密度的聚类算法,能够识别任意形状的簇,并有效处理噪声数据。该算法通过定义核心点、边界点和噪声点,将高密度区域划分为簇,并将低密度区域标记为噪声。

DBSCAN的基本实现步骤如下:

1)**参数设置**:设置邻域半径(eps)和最小样本数(minPts)。

2)**核心点识别**:对每个样本点,计算其邻域内的样本数量,如果该数量超过minPts,则将该点标记为核心点。

3)**簇扩展**:从核心点出发,将其邻域内的所有样本点加入同一簇,并进行递归扩展。

4)**噪声处理**:将无法归入任何簇的样本点标记为噪声。

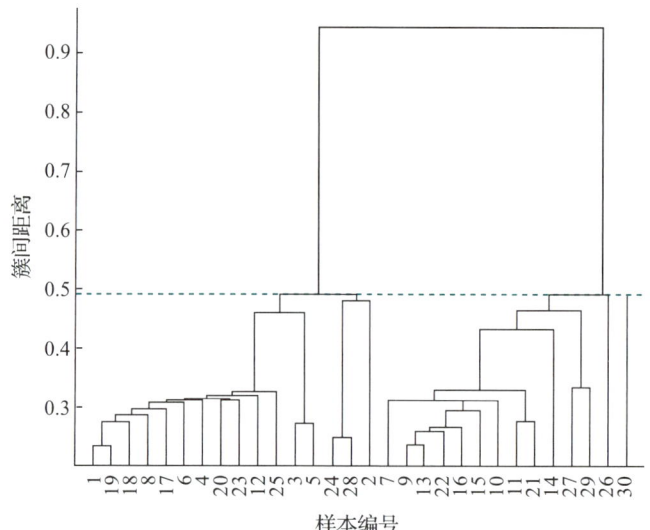

图 4-9　层次聚类算法生成树状图的示例。其中横轴对应了样本编号,纵轴对应了生成簇之间的距离。依据图中的分割结果(以虚线为阈值),可以得到包含 3 个簇的划分结果:{1, 3, 4, 5, 6, 8, 12, 17, 18, 19, 20, 23, 25}、{2, 24, 28}、{7, 9, 10, 11, 13, 14, 15, 16, 21, 22, 26, 27, 29, 30}

DBSCAN 的优点在于不需要预先指定簇的数量,且能够有效处理噪声和异常值。然而,该算法对参数的选择较为敏感,且在高维数据中的表现不佳。

3. 聚类的评价指标

为了评估聚类结果的质量,常用的评价指标包括准确率(ACCuracy, ACC)、归一化互信息(Normalized Mutual Information, NMI)、纯度(Purity)、兰德系数(Rand Index, RI)和调整兰德系数(Adjusted Rand Index, ARI)等。这些指标通过衡量聚类结果与真实标签的一致性,评估聚类的性能。下面简单介绍三种常用的评价指标。

- **准确率**(ACC):衡量聚类结果与真实标签的匹配程度,其计算公式为正确分配的样本数占总样本数的比例。
- **归一化互信息**(NMI):基于信息熵的度量方法,用于评估聚类结果与真实标签之间的相似性。
- **纯度**(Purity):衡量每个簇中主要类别的比例,纯度越高,表示聚类结果越准确。

4.2.4　预测分析

预测分析是指通过对历史数据和趋势的深入分析,推断未来可能发生的事件或结果,能够为农业决策者提供强有力的支持,帮助其优化生产计划、降低风险并提升资源利用效率。该技术通过结合统计模型、机器学习算法以及实时数据处理能力,在农业生产、市场管理、资源分配等多个场景中得到了广泛应用。

在农业领域,预测分析的应用场景广泛,涵盖了从农作物产量预测到市场需求分析等多个层面。例如，通过分析历史气象数据、土壤条件和作物生长记录，可以预测未来某一时期的农作物产量；通过分析市场供需关系，可以预测农产品价格的波动趋势；通过监测病虫害的历史发生规律，可以提前预警并制定相应的防治措施。

根据预测的目标，预测方法可以分为回归预测和分类预测等。

回归预测适用于预测连续的数值结果，例如农作物产量、市场价格等。其核心思想是通过建立数学模型，分析输入变量与输出变量之间的关系，从而预测城未来的数值。例如，通过分析过去几年的气温、降雨量和农作物产量数据，可以建立回归模型，预测在特定气象条件下的农作物产量。

分类预测适用于预测离散的类别标签或结果，例如农作物受病虫害影响的等级、农产品的质量等级等。请参见 4.2.2 节 "数据分类"。

接下来，我们将介绍三类具有代表性的预测分析方法，即线性回归预测、时间序列预测和时空序列预测。

1. 线性回归预测

线性回归（Linear Regression）是一种常用的预测方法，其核心思想是通过建立线性方程，描述输入变量与输出变量之间的关系，从而预测未来的数值。线性回归模型可以表示为：

$$y = b_0 + b_1 x_1 + b_2 x_2 + \cdots + b_n x_n \tag{4-9}$$

其中，y 是预测的输出变量，$x_1, x_2 \cdots, x_n$ 是输入变量，$b_0, b_1, \cdots, b_n$ 是模型参数。

以农作物产量预测为例，假设某农户希望预测玉米产量与降雨量之间的关系。通过收集过去几年的降雨量和玉米产量数据，可以建立线性回归模型。例如，模型可能显示每增加一单位的降雨量，玉米产量将相应增加三单位。基于此模型，农户能够预测在未来特定降雨条件下的玉米产量。

线性回归的优势在于其简单性和可解释性，能够直观地展示变量之间的关系。然而，线性回归假设输入变量与输出变量之间存在线性关系，这在现实场景中未必总是成立。对于更复杂的非线性关系，可能需要采用其他预测方法，如神经网络或支持向量机。

2. 时间序列预测

时间序列数据是按时间顺序排列的一系列观测值，例如每日气温、每月销售量等。时间序列数据通常呈现趋势性、周期性和季节性等特征。时间序列预测方法能够捕捉这些特征，从而预测未来的趋势和变化。

- **趋势性**：时间序列数据可能呈现出长期的上升或下降趋势，例如农作物产量随时间逐渐增长的趋势。
- **季节性**：时间序列数据可能在特定时间段内表现出周期性的波动，例如农产品价格在每年的特定季节出现的波动现象。
- **周期性**：时间序列数据可能呈现出较长时间的周期性变化，例如每隔几年出现的气候变化。

❑ **噪声**：时间序列数据中通常包含随机误差，这些噪声可能源自数据采集过程中的误差或未知的外部因素。

常用的时间序列预测方法包括自回归模型（AR）、移动平均模型（MA）、自回归移动平均模型（ARMA），以及更为复杂的深度学习模型，如长短期记忆网络（LSTM）。

时间序列预测作为数据分析的重要分支，经历了从传统统计学方法到现代深度学习方法的演进。以下将从传统统计学方法、机器学习方法、深度学习方法三个方面，介绍时间序列预测技术的发展。

（1）传统统计学方法

传统的时间序列预测方法主要基于统计学原理，适用于数据量较小且模式相对简单的情况。这些方法的核心思想是通过分析历史数据中的趋势、周期性和季节性等特征，构建相应的数学模型，从而预测未来的数值。

❑ **自回归模型**（AutoRegressive model，AR）：AR模型假设当前时刻的值与过去若干时刻的值之间存在线性关系。例如，今天的温度可能与过去几天的温度相关。通过分析这种关系，模型能够预测未来的温度变化。

❑ **移动平均模型**（Moving Average model，MA）：MA模型关注历史数据中的随机波动（噪声），引入随机误差项，用于解释观测值之间的波动性。该模型假设当前时刻的取值可以由过去时刻的白噪声线性组合加上一个均值得到，适用于处理数据中的短期波动。

❑ **自回归移动平均模型**（AutoRegressive Moving Average model，ARMA）：ARMA模型结合了AR和MA模型的优点，能够同时捕捉数据中的趋势和随机波动，特别适用于平稳时间序列数据，即数据没有明显的长期趋势或季节性变化。

❑ **差分自回归移动平均模型**（AutoRegressive Integrated Moving Average model，ARIMA）：ARIMA模型在ARMA模型的基础上引入了差分操作，能够处理非平稳时间序列数据。差分操作通过计算当前值与过去值的差值，将非平稳数据转化为平稳数据，从而提升模型的预测能力。

这些传统方法的优势在于其简单性和可解释性，适用于处理小规模且模式相对简单的时间序列数据。然而，在面对复杂的非线性关系或大规模数据时，其预测能力则显得不足。

（2）机器学习方法

随着机器学习技术的发展，基于机器学习的时间序列预测方法日益受到重视。机器学习方法能够自动从数据中学习复杂的模式，特别适用于处理非线性关系和大规模数据集。常见的时间序列预测机器学习方法包括支持向量机（SVM）、随机森林（Random Forest）、梯度提升树（GBDT）等。

分类模型如何"变身"为回归模型

分类模型和回归模型的核心目标都是通过学习数据中的规律来进行预测。分类模型主要预测离散的类别（如"晴天"或"雨天"），而回归模型则专注于预测连续的数值（如"温度是多少度"）。虽然它们的输出形式存在差异，但通过适当调整，分类模型亦可"变身"为回归模型，用于预测连续数值。下面将对此进行具体介绍。

- 支持向量机（SVM）最初被设计用于分类任务。以二分类为例，SVM 分类器的目标是找到一条"最佳分界线"，以将数据分成两类。而 SVM 回归（SVR）的目标则是确定一个"最佳函数"，使得预测值与真实值之间的误差最小。例如，它可以通过分析历史温度数据，SVR 能够预测未来的温度变化。具体而言，SVR 不再关注于确定"分界线"，而是致力于使预测值尽可能接近真实值。
- 随机森林是一种基于决策树的集成学习方法。在分类任务中，随机森林通过构建多棵决策树，每棵树对数据进行分类，最终通过"投票"机制确定最终的类别。而在回归任务中，随机森林同样是通过构建多棵决策树，但每棵树不再输出类别，而是输出一个连续的数值。最终，模型通过"平均"所有树的结果，得到最终的预测值。
- 神经网络是一种非常灵活的模型，既适用于分类任务，也适用于回归任务。通过调整输出层和损失函数，神经网络能够轻松"变身"为回归模型。在分类任务中，神经网络的输出层通常采用 Softmax 函数，将输出结果转化为各个类别的概率分布。而在回归任务中，神经网络的输出层通常不采用 Softmax 函数，而是直接输出一个连续的数值。此外，损失函数也会从分类任务中常用的交叉熵损失，改为回归任务中常用的均方误差（Mean Squared Error，MSE）。

（3）深度学习方法

深度学习方法近年来在时间序列预测领域取得了重要突破，特别适用于处理大规模、高维度且复杂的时间序列数据。该类方法通过构建多层神经网络，能够自动学习数据中的复杂模式，并在许多预测任务中表现出色。

- 循环神经网络（Recurrent Neural Network，RNN）是一类专门用于处理序列数据的神经网络。其核心思想是通过"记忆"机制，将过去时刻的信息有效传递至当前时刻，从而精准捕捉时间序列中的长期依赖关系。
- 长短期记忆网络（Long Short-Term Memory，LSTM）是 RNN 的一种改进模型。它通过引入"门控"机制，有效提升了捕捉时间序列中长期依赖关系的能力，从而能够做出更为精准的预测。
- Transformer 模型是一种基于自注意力机制的深度学习模型，能够同时捕捉时间序列中不同位置之间的关系，在处理大规模时间序列数据时表现出色，特别适用于具有长时依赖性的预测任务。

3. 时空序列预测

时空序列预测是对兼具时间和空间特征的数据进行预测的一种方法。例如，气象数据、农田土壤数据等不仅随时间变化，还受到地理位置的影响。时空序列预测的目标是基于历史数据，预测未来某一时间点在特定空间位置上的数值。

在智慧农业领域，时空序列预测技术已经进行了广泛的探索和应用。例如，通过分析历史气象数据和土壤条件，可以预测未来某一地区的农作物产量；通过监测农田环境的变化，可以预测病虫害的传播趋势。时空序列预测通常需要结合时间序列模型和空间模型，如图神经网络（Graph Neural Network，GNN）和时空卷积网络（Spatio-Temporal Convolutional Network，ST-ConvNet），以同时捕捉时间和空间上的依赖关系。

4.2.5 知识图谱

知识图谱（Knowledge Graph）是一种通过图形化方式展示实体、概念及属性等信息的技术。它通过语义链接和关系抽取等方法，整合并构建跨领域的知识体系。在知识图谱中，每个实体都被赋予唯一的标识符，并且与其相关的信息也被记录下来。这些信息可以是实体的属性、类别、关系等。相较于传统的结构化数据，知识图谱展现出更高的灵活性和表达能力。此外，知识图谱能够借助机器学习等技术持续学习和更新，确保知识的时效性和准确性。

1. 知识图谱的概念

从数据组织形式的角度看，知识图谱本质上是一种异构图（Heterogeneous Graph）。异构图由多种类型的节点（Node）和边（Edge）构成，其中边可以连接不同类型的节点。

图 4-10 给出了一个异构图的示例。在该图中，存在三种类型的节点，分别以正方形、圆形、三角形来表示；此外，存在三种类型的边，分别以实线、虚线、点划线来表示。在实际应用中，异构图被广泛应用于社交网络分析、生物信息学、计算机视觉等领域。例如，在社交网络分析中，异构图可以用来描述用户之间的关系，其中节点代表人或组织，边表示用户之间的关注或好友关系等；在生物信息学中，异构图可以用来表示蛋白质相互作用网络，其中节点代表蛋白质，边表示它们之间的相互作用；而在计算机视觉中，异构图可以用来表示图像中对象之间的关系，其中节点代表对象，边表示它们之间的关联关系。

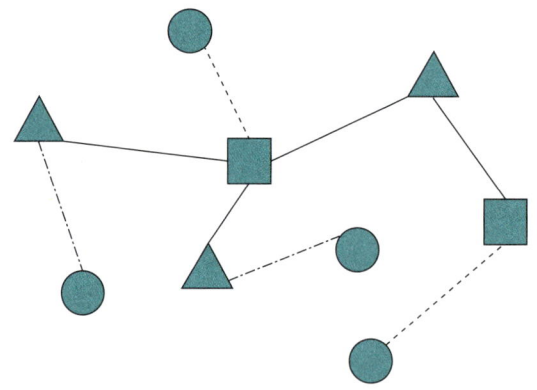

图 4-10　异构图的示例。不同形状的节点代表不同类型的节点，不同线条样式的线代表不同类型的边

下面给出异构图和知识图谱的定义。

- **异构图**（Heterogeneous Graph）是一种由多种类型的节点（Node）和边（Edge）构成的图，其中，边可以连接不同类型的节点。
- **知识图谱**（Knowledge Graph）是由不同类型的节点和边组成的一种图。在知识图谱中，每个节点代表现实世界中存在的实体（Entity），每条边表示实体与实体之间的关系（Relation）。

从定义上看，知识图谱的概念与异构图较为接近，通常认为知识图谱是异构图的一个具体应用场景。

知识图谱的核心在于其蕴含了丰富的语义信息。所谓语义信息，是指数据所对应的现实世界中事物所代表的概念及其相互关系。简言之，知识图谱能够清晰地描述特定领域内实体之间的复杂关系。图 4-11 展示了一个农业领域的知识图谱示例。该图谱以"稻"为中心，描述了其与诸多相关实体之间的关系，例如稻的亚种包括籼稻和粳稻等。通过这种图形化的表示方式，知识图谱能够直观地展示实体间的关联，从而为机器理解和推理提供有力支持。

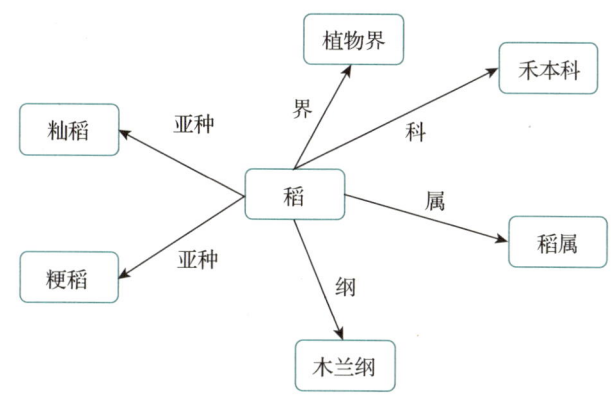

图 4-11　一个知识图谱的样例

2. 知识图谱的产生背景

2007 年，国际万维网组织（World Wide Web Consortium，W3C）启动了开放互联数据项目（Linked Open Data，LOD），目标是将由互联文档组成的万维网扩展成由互联数据组成的知识空间。随着 LOD 的迅速发展，互联网上的数据逐渐从杂乱的网页文本数据转变为包含大量描述实体间丰富关系的数据万维网。

2012 年 5 月，搜索引擎巨头谷歌（Google）在其搜索页面中首次引入知识图谱，用户不仅能获得搜索网页链接，还能看到与查询词相关的更智能化的答案。

知识图谱这一概念由 Google 首次提出后迅速得到广泛认可，随之涌现出众多通用领域和特定领域的知识图谱。知识图谱逐步进入学术界和工业界的视野，并发展成为一个独立的研究领域，推动了包括知识表征、知识获取、知识推理和知识应用等多方面的研究，在自然语言处理、人工智能及其他交叉领域中发挥了重要作用。

目前，许多知识图谱已向公众开放，例如 DBpedia、YAGO 和 CN-DBpedia 等通用领域知识图谱，以及 OpenKG 和 AliOpenKG 等特定领域知识图谱。这些开放的知识图谱为农业领域的研究和应用提供了丰富资源和有力支持。

3. 知识图谱的构建过程

知识图谱的构建过程直接影响其最终的质量和应用效果。构建知识图谱通常包括以下几个关键步骤。

（1）数据获取

知识图谱的数据类型可以分为结构化数据和非结构化数据。

结构化数据：结构化数据是指可以使用关系型数据库表示和存储的数据，通常以二维表的形式呈现。例如，Excel表格或关系型数据库中的数据，可以直接提取相应字段作为知识图谱的实体和关系。图4-12给出了结构化数据的示例，从中可以直接提取相应属性列作为知识图谱的实体和关系。

编号	实体	关系	实体
1	稻	亚种	籼稻
2	稻	亚种	粳稻
3	稻	界	植物界

图 4-12　结构化数据的示例

非结构化数据：非结构化数据是指没有固定格式和结构的数据，例如文本、图片、音频和视频等。对于文本数据，通常需要借助自然语言处理技术进行实体识别、实体统一、关系抽取和指代消解等操作，以便从中提取有用的实体及其关系，为构建知识图谱奠定基础。

- **实体识别**：实体识别是指基于文本数据，运用自然语言处理算法提取文本中具有实际意义的名词，并将其作为实体。例如，在一段文本中，实体识别的任务是识别出如"中国"和"水稻"等具有实际意义的名词。图4-13展示了实体识别的示例。

- **实体统一（实体对齐/实体去重）**：在实体识别后，可能会遇到名称不同但实际指代同一实体的现象。例如，在一段文本中，"水稻"和"稻"虽然名称不同，但实际指代的是同一实体。实体统一技术旨在识别和处理这种情况，以确保知识图谱中实体的唯一性和一致性。图4-14展示了实体统一的示例。

中国是水稻的原产地之一。中国南方地区农田多以水田为主，粮食作物以种植水稻为主。

图 4-13　实体识别的示例

中国南方地区农田多以水田为主，粮食作物以种植水稻为主。稻是亚洲热带广泛种植的重要谷物，中国南方为主要产稻区，北方各省也有栽种。

图 4-14　实体统一的示例

- **关系抽取**：关系抽取是指运用自然语言处理技术，从文本中提取实体之间的关系，并将其作为知识图谱中连接实体的边。例如，在图4-15中，通过关系抽取技术，提取了"中国"与"水稻"之间的"原产地"关系，"中国南方地区"与"水田"之间的"农田"关系，以及"中国南方地区"与"水稻"之间的"粮食作物"关系。

- **指代消解**：文本中广泛存在指代词，例如英文中的"it""he""she"或中文中的"它""他""她"。指代消解的任务是判断这些指代词具体指代的是哪个实体。例如，在图4-16中，"它"指代的是前文中提到的"稻糠"。借助指代消解技术，能够更准确地理解文本中的语义关系，从而有助于完善知

中国是水稻的原产地之一。中国南方地区农田多以水田为主，粮食作物以种植水稻为主。

图 4-15　关系抽取的示例

稻糠是稻谷的壳，它是动物饲料的重要来源。

图 4-16　指代消解的示例

识图谱的构建。

（2）数据存储

知识图谱的存储方式主要包括基于三元组的存储、基于图数据库的存储等。

- **基于三元组的存储**：知识图谱中的每个连接都可以表示为"（实体，关系，实体）"的三元组形式。通过将知识图谱存储为三元组的集合，可以方便地进行查询和分析。
- **基于图数据库的存储**：图数据库是一种专门用于存储和管理图形数据结构的数据库。Neo4j 是由 Java 实现的开源 NoSQL 图数据库，是目前应用最广泛的图数据库之一。Neo4j 提供了完整的数据库特性，包括 ACID 事务支持、集群支持、备份与故障转移等。Neo4j 的图查询语言 Cypher 是一种声明式图形查询语言，允许用户通过简单的语言描述和执行复杂的图形查询。

4. 知识图谱的农业应用

知识图谱在农业领域已有不少应用场景，下面将以农业信息查询系统和精准推荐为例进行介绍。

（1）农业信息查询系统

知识图谱蕴含着丰富的语义信息，涵盖了大量的实体及其之间各种各样的关系，适用于构建农业信息查询系统。在农业信息查询系统中，业务流程如下：当用户发起具体的查询请求时，系统首先对请求内容进行解析，提取相关实体，随后结合农业知识图谱，对查询结果进行语义分析和排序，最终将查询结果返回给用户。其基本过程如图 4-17 所示。

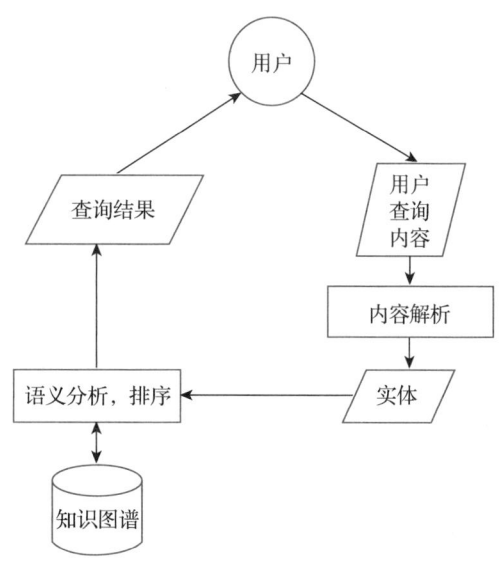

图 4-17 农业信息查询系统的业务流程示意图

（2）精准推荐

知识图谱可以用于改进农业领域的推荐系统。在精准推荐系统中，业务流程如下：通过分析用户的历史行为数据，并结合知识图谱中所蕴含的语义信息，系统能够更精准地完善产品或服务的表征，从而为用户推荐更加贴合需求和个性化的产品或服务。精准推荐的基本过程如图 4-18 所示。

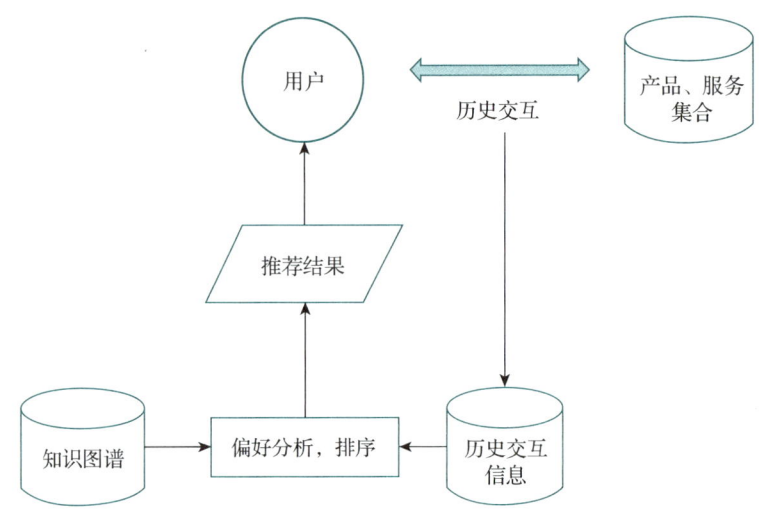

图 4-18　精准推荐的基本过程

4.2.6　数据可视化

数据可视化是一种通过图形化的方式直观表达信息特征的技术。自 20 世纪 50 年代起，随着计算机技术的快速发展，数据可视化从最初的手工绘制表格和图像，逐步演变为复杂且精准的交互式图形，极大地提升了数据表达的可行性和效率。至 20 世纪 80 年代，个人计算机的普及进一步催生了数据可视化技术的广泛应用，诸如 Office 等数据可视化软件逐渐流行。进入 21 世纪后，互联网的普及使数据获取和共享更为便捷，为数据可视化技术的发展提供了更广阔的空间。

在信息时代，数据无处不在。这些数据可能源自政府、企业、科研机构，或通过各类传感器采集而得。现实世界中的海量数据往往复杂且难以直接理解，而数据可视化技术的目标正是通过图形化的方式来帮助用户更直观地理解数据中的模式、趋势和关联。

数据可视化技术在日常生活中的应用非常广泛，例如报纸中的直方图、新闻中的饼图、网页上的交互式图表等。然而，数据可视化的深层目标并非仅限于呈现数据，更在于帮助用户从复杂的数据集中挖掘出有价值的信息，如类别特征、变化趋势、交互关系等。通过可视化技术，用户能够更高效地传达数据中的关键信息，从而提升沟通和决策的效率。

数据可视化可以通过多种编程语言（如 Matlab、Python）或高级工具实现。本节将以某农业公司的数据样例为基础，展示如何利用数据可视化技术将复杂的数据转化为易于理解的图形结构，并进行详细解析。

表 4-2 展示了某农业公司在某年度于 A 地的鸡肉销售情况。然而，表格形式的数据在直观性和信息表达上存在一定局限性，难以直接进行比较和发现趋势。借助数据可视化工具，可以将这些数据转化为更为直观的图形形式，从而帮助用户更好地理解数据。

表 4-2　某农业公司于 A 地的鸡肉销售情况表（数据样例）

月份	销量（羽）	销售金额（元）	销售重量（克）	销售单价（元）	出栏天龄（天）
1	87	2311.94	327.45	7.06	79.14
2	135	3960.00	550.00	7.20	78.00
3	90	2394.29	341.67	7.01	79.67
4	114	3226.90	455.00	7.09	80.47
5	54	1469.23	205.42	7.15	79.50
6	64	1849.94	231.24	8.00	77.49
7	160	4392.79	615.86	7.13	80.35
8	89	2429.37	340.14	7.14	80.04
9	165	4405.68	621.40	7.09	76.93
10	297	7753.20	1092.00	7.10	75.00
11	289	7928.21	1129.40	7.02	78.26
12	487	13 455.43	1855.75	7.25	86.44

1. 使用 Matlab 实现数据可视化

Matlab 是一款功能强大的编程软件，广泛应用于物理、数学、金融学、生物学等领域。它内置了丰富的可视化绘图工具，能够快速实现数据可视化操作。

绘制折线图：折线图能够展示数据随时间变化的趋势。在本例中，折线图可用于反映鸡肉价格随月份的变化情况，直观展示 A 地鸡肉销售价格的年度趋势。

折线图的 Matlab 绘制代码如下：

```
Table_1 = xlsread('./demo.xlsx','sheet1'); % 读取 Excel 表格
Month=Table_1(:,1); % 表格中第一列为月份
Prices = Table_1(:,5); % 表格中第五列为销售单价
plot(Month,Prices); % 使用 Plot 函数绘制折线图
xlabel('月份'); % 设置横坐标名称
ylabel('销售单价'); % 设置纵坐标名称
```

折线图的可视化结果如图 4-19 所示。

绘制直方图：直方图通常用于展示数据的分布情况，通过将数据划分为不同的区间，并计算每个区间内数据的频次或频率，以柱状图的形式进行可视化展示。在本例中，直方图可用于对比不同月份鸡肉的出栏天龄。

直方图的 Matlab 绘制代码如下：

```
Month=Table_1(:,1); % 表格中第一列为月份
Times = Table_1(:,6); % 表格中第六列为出栏天龄
bar(Month,Times); % 使用 bar 函数绘制直方图
ylim([70 inf]) % 设置直方图纵坐标最小值
xlabel('月份');
ylabel('出栏天龄');
```

直方图的可视化结果如图 4-20 所示。

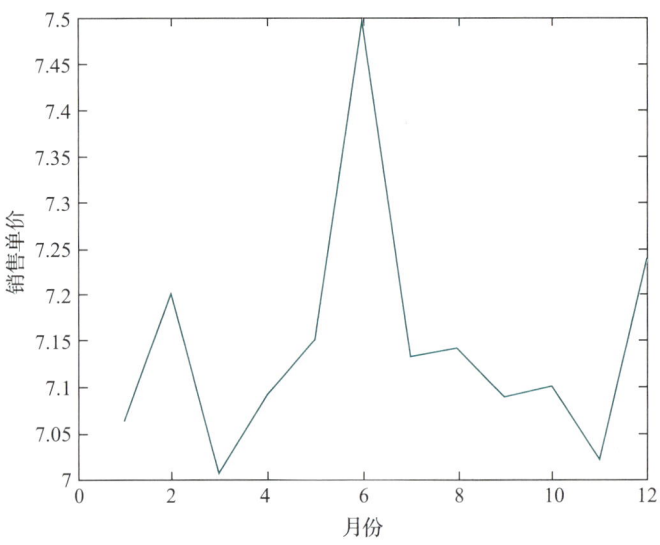

图 4-19　鸡肉单价折线图

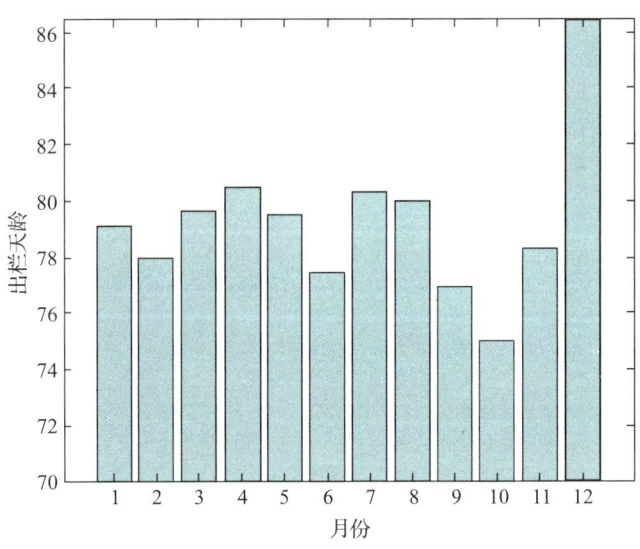

图 4-20　鸡肉出栏天龄直方图

绘制泡泡图：泡泡图是一种三维数据可视化图表，通过在二维平面上使用圆形泡泡的位置和大小来展示三维数据之间的相互关系。在本例中，泡泡图可以展示销量、出栏天龄与销售单价之间的关系。

泡泡图的 Matlab 绘制代码如下：

```
Sales = Table_1(:,2); % 表格中第二列为销量
Times = Table_1(:,6); % 表格中第六列为出栏天龄
Prices = Table_1(:,5); % 表格中第五列为销售单价
```

```
bubblechart(Times,Prices,Sales); % 绘制泡泡图
xlabel(' 出栏天龄 ');
ylabel(' 销售单价 ');
bubblelegend(' 销量 ','Location','eastoutside'); % 添加注释框
```

泡泡图的可视化结果如图 4-21 所示。

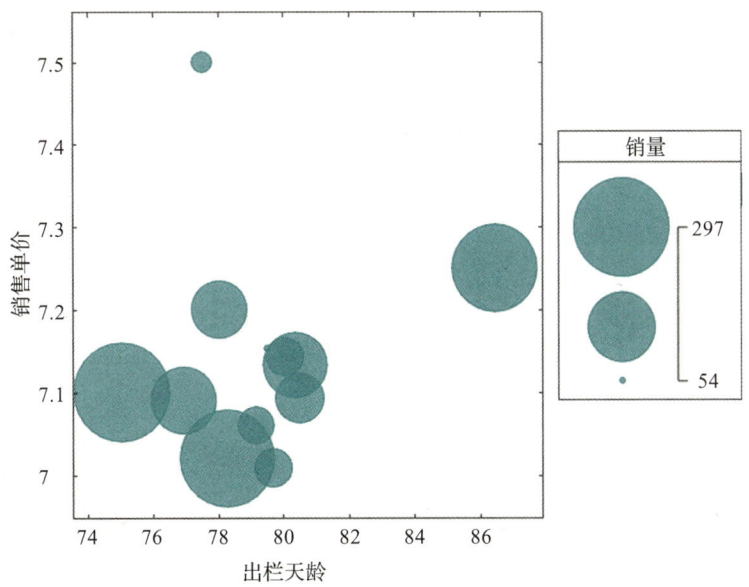

图 4-21　鸡肉销售单价、出栏天龄与销量的泡泡图

2. 使用 Python 实现数据可视化

Python 作为当前主流的编程语言之一，以其简洁、易读的特点著称。凭借其丰富的第三方工具库，Python 在数据分析、人工智能等多个领域得到了广泛应用。

调用 Matlab 代码：Python 可通过 Matlab 提供的 Engine API 直接调用 Matlab 中的代码，示例如下。

```
import matlab.engine # 导入 Matlab 工具库
eng = matlab.engine.start_matlab() # 启动 Matlab Engine
result = eng.eval('your_matlab_code()') # 调用 Matlab 函数
eng.quit() # 关闭 Matlab Engine
```

Matplotlib 是 Python 中最常用的绘图工具之一，为 Python 提供了丰富的绘图函数。与 Matlab 绘图方式不同，使用 Python 绘图时需要手动调用第三方工具库，示例如下。

```
import pandas as pd # 导入 pandas 工具库读取 Excel 文件
import matplotlib.pyplot as plt # 导入 Matplotlib 工具库
```

与表 4-2 类似，表 4-3 展示了某农业公司在某年度于 B 地的鸡肉销售情况。根据对比两个表格，借助数据可视化分析，能够清晰地揭示两组数据分布之间的差异，从而更有针对性地优化市场资源分配策略。

表 4-3 某农业公司于 B 地的鸡肉销售情况表（数据样例）

月份	销量（羽）	销售金额（元）	销售重量（克）	销售单价（元）	出栏天龄（天）
1	192	4420.96	622.67	7.1	75.00
2	158	5162.82	687.46	7.51	87.05
3	110	2484.99	318.18	7.81	69.41
4	125	3135.38	446.00	7.03	88.20
5	200	4875.79	649.24	7.51	78.49
6	300	6959.45	905.00	7.69	72.33
7	154	3756.53	500.87	7.5	77.67
8	285	6210.02	874.65	7.1	70.36
9	115	2605.94	391.87	6.65	84.22
10	125	3127.48	404.59	7.73	85.33
11	250	6515.32	945.62	6.89	87.00
12	279	7892.59	1053.75	7.49	81.00

绘制箱图：箱图用于展示数据的整体分布情况，包括中位数、四分位数和异常值。具体来说，箱图的箱体揭示了数据的第一四分位数和第三四分位数之间的数据范围；中位线标示了数据的中位数；上、下须分别指示数据的最大值和最小值；而箱体之外的数据点则被定义为离群点，代表数据中的异常值，不包含在上下须之间。在本例中，箱图可用于对比 A、B 两地鸡肉销售单价的分布情况。

箱图的 Python 绘制代码如下：

```
Prices_A = data_A['单价'] #读取表格中A地的销售单价
Prices_B = data_B['单价'] #读取表格中B地的销售单价
labels = 'A地', 'B地' #设置图例名称
plt.ylabel("单价")
plt.boxplot([Prices_A, Prices_B], labels=labels) #绘制箱图
plt.show() #显示图像
```

箱图的可视化结果如图 4-22 所示。

绘制小提琴图：小提琴图结合了箱图和密度图的特点，能够展示数据的分布和概率密度。具体来说，小提琴图的竖轴表示数据的值域；两侧的密度曲线反映了该区域的数据密度；中间的盒状图则展示了数据的中位数、四分位数以及离群值情况。在本例中，小提琴图可用于展示 A、B 两地鸡肉销量的分布情况。

小提琴图的 Python 绘制代码如下：

```
Sales_A = data_A['销量']
Sales_B = data_B['销量']
labels = 'A地', 'B地' #设置图例名称
plt.xticks([1, 2], labels)
plt.ylabel("销量") #设置y轴坐标名称
plt.violinplot([Sales_A, Sales_B]) #绘制小提琴图
```

```
plt.show() # 显示图像
```

小提琴图的可视化结果如图 4-23 所示。

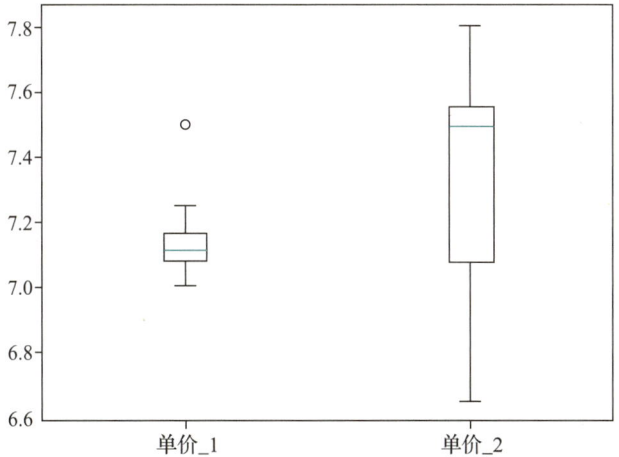

图 4-22　A、B 两地鸡肉销售单价分布情况的箱图

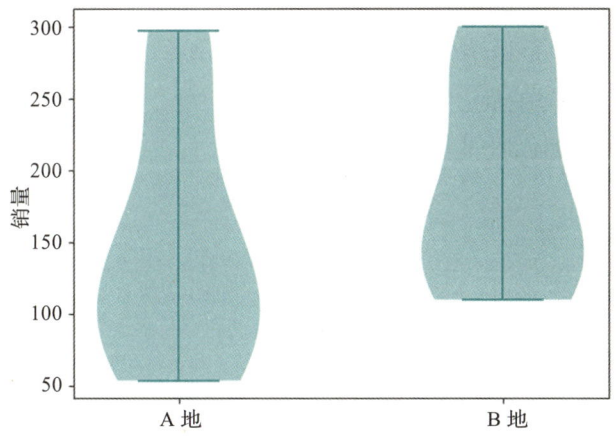

图 4-23　A、B 两地销量的小提琴图

绘制堆叠柱状图：堆叠柱状图可用于展示多个类别的相对比例，通过比较不同柱子的相对高度，直观地揭示各个类别的贡献度。在本例中，堆叠柱状图可用于对比 A、B 两地在不同月份销量的相对比例。

堆叠柱状图的 Python 绘制代码如下：

```
Weights_A = data_A['重量']
Weights_B = data_B['重量']
labels = ['1','2','3','4','5','6','7','8','9','10','11','12'] # 设置 x 轴坐标
plt.bar(labels, Weights_A,label='A 地')   # 绘制 A 地柱状图
plt.bar(labels, Weights_B, bottom=Weights_A,label = 'B 地')
# 绘制 B 地柱状图
plt.xlabel(" 月份 ")
```

```
plt.ylabel(" 销售重量 ")
plt.legend(loc=2) # 将表格说明放置于图像第二象限
plt.show()
```

堆叠柱状图的可视化结果如图 4-24 所示。

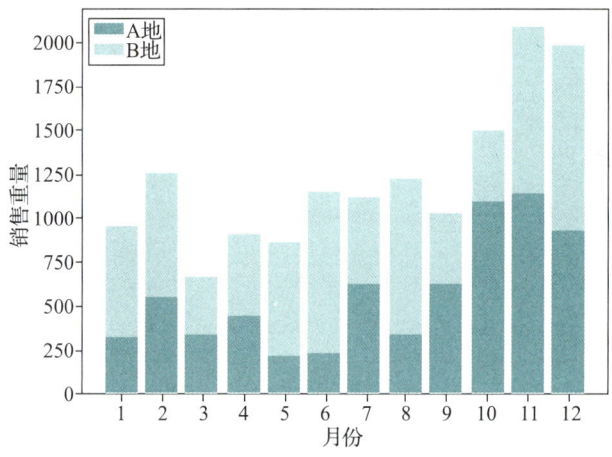

图 4-24　A、B 两地销售重量的堆叠柱状图

绘制散点图：散点图可用于展示两个变量之间的关系。在本例中，散点图可用于分析 A、B 两地鸡肉出栏天龄与销量之间的相关性。

散点图的 Python 绘制代码如下：

```
Days_A, Sales_A = data_A[' 天龄 '], data_A[' 销量 ']
Days_B, Sales_B = data_B[' 天龄 '], data_B[' 销量 ']
plt.scatter(Days_A, Sales_A, label='A 地 ') # 绘制 A 地散点图
plt.scatter(Days_B, Sales_B, label='B 地 ') # 绘制 B 地散点图
plt.xlabel(" 出栏天龄 ")
plt.ylabel(" 销量 ")
plt.legend(loc=1) # 将表格说明放置于图像第一象限
plt.show()
```

散点图的可视化结果如图 4-25 所示。

绘制饼状图：饼状图用于展示数据中各类别的比例关系。在本例中，饼状图可用于展示 A、B 两地销量在全年总销量中所占的比例。

饼状图的 Python 绘制代码如下：

```
Sales_A = data_A[' 销量 ']
Sales_B = data_B[' 销量 ']
plt.pie([sum(Sales_A), sum(Sales_B)],
    labels=['A 地 ', 'B 地 '],
    autopct='%.2f%%', # 设置百分比
    wedgeprops={'linewidth': 1, 'edgecolor': "black"}) # 设置边缘
plt.show()
```

饼状图的可视化结果如图 4-26 所示。

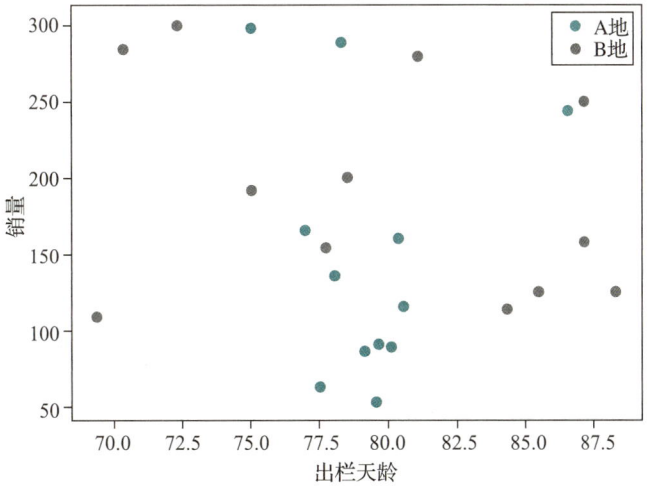

图 4-25 A、B 两地鸡肉出栏天龄与销量的散点图

绘制多重折线图：多重折线图用于同时展示多个数据序列的趋势和变化。在本例中，多重折线图可以有效对比 A、B 两地逐月销售金额的变化趋势。

多重折线图的 Python 绘制代码如下：

```
Sales_Amount_A = data_A['金额']
Sales_Amount_B = data_B['金额']
plt.plot(Sales_Amount_A, label='A地')  #绘制A地折线图
plt.plot(Sales_Amount_A, label='B地')  #绘制B地折线图
plt.legend(loc=2)
plt.xlabel("月份")
plt.ylabel("销售金额")
plt.show()
```

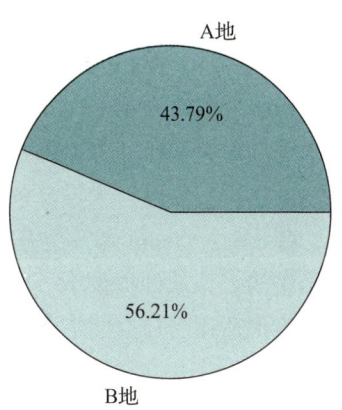

图 4-26 A、B 两地销量的饼状图

多重折线图的可视化结果如图 4-27 所示。

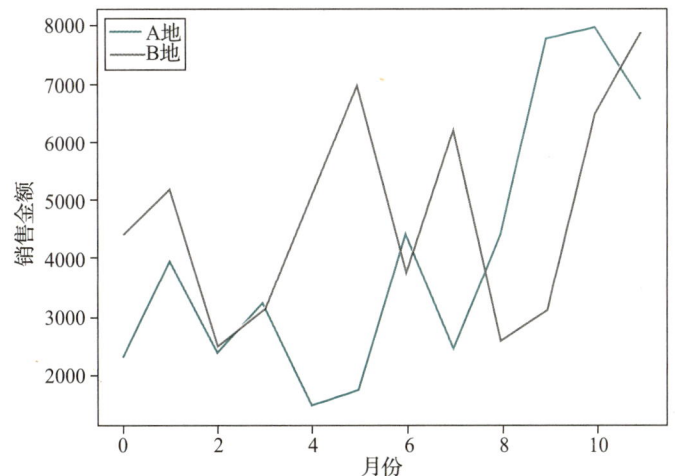

图 4-27 A、B 两地逐月销售金额的多重折线图

3. 使用其他高级工具实现数据可视化

除了 Matlab 和 Python 等编程语言，市面上还有许多功能强大的高级工具，专门用于数据可视化和图表绘制。这些工具不仅简化了可视化流程，还提供了丰富功能和高度交互性，能够满足不同层次用户的需求。

Wolfram|Alpha：Wolfram|Alpha 是一个计算知识引擎，具备强大的绘图功能，能够生成多种类型的图形和图表。用户只需输入简单的指令或问题，即可快速生成高质量的可视化图表，并以直观的形式展现数据和函数关系，特别适合需要快速生成复杂图形的应用场景。

ECharts：ECharts（Enterprise Charts）是由百度开发并维护的开源 JavaScript 图表库。它提供了丰富的可视化图表类型和交互功能，使开发者能够轻松创建动态、交互式的数据可视化应用。ECharts 支持多种图表类型，包括折线图、柱状图、散点图等，适用于 Web 端的数据展示需求。

Plotly：Plotly 是一个开源的数据可视化库，支持多种编程语言，包括 Python、R、JavaScript 和 Matlab 等。它以交互性强和图表美观著称，用户可以通过简单的代码创建复杂的可视化图形。Plotly 特别适合需要高度定制化和强交互性的数据展示场景。

Power BI：Power BI 是由微软开发的一款商业可视化软件，能够对各种数据源进行特征提取和建模分析，并以可视化的方式展示分析结果。该软件支持多种数据源，用户可以直接与图表进行交互，无需具备编程知识即可轻松完成复杂的数据分析和可视化任务。

Gephi：Gephi 是一个开源的网络分析和可视化软件，专注于帮助用户理解和分析复杂网络结构。该软件提供了一套强大的工具和算法，支持数据的导入、处理、分析和可视化功能，特别适用于社交网络、生物信息学等领域的网络数据分析。

4.3 农业应用

4.3.1 应用概述

现代农业的一个显著特点是规模庞大、供应链复杂，每天都会产生大量的农业数据。这些数据涵盖了供给侧与需求侧、客户与公司、农户与产品等多方面的复杂关系。在传统的农业生产模式中，许多工作依赖人工完成，例如养殖生产规划、农产品定价、精准营销等。然而，面对如此庞大的数据量，单靠人工处理几乎难以实现，导致大量历史数据被闲置，宝贵的经验无法有效积累。

随着大数据技术的快速发展，人工智能、数据挖掘和数据分析等技术为现代农业注入了新的活力。这些技术不仅能够高效地处理海量数据，还能从中提取有价值的信息，为农业生产和管理提供科学决策支持。在本节中，我们将通过四个实际应用案例，详细阐述大数据分析技术如何赋能现代农业。

4.3.2 应用案例分析

案例 4-1 基于 LSTM 的毛鸡品种毛利预测

1. 应用背景

毛鸡品种的培育周期约为三个月,生产商需要根据历史数据预测未来三个月的毛利,以便合理规划养禽品种的布局。传统方法主要依赖人工经验,难以应对复杂多变的市场环境。基于 LSTM(长短期记忆网络)的时间序列预测技术,能够有效捕捉历史数据中的趋势和规律,为应对毛利预测问题提供有力的模型工具。

2. 技术实现

本案例的目标是通过分析历史毛利数据,预测未来三个月的毛鸡品种毛利。为了实现这一目标,本案例采用了 LSTM 模型,该模型擅长捕捉时间序列中的长期依赖关系。整个技术实现过程分为数据预处理、模型构建与训练、预测结果与评估三个主要环节。

(1)数据预处理

本案例将每个毛鸡品种的历史销量视为一个独立的时间序列。每个品种的时间序列数据包含了一系列连续的时间点(以月为时间戳)及其对应的毛利值。在此基础上,对历史毛鸡品种的毛利数据进行清洗和归一化处理,确保数据处于同一量级。例如,将毛利数据缩放至 0 到 1 之间,以消除量纲差异。同时,处理缺失值和异常值,保证数据的完整性和准确性。对于某些月份缺失的毛利数据,采用插值法进行填充;对于异常值(如毛利突然飙升或骤降),则通过统计分析进行修正。

(2)模型构建与训练

本案例使用 LSTM 模型进行时间序列预测(如图 4-28 所示),以捕捉时间序列中的长期依赖关系。模型输入为某一品种过去六个月的毛利数据,输出则为该品种未来三个月的毛利预测值。

在每个训练迭代中,将历史时间窗口的毛利数据输入至模型,并使用均方误差(MSE)作为损失函数。通过反向传播算法优化模型参数,以减小预测误差。当模型在验证集上表现良好后,最终在测试集上进行评估。为了提升模型的泛化能力,我们采用了数据增强技术,具体包括随机噪声添加和时间序列分段等。

(3)预测结果与评估

本案例采用的 LSTM 模型对未来三个月毛利的预测值与实际值高度吻合,表明该模型较好地学习和理解了毛利整体趋势。模型在测试集上的评价指标方面,均方根误差(RMSE)和平均绝对误差(MAE)

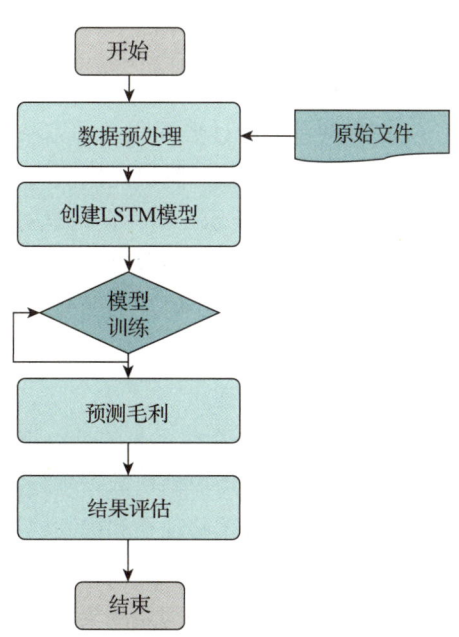

图 4-28 基于 LSTM 的毛鸡品种毛利预测流程图

均处于较低水平，进一步证实了模型具有较高的预测准确性。如图 4-29 所示，对于"大土 2 项"品种，模型预测的 7～9 月毛利与实际毛利的误差仅为 5%。

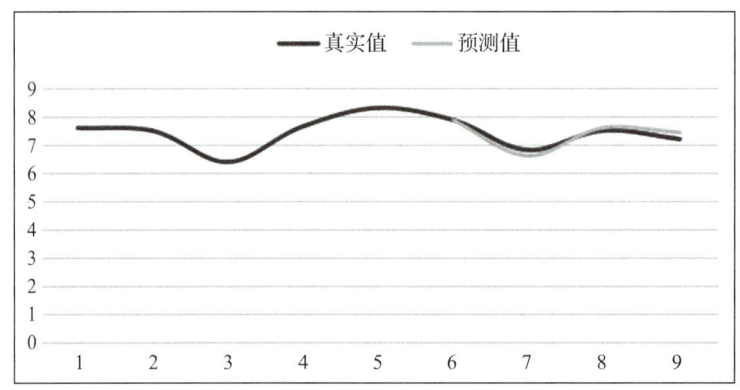

图 4-29 "大土 2 项"品种在 7～9 月的毛利真实值与预测值对比图（见彩插）

案例 4-2 基于时空神经网络的毛鸡规划布局

1. 应用背景

某养禽企业的毛鸡品种多样，且在全国范围内设有多家子公司进行销售。然而，受限于产能，如何合理规划各子公司的毛鸡生产和销售布局，成为提升企业利润的关键。传统方法主要依赖人工经验，容易出现区域效益不平衡、品种分配不合理等问题。相比之下，基于数据驱动的规划布局技术，借助机器学习模型，能够有效优化资源配置，从而提升整体运营效率。

2. 技术实现

本案例旨在通过数据驱动的方法，优化该养禽企业的毛鸡生产和销售布局。在本案例中，中山大学计算机学院研究团队结合时空神经网络和线性规划，构建了一个两阶段的规划模型，如图 4-30 所示。第一阶段通过时空图网络预测各品种的毛利趋势，第二阶段利用线性规划方法生成最优的品种分配方案。整个技术实现过程包括数据预处理、基于时空神经网络的毛利预测和基于历史数据的规划布局三个关键步骤，最终为企业提供科学且高效的资源配置方案。

（1）数据预处理

本案例基于该养禽企业的毛鸡销售数据进行建模，以该企业提供的各子公司销售数据作为订单记录，对历史销售数据进行清洗和汇总，以"销售品种"为粒度进行销量求和。此外，为了避免时序偏移现象和提高模型的鲁棒性，对输入的时间序列数据进行了实例归一化及空缺值处理等操作。

（2）基于时空神经网络的毛利预测

在案例 4-1 的基础上，进一步引入空间信息，构建了时空图网络模型。每个毛鸡品种被设定为一个节点，并通过图注意力网络（Graph Attention Network，GAT）来捕捉品种间的空间依赖关系。图注意力网络能够有效地捕获网络中节点之间的空间关系，将节点的时间序列特征向量转化为带有空间信息的更高阶特征向量。

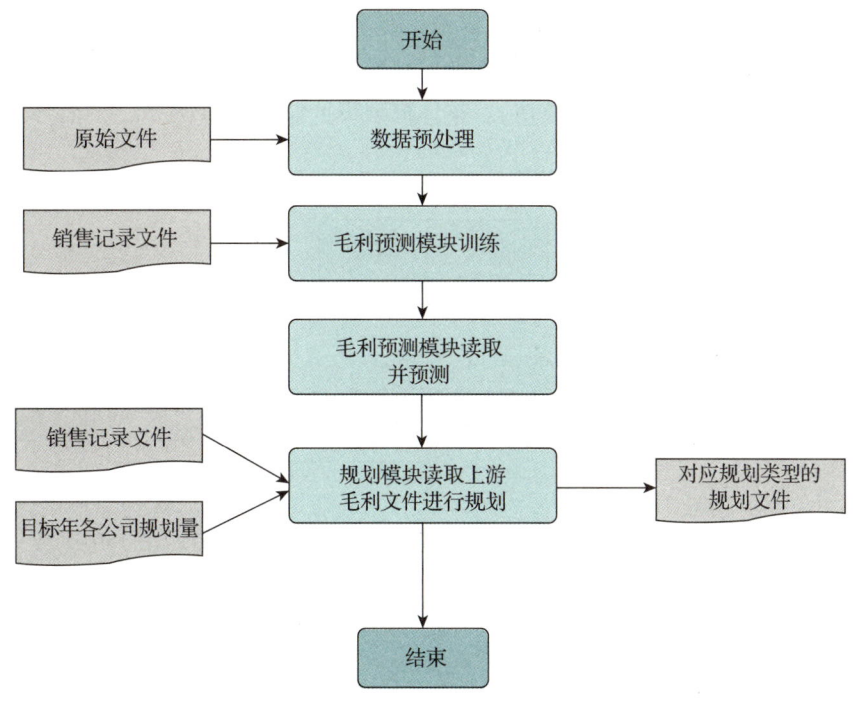

图 4-30　基于时空神经网络的毛鸡规划布局整体流程图

随后，将图注意力网络所提取的带有空间信息的高阶特征向量作为 LSTM 的输入，以捕捉时间序列中的模式并对其时间依赖性进行精准建模。通过结合空间依赖性和时间依赖性，训练模型以最小化均方误差（MSE）损失函数，从而实现更精确的毛利预测。最终，本案例采用平均绝对误差（MAE）和均方根误差（RMSE）作为评价指标，对融合了空间信息的时空网络模型的性能进行全面评估。

（3）基于历史数据的规划布局

本案例使用线性规划方法，根据市场规律和业务经验设计约束条件，以最大化整体利润。通过提取历史销售数据中的性别比例、月度销量比例等信息，构建约束变量的上下界。例如，某些品种在特定月份的销量可能显著高于其他月份，模型会根据这一规律调整规划量。最终，模型生成各子公司及各月份的毛鸡品种规划量，确保资源分配合理。

案例 4-3　基于数据－知识双驱动的农产品辅助定价

1. 应用背景

农产品定价在农业生产与经营中扮演着关键环节。传统的人工定价方式往往依赖个人经验，存在主观性强、效率低等问题。而基于数据－知识双驱动的农产品辅助定价系统，借助大数据分析和机器学习技术，能够快速制定并灵活调整价格，从而显著提升企业的收益和运营效率。

2. 技术实现

基于数据-知识双驱动的农产品辅助定价系统主要分为三个模块：基于数据特征的自然销量预测（自然销量预测模块）、基于价格弹性系数的价格-销量建模（价格弹性模块），以及基于规划的建议价格生成（规划模块）。整体模型设计如图4-31所示，下面将对辅助定价系统的各个模块进行介绍。

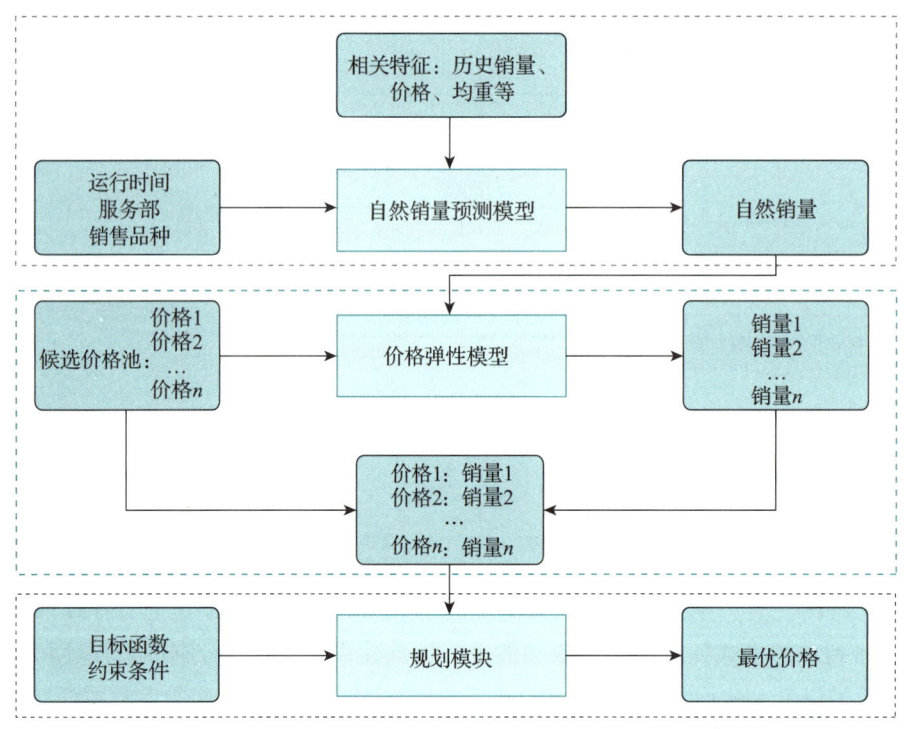

图4-31　基于数据-知识双驱动的农产品辅助定价系统流程图

（1）基于数据特征的自然销量预测

本案例使用历史销售数据、农产品信息和时间信息作为输入，借助神经网络模型预测自然销量（即在未受人工价格干预的情况下，商品在市场上的正常销售量）。该模型综合考量历史销量、库存量、季节性趋势等多重因素，精准预测未来某一天的自然销量；同时，有效捕捉销量与各特征之间的复杂关系，为价格调整奠定基础。

（2）基于价格弹性系数的价格-销量建模

引入价格弹性系数，构建模型的分析价格变动对销量的影响。对于某些类别的农产品，其高档品种的价格下降可能显著提升销量；而对于低档品种，价格变动对销量的影响则相对较小。本案例通过训练模型，建模价格变动对于销量的具体影响，在自然销量的基础上，预测不同价格水平下对应的销量情况。

（3）基于规划的建议价格生成

在得到各销售品种价格-销量组合数据后，本案例进一步将收益和成本之间的权衡纳入考虑，使用规划模型生成最优价格建议。该模型可以对不同价格下的利润进行评估，并考虑库存积压所引发的额外成本，进而制定旨在最大化收益的价格建议。

案例 4-4 基于多尺度信息提取的农产品精准营销

1. 应用背景

基于人工决策的传统农产品营销存在效率低下和主观性过强等局限性。本案例依托多尺度信息提取的农产品精准营销系统，通过分析客户历史行为、库存信息等多维度数据，精准预测客户采购倾向和偏好，为相关农牧企业提供了高效且科学的营销解决方案。

2. 技术实现

本案例的核心任务是构建一个农产品精准营销系统。该系统通过分析客户历史行为、库存信息等多维度数据，预测客户的采购倾向和偏好。系统主要分为三个模块：销售品种均重预估、客户订购意愿识别和客户订购偏好预测。通过结合多层感知机、Transformer 模型和价格弹性系数，系统能够实现客户行为的精准预测和个性化推荐，其技术实现涵盖了数据预处理、模型训练和结果优化等主要步骤（如图 4-32 所示）。

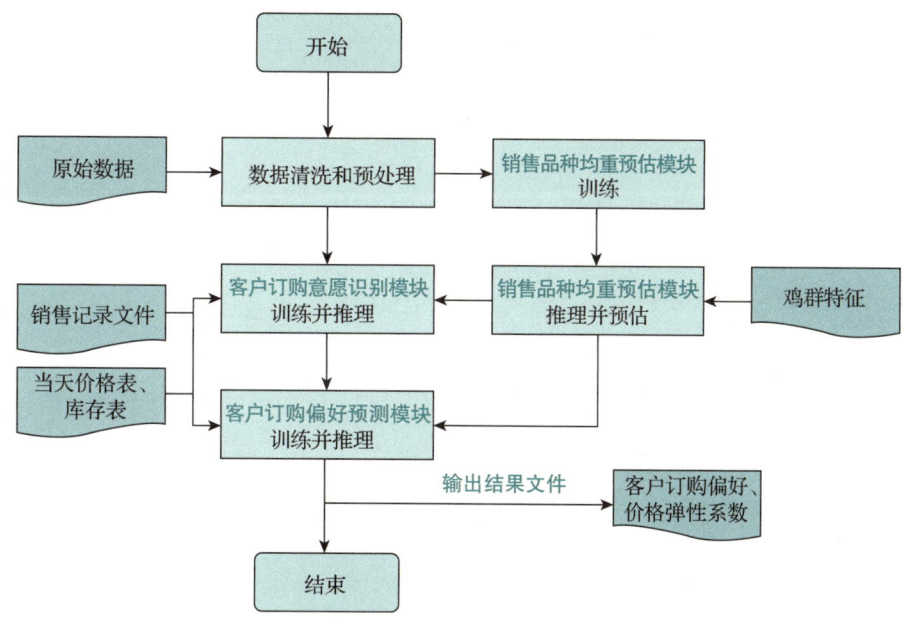

图 4-32 基于多尺度信息提取的农产品精准营销系统流程图

（1）销售品种均重预估

本案例使用多层感知机（Multi-Layer Perceptron，MLP）模型，预测特定鸡群在给定天龄下的均重。例如，模型会综合考虑鸡群的品种、饲养环境等因素，拟合 S 型生长曲线，以预测未来某一天的鸡群均重。

（2）客户订购意愿识别

本案例使用 Transformer 模型，预测客户的未来采购行为。通过分析客户过往一段时间的采购记录,结合库存信息和季节性趋势,预测客户未来的采购概率。此外,通过引入正样本损失权重和设置辅助任务,有效解决了类别不均衡问题,从而提升了模型性能。

(3)**客户订购偏好预测**

本案例通过建模客户历史兴趣表征、客户显性表征以及客户与农产品之间的复购模式,生成综合的客户表征,并结合价格弹性系数,预测客户对特定价格、天龄、均重的销售品种的订购概率。进一步地,通过分析客户过往购买高档毛鸡的偏好,并结合当前价格和库存情况,推荐客户最可能购买的产品。

第 5 章

物联网：万物互联

"天地与我并生，而万物与我为一。"
——庄子《齐物论》

随着"万物互联"时代的到来，信息技术正以前所未有的深度介入自然世界与人类社会的互动关系。物联网作为这一技术浪潮的重要支柱，正在重新定义感知、传输与智能决策的方式。在农业领域，物联网的广泛应用催生了"农业物联网"这一创新技术体系，推动农业从依赖经验转向依托数据，从粗放式管理迈向精准化调控。

5.1 基本概念

农业物联网（Agricultural Internet of Things，AIoT）是推动现代农业向智慧化、精准化转型的重要技术手段。通过整合传感器、通信技术和数据分析，农业物联网能够实现对农业生产过程的实时监控、智能管理和精准决策。这不仅显著提升了农业生产效率，降低了资源消耗，还提升了农产品质量，进而有力推动农业生产向智能化、数字化和可持续化方向发展。

5.1.1 物联网的起源

物联网的雏形可以追溯至 20 世纪 80 年代初，当时卡内基·梅隆大学的程序员写了一个程序，能够通过互联网远程查看可乐贩卖机内的可乐数量及其冷热状态。1995 年，比尔·盖茨在其著作《未来之路》中首次提及"物物互联"的概念，指出因特网仅实现了计算机的联网，尚未实现与万事万物联网，并预言"物物互联"将成为未来的重要发展趋势之一。物联网（Internet of Things，IoT）这一概念于 1999 年由麻省理工学院自动识别（MIT Auto-ID）实验室的创始人凯文·艾什顿（Kevin Ashton）明确提出。这个时期的物联网主要依托射频识别（Radio Frequency Identification，RFID）技术和无线数据通信技术，构建起一个高效的物流网络。

进入 21 世纪以来，物联网的概念和范围进一步拓展，逐渐演变为互联网技术的延伸和扩展，旨在实现机器与机器之间的实时交互。物联网技术的发展推动了信息技术产业的革命，经过二十多年的技术积累和不断创新，物联网逐渐被广泛接受，并应用于各个领域，涵盖农业、智能家居、工业、医疗保健等。根据不同应用场景的特点，又衍生了农业物联网、工业物联网等概念。

5.1.2 农业物联网的发展

鉴于农业物联网的显著优势，世界各国相继推出了相应的农业物联网发展计划。美国在 20 世纪 80 年代率先提出"精确农业"的构想，并开始将计算机应用于智能灌溉和生产管理。2004 年，日本总务省发布 u-Japan 计划，预计到 2020 年，农业物联网市场规模将达到 580 亿至 600 亿日元，农业云端计算技术的应用将占农业市场的 75%。

我国政府于 2009 年提出了"感知中国"的物联网战略，物联网被正式列入国家五大新兴战略性产业之一，并随之出台了一系列农业物联网相关的发展政策，推动了农业物联网研究与应用的起步。2010 年，在第十一届全国人民代表大会第五次会议上，物联网被首次写入《政府工作报告》，从而引发了全社会对物联网的广泛关注。2011 年，我国正式颁布了"十二五"规划纲要，明确指出物联网是新一代信息技术产业的重点发展方向之一，旨在推动物联网关键技术的研发及其重点领域的应用示范，加快农业科技创新，促进农业物联网相关研究及其应用迅速发展。2016 年，"十三五"规划纲要进一步强调，在推进农业信息化建设中，要推动信息技术与农业生产管理、经营管理、市场流通、资源环境等领域的深度融合，大力支持实施农业物联网区域试验工程，推进农业物联网应用，提高农业智能化和精准化水平，并鼓励推进农业大数据应用，增强农业综合信息服务能力。2020 年，我国已建成国家农业物联网公共服务平台，对接近 5 万个物联网监测点，形成了较为完整的农业物联网产业链，在此大环境的助力下，农业物联网的发展也达到了巅峰。2021 年，工信部、农业农村部等 8 个部门联合印发了《物联网新型基础设施建设三年行动计划（2021—2023 年）》通知，将智慧农业纳入重点领域，明确指出以产业转型需求为导向，推进物联网与农业的深度融合，促进产业提质增效。2022 年，中央网信办、农业农村部等 10 部门联合印发了《数字乡村发展行动计划（2022—2025 年）》，明确提出"智慧农业创新发展行动"是重点任务之一，引导高校开设智慧农业相关专业，鼓励利用物联网、大数据、人工智能等新一代信息技术突破智慧农业技术创新瓶颈，加快推动我国农业迈向智慧农业时代，预计在 2025 年实现智慧农业建设取得初步成效。目前，我国农业物联网发展已取得显著成果，形成了覆盖硬件、软件和应用服务等多个领域的完整产业链。

5.1.3 农业物联网的定义

农业物联网是物联网技术在农业生产、经营、管理等过程中的具体应用。通过部署大量传感器节点，农业物联网实现了农业信息的精准采集。借助无线传感器网络、蜂窝网络和互联网等多元信息传输通道，实现农业信息的高效传输。同时，使用数据挖掘、模式识别、机器学习等技术，对农业信息进行精细化的分析、融合和处理，从而构建起一个高效、智能的农业信息化体系。

农业物联网能够对农作物、农田、农业设备和生产环境等进行全面监测、精准控制和科学管理。通过部署各类传感器，可以实时获取土壤温度、湿度、水分、酸碱度和光照等环境参数,控制灌溉、施肥等农事活动,掌握农作物生长健康状况,预测其生长趋势。借助传感器和摄像头,可以记录农业机械设备的运行状态和工作效率,更可以通过查询产品上的标签对农业产品进行溯源,详细掌握其在生产、加工、运输和销售等各环节的信息,有效提升了农业生产效率、安全性和可靠性。

农业物联网的应用不仅局限于农田管理,还广泛延伸至畜牧业、渔业、温室种植等多个领域。例如,在畜牧业中,借助RFID技术,可以对牲畜进行个体识别和健康监测;在温室种植中,物联网技术可以自动调节温度、湿度和光照条件,从而创造最适宜作物生长的理想环境。

5.1.4 农业物联网的结构

农业物联网的结构自下而上依次划分为感知层、传输层和应用层。

1. 感知层

感知层作为物联网技术在农业领域识别物体和采集信息的基础来源,主要由传感器、执行器(微控制器)、音视频采集端、遥感技术、RFID以及条码技术等组成。其主要作用体现在以下两个方面:

1)采集各种农业要素信息,包括土壤湿度、温度、光照强度、气体浓度等。
2)执行来自应用层的控制指令,如操控农业机械执行相应操作。

2. 传输层

传输层根据不同的农业环境选择合适的通信技术,将感知层采集的农业系统中的各种信息传输到应用层。通信技术主要涵盖农业现场总线技术和农业无线传感网络技术两大类:

1)**农业现场总线技术**包括控制器局域网总线、RS485总线、LON总线、Avalon总线、1-wire总线、Lonworks总线等。
2)**农业无线传感网络技术**则分为无线广域网和无线局域网。无线广域网包括NB-IoT、LoRaWAN、SigFox、5G等技术,无线局域网包括ZigBee、Wi-Fi、Bluetooth等技术。

3. 应用层

应用层面向用户的接口,借助人工智能和大数据分析技术等,对采集到的农业信息数据进行挖掘和处理,进而完成信息处理、建模和决策,最终实现对农业过程的智能化管理和控制。

5.2 关键技术

本节将详细介绍农业物联网中的关键技术,包括物联网信息感知、物联网信息传输、物联网网络中间件等,这些技术共同构成了农业物联网的主要框架。

5.2.1 物联网信息感知

农业物联网本质仍是物联网,而物联网技术离不开硬件系统。其中,最重要的是传感器节点、微控制器电路板与硬件平台。农业物联网通过传感器节点和微控制器等硬件设备，实时采集农业环境中的各种数据，包括土壤湿度、温度、光照强度、气体浓度等，为后续的分析和决策奠定基础。

1. 传感器节点

传感器节点被称为物联网的"眼睛"和"耳朵"，其功能是将环境中的物理或化学信号转换为数字信号，以便进行后续处理和分析。传感器节点的种类繁多，包括温度传感器、湿度传感器、光强传感器、声音传感器以及土壤综合传感器等。

传感器节点通常由多个功能单元组成，主要包括电源、中央处理器（Central Processing Unit，CPU）、传感单元、网络单元（天线、通信端口）等。根据实际应用需求，传感器节点可能还配备图形处理器（Graphics Processing Unit，GPU）、音/视频接口、显示屏等其他子单元（如图 5-1 所示）。在传感器节点的架构中，模数转换器负责将传感器采集到的模拟信号转换为数字信号，并将传送至处理单元。通过天线或通信端口，传感器节点可以和其他传感器节点进行数据交换，从而实现农业信息采集或接收控制指令。

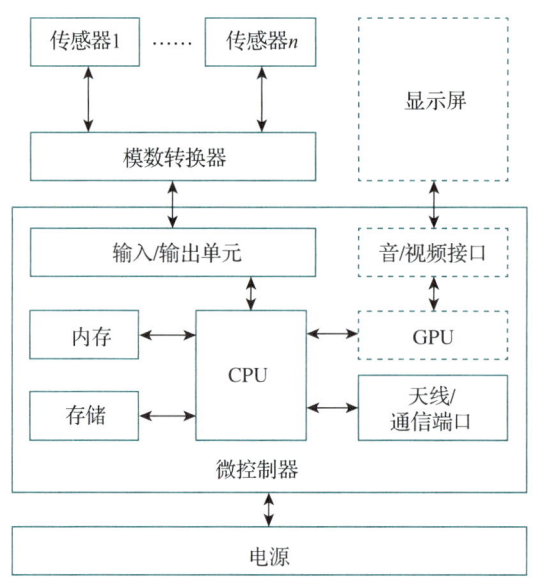

图 5-1　物联网传感器节点架构

（1）射频识别

射频识别（Radio Frequency Identification，RFID）技术是一种非接触式的自动识别技术，通过利用射频信号和空间耦合的传输特性，能够实现物体的远程识别。与条形码技术相比，RFID 技术能够快速且自动地识别目标区域内的多个标签。

在农业领域，RFID 技术有许多用途，包括牲畜的识别与跟踪，以及产品在生产、加工和销售链中的全程追踪。

（2）无线传感器网络

无线传感器网络（Wireless Sensor Network，WSN）在农业和食品工业领域发挥着重要应用。它由多个具备通信功能的传感器节点（简称"节点"）组成，用于收集应用所需的农业信息。在无线传感器网络中，负责采集信息的分布式节点被称为源节点，而从所有源节点收集数据的节点被称为网关节点。

在农业应用中，根据不同应用场景的需求，无线传感器网络衍生了多个子类别，包括：无线传感器和执行器网络、地面无线传感器网络、无线地下传感器网络、水下无线传感器网络、多媒体传感器网络和移动传感器网络。

2. 微控制器电路板与硬件平台

微控制器电路板与硬件平台作为传感器节点的载体，具备分析和处理传感器节点所采集信息的功能。目前，市场上主要的微控制器电路板与硬件平台包括 Arduino、树莓派、Espressif、Edison、BeagleBone 等。

（1）Arduino

Arduino 是一个开源的软硬件电子平台，涵盖硬件（各种型号的 Arduino 板）和软件开发平台（ArduinoIDE）。其常见主控板 Arduino UNO 是一种基于 ATmega328P 微控制器的开源微控制器电路板，配备了一组数字和模拟输入/输出（I/O）引脚，能够连接各种扩展板和其他电路。

Arduino 可以与多种传感器（如土壤湿度传感器、温度传感器、湿度传感器等）连接，用于实时监测农田环境；同时，通过连接执行器（如电磁阀、电动机等），能够控制灌溉系统、温室通风等，实现农业自动化操作。例如，在智能灌溉系统中，系统可以根据土壤湿度传感器的数据，自动调节水泵的开关，确保作物获得适量的水分。

（2）树莓派

树莓派（Raspberry Pi）是由 Raspberry Pi 基金会开发的一种低成本、小体积的单板计算机。树莓派在 Linux 系统下运行，提供一组通用输入/输出（GPIO）引脚，并以 SD 卡作为存储硬盘，配备了 USB、以太网、音频输入/输出和视频输出等硬件接口。

树莓派可以和摄像头模块配合使用，进行农田监控、病虫害检测，甚至通过图像识别技术评估植物的健康状况。同时，树莓派具有较强的计算能力，适用于数据处理、分析和预测任务。借助互联网连接，树莓派还能实现远程监控、控制和管理农业系统，使农民无论身处何地都能进行高效管理。凭借其强大的功能和良好的可拓展性，树莓派已在众多农业场景中得到广泛应用。

（3）Espressif

Espressif 是国内物联网领域领先的 Wi-Fi 和蓝牙芯片提供商，其代表性产品包括：

- ESP8266：这是一款非常灵活的 Wi-Fi 模块，能够轻松适配 Arduino 平台，方便集成到各种项目中。在智慧农业领域，它常被用于低成本、高效率的 Wi-Fi 网络接入场景。
- ESP32：这款微控制器集成了 Wi-Fi 和蓝牙通信技术，具有低成本、低功耗的特点。它是 ESP8266 微控制器的改进产品，硬件参数比 ESP8266 更强。

Espressif 模块支持 Wi-Fi 和蓝牙通信，且功耗较低，适用于大规模部署传感器节点，用于构建农田内的物联网监测网络。例如，可监测目标区域的土壤湿度、气温、光照等参数。此外，该模块还可以将传感器数据传输至云端，或与其他设备实现互联、协作和控制。

（4）Edison

Edison 是由英特尔公司开发的一款专为可穿戴设备和物联网设备设计的微型计算模块。Edison 模块内含一个高速的双核处理单元，集成了 Wi-Fi、蓝牙、存储、内存及通用 I/O 等功能单元。其 I/O 引脚与 Arduino UNO 兼容，能够运行轻量级 Linux 发行版。除了采集传感器信息和控制农业设备，Edison 的计算能力还可应用于图像处理来完成诸如病虫害检测和作物状态分析等任务。

（5）BeagleBone

BeagleBone 是德州仪器公司生产的一款小型、低功耗且开源的片上系统计算机。BeagleBone 基于 AM335x 处理器，集成了 ARM Cortex-A8 内核，处理速度可达 1GHz。此外，它支持扩展多种接口，包括以太网、USB、OTG、TF 卡、串口、JTAG、HDMI、ADC、I2C、SPI、PWM 及 LCD 等。凭借其强大的计算能力，BeagleBone 能够高效地进行数据分析和处理，为农业决策提供有力支持。

5.2.2 物联网信息传输

物联网信息传输技术涵盖有线网络传输和无线网络传输等多种相关技术。农业物联网信息传输技术则是通过智能感知设备采集涉农物体的信息数据，并将其接入相应的传输网络，依靠有线或无线通信网络，实现随时随地的高效信息交互和共享。

根据农业领域的特定环境要求，农业物联网信息传输主要采用无线信息传输技术。广泛应用的技术如 ZigBee、Wi-Fi 等均属于无线网络传输技术。其中，近距离传输多采用 ZigBee 协议进行数据传输，中等距离传输则使用 Wi-Fi 和蓝牙技术，而远距离传输使用 LoRaWAN 和 NB-IoT 技术以及蜂窝网络（2G/3G/4G/5G）。表 5-1 是按传输距离排序的农业物联网无线传输技术及其参数。

表 5-1　农业物联网无线传输技术及其参数

技术	标准	工作频率	数据传输速率	能耗	最大传输距离
NFC	ISO/IEC 13157	13.56MHz	106～424Kb/s	1～2mW	0.1m
RFID	众多标准	13.56MHz	423Kb/s	1mW	1m
ZigBee	IEEE 802.15.4	2.4GHz	250Kb/s	1mW	20m～80m
Z-Wave	Z-Wave	908.42MHz	100Kb/s	1mW	30m
Wi-Fi	IEEE 802.11 a/c/b/d/g/n	2.4GHz～60GHz	1.2Mb/s～6.75Gb/s	1W	100m
Bluetooth	IEEE 802.15.1	2.45GHz	1Mb/s～3Mb/s	1W	100m
Bluetooth LE（BLE）	Bluetooth Smart	2.4GHz	1Mb/s	10～500mW	100m
6LowPAN	IEEE 802.15.4	908.42MHz～2.4GHz	20Kb/s～250Kb/s	1mW	100m

（续）

技术	标准	工作频率	数据传输速率	能耗	最大传输距离
LoRaWAN	LoRaWAN	CN470(470MHz～510MHz) EU868(863MHz～870MHz) US915(902MHz～928MHz)	0.3Kb/s～50Kb/s	N/A	10km
SigFox	SigFox	908.42MHz	10b/s～1000b/s	N/A	50km
NB-IoT	3GPP	800MHz～900MHz	160Kb/s～250Kb/s	N/A	15km
2G	GSM	850MHz～1900MHz	171Kb/s～384Kb/s	1W～3W	26km
3G	UMTS	850MHz～1900MHz	400.73～56Mb/s	1W～4W	26km
4G	LTE	700MHz～2600MHz	0.1Gb/s～1Gb/s	1W～5W	28km
5G	ITU IMT-2020	700MHz～72GHz	20Gb/s	1W～5W	28km

- Wi-Fi：一种无线局域网技术，基于 IEEE 802.11 标准，工作频率从 2.4GHz 到 60GHz，数据传输速率从 1.2Mb/s 到 6.75Gb/s。Wi-Fi 的通信距离可达 100m。
- ZigBee：一种低功耗、短距离通信协议，主要用于物联网设备之间的通信，适用于创建自组织的、大规模的传感器和控制网络。ZigBee 是一种基于 IEEE 802.15.4 标准的技术，支持自动发现、路由和低功耗通信。其通信距离可达 20m～80m。
- Z-Wave：一种短距离无线通信技术，具有以下优点：低成本、低功耗和高可靠性。Z-Wave 适用于网络带宽受限的应用场景，可支持数十个设备，具有可靠的通信和自动路由功能。其数据传输速率可高达 100Kb/s。
- Bluetooth：一种符合 IEEE 802.15.1 标准的技术，提供适用于短距离数据传输的低成本、低功耗的无线通信技术。该技术的高能效和低成本版本被称为 Bluetooth LE（BLE）或 Bluetooth Smart，适用于低功耗设备和物联网应用。
- 6LowPAN：IPv6 over Low Power Wireless Personal Area Networks 的简称，是一种将 IPv6 协议栈扩展到低功耗无线个人区域网络的技术。6LowPAN 适用于连接小型设备，如传感器节点，以便实现 IP 通信并在物联网环境中传输数据。
- NFC：Near Field Communication 的简称，是一种短距离无线通信技术，用于在设备之间传输数据。NFC 的工作频率为 13.56MHz，数据传输速率为 106Kb/s 至 424Kb/s，传输需要 10cm 或更小的距离。
- SigFox：一种低功耗广域网络技术，用于连接远距离的物联网设备，适用于传输少量的低频数据，如传感器数据。SigFox 网络提供广阔的覆盖范围，但数据传输速率相对较低。SigFox 使用 IP 网络部署其专属基站，并将其连接到终端设备。SigFox 可有效利用带宽，并在最低干扰水平下运行，从而实现了超低功耗、高接收灵敏度和低硬件成本。
- LoRaWAN：Long Range Wide Area Network 的简称，是一种适用于远距离、低功耗的物联网通信技术。LoRaWAN 基于 LoRa 调制技术，可以实现数公里范围内的通信。其主要目标是确保不同运营商之间的互操作性，并实现物联网通信。LoRaWAN 能在农村地区以较低的能耗提供 10km 以上的长距离传输。
- **NB-IoT**：NarrowBand Internet of Things 的简称，是一种基于蜂窝网络的窄带物联网通信技术。它适用于连接大量的低功耗设备，如传感器、计量器等，能够有效满足物联网的主要需求。这些需求包括广泛的地理覆盖、高度的可扩展性、低廉的成本、对大量设备的支持能力和设备的长工作寿命。
- **蜂窝技术**（2G/3G/4G/5G）：第三代合作伙伴项目（3GPP）主导的广域网（WAN）技术标准，涵盖从全球移动通信标准（GSM）、宽带码分多址（WCDMA）、长期演进（LTE）到 5G 的演进。这些技术在许可频率上运行，主要侧重于提供高质量蜂窝服务。基于这些技术的物联网设备可跨移动网络连接，其中 5G 技术可提供高数据传输速率、低错误率、高可靠性、低延迟、高能效的通信服务，满足智慧农业中精准控制与实时监测等基本需求。

在农业场景中，基于 Wi-Fi 的无线通信技术因其传输速率高、故障点易于定位、灵活性好和移动性强等优点，能够满足实时性大批量数据传输任务的需求。然而，Wi-Fi 技术也存在传输距离短、易受信号干扰、安全性较差等不足，给农业人员带来了诸多困扰。相比之下，5G 通信技术能够提供高数据速率、低错误率、高可靠性、低延迟和高能效的服务，有效弥补了 Wi-Fi 技术的短板。未来，5G 技术有望在农业领域得到广泛应用，但仍需进一步解决其基站部署、覆盖范围和通信费用等问题。

5.2.3 物联网网络中间件

物联网网络中间件作为连接物联网设备和应用软件的关键组件，其核心作用是抽象底层硬件的复杂性，为开发人员提供统一的接口，从而简化物联网应用的构建和管理工作。

在农业生产监测场景中，信息处理的最终目标是对收集到的数据进行有效分析和利用。然而，由于生产厂家众多，硬件平台、传感器类型、信息传输方式和协议各不相同，云平台往往会接收大量异构数据，这为数据处理带来了挑战。

网络中间件作为物联网设备和应用之间的桥梁，提供了多种设计方法。常见的中间件设计方法包括：特定应用、事件驱动、元组空间、代理驱动、基于虚拟机、面向数据库以及面向服务等。这些方法能够根据具体需求，灵活适配不同的应用场景，从而有效提升数据处理的效率和兼容性。

特定应用：针对特定应用（应用程序驱动）的中间件，专注于为特定应用或应用领域提供资源管理支持。通过实施一种根据应用需求对网络或基础设施进行微调的架构，满足特定场景的要求。

事件驱动：在基于事件的中间件架构中，组件、应用程序和其他参与者通过事件进行交互。每个事件都有一个类型和一组类型化参数，这些参数的值描述了生产者状态的具体变化。

元组空间：在元组空间中间件中，基础设施的每个成员都拥有一个本地元组空间结构。元组空间是一个可并发访问的数据存储库，所有元组空间在网关上形成一个联合元组空间。这种方法适合物联网基础设施中的移动设备，原因是其能够在网关连接限制范围内实现数据的临时共享。应用程序通过向联合元组空间内写入元组来进行通信,并通过指定感兴趣的数据模式来读取元组。

代理驱动:在基于代理的中间件架构中,应用程序被划分为模块程序,以便利用移动代理通过网络进行注入和分布。当代理从一个节点迁移至另一个节点时,其执行状态得以保持。这种方法有助于构建能够容忍部分故障的分布式系统。

基于虚拟机:采用基于虚拟机的中间件设计方法,通过虚拟化基础设施为用户应用程序提供安全的执行环境。应用程序被分成独立的小模块,并注入和分布至整个网络。每个节点都有一个虚拟机,负责解释这些模块。这种方法常用于解决缺乏高层次编程抽象、自我管理和适应性等问题,同时提升分布式异构物联网基础设施的透明度。

面向数据库:在面向数据库的中间件中,传感器网络被视为一个虚拟的关系数据库系统。应用程序可以使用类 SQL 查询语言来查询数据库,进而支持复杂的查询操作。该领域的研究主要集中在开发一种实现系统互操作的分布式数据库方法。

面向服务:面向服务的中间件设计通过服务的形式构建软件或应用程序,其基础是面向服务的架构方法。该方法广泛应用于企业 IT 系统。面向服务计算的特点包括技术中立性、松散耦合、服务可重用性、服务可组合性以及服务可发现性,这些特性为物联网应用提供了显著的优势。

表 5-2 列举了适用于农业场景的不同物联网中间件平台。这些中间件解决方案各有侧重,分别针对物联网的特定部分,例如支持服务发现、支持安全隐私、可扩展性、互操作性、支持软件移植和支持情境感知等。

表 5-2 用于农业场景的不同物联网中间件平台

中间件	类型	支持服务发现	支持安全隐私	可扩展性	互操作性	支持软件移植	支持情境感知	是否开源
LinkSmart	基于服务的	是	是	部分支持	部分支持	是	是	是
GSN	基于服务的	是	是	部分支持	否	是	否	是
Node-RED	基于角色的	是	是	是	部分支持	是	是	是
FIWARE	基于服务的	是	是	是	是	是	是	是
OpenIoT	基于云的	是	是	是	是	是	是	是

- ❑ **LinkSmart**:LinkSmart 的前身为 HYDRA,是为物联网和嵌入式系统所开发的面向服务的中间件,旨在帮助开发人员轻松构建、管理和连接物联网应用。LinkSmart 提供了一套工具和库,用于处理设备连接、数据管理、远程控制等核心功能。它支持多种通信协议和数据格式,使开发人员能够将不同类型的设备集成到其物联网应用中。

- ❑ **GSN**:一个基于 Web 的开放架构,用于构建分布式传感器网络和监测系统。它允许用户通过互联网连接和监控各种传感器,实现实时数据收集和远程监视。GSN 提供了一组工具和接口,帮助用户在多个地理位置部署传感器,并将数据整合到一个集中式系统中。此外,GSN 还提供了一个可扩展的框架,利用几个功能强大的抽象概念集成异构和分布式传感器网络技术。
- Node-RED：由 IBM 开发的基于物联网的开源中间件平台。Node-RED 是一个流程编程工具，用于连接硬件设备、API 和在线服务。该平台基于 Web 浏览器，允许用户通过拖放方式创建工作流，这些工作流由称为"节点"的模块构成，每个节点代表不同的功能或操作。Node-RED 广泛用于 IoT 应用开发，适用于创建自动化、数据处理、物联网集成等任务。
- FIWARE：一个开源平台，专注于上下文数据管理，适用于构建智能应用和物联网解决方案。FIWARE 提供了一组标准化的 API 和工具，以帮助开发人员在不同的应用领域中构建可扩展且互操作性强的应用程序。FIWARE 支持各种技术和标准，使开发人员能够集成传感器数据、大数据分析及云计算等功能。
- OpenIoT：一个基于云的开源中间件平台，旨在帮助用户构建和管理大规模的物联网应用。该平台能够实现物联网服务的语义互操作性，确保各种设备能够高效协同工作，进而生成更具价值的数据。

物联网在农业领域已产生深远影响，信息传输技术和中间件平台的发展亦日趋成熟。尽管其优势显著，但仍需应对诸多挑战，例如硬件板集成难题、系统互操作性障碍、网络与资源管理瓶颈、安全与隐私威胁，以及软硬件成本居高不下等问题。

5.3　农业应用

5.3.1　应用概述

当前，农业物联网已广泛应用于农产品从生产、加工、运输到销售的全流程管理，典型应用场景包括农作物生长环境监测、畜禽健康监测、农业机械自动化控制、农产品质量安全与溯源等。

1. 农作物生长环境监测

在农作物种植中，降雨量、光照度、气候温度、湿度以及土壤墒情等因素直接影响农产品的产量和质量。通过农业物联网技术监测农作物生长环境的相关信息，能够实时监控农业生产过程，帮助农民做出最佳生产决策，从而提高农产品质量、降低生产风险，并实现利润最大化。例如，农民可通过分析太阳光照度信息，准确判断植物是否受到适当照射或过度照射，并及时调整温室大棚的遮光板；土壤含水量数据则能提供准确的土壤湿度信息，有助于优化土壤环境，减少植物病害的发生；此外，通过大规模部署杀虫灯物联网节点并收集田间虫害信息，当突发虫害或外来害虫大规模入侵时，可根据虫害发生范围和严重程度，向农民提供精准的防治建议。

2. 畜禽健康监测

农业物联网通过采集养殖场的二氧化碳、氨气、硫化氢、温度、湿度等信息，并集成改造现有的环境控制设备，实现畜禽养殖的智能生产与科学管理。例如，监测奶牛牛奶的电导率，可以准确掌握奶牛的健康状况；为每头牛、羊贴上 RFID 设备标签，能够自动统计数量并跟踪牲畜位置，有效防止牲畜被盗；通过部署气体传感器采集鸡舍中的氨气浓度信息，及时开启换气设备，避免鸡因氨气浓度过高而患病。

3. 农业机械自动化控制

基于物联网技术的农业机械能够显著提升作物产量和生产效率。例如，联合收割机、植保无人机等农业机械可以利用农业物联网采集的信息，在测绘、GPS 和全球导航卫星系统（GNSS）等技术的辅助下，实现远程无人化作业；节水灌溉装置根据土壤水分和光照度等信息，动态调整灌溉时机和水量，有效节约水资源；此外，依据虫害信息动态调整太阳能杀虫灯物联网节点的工作时间，进一步强化虫害防治效果。

4. 农产品质量安全与溯源

农产品的跟踪和溯源让消费者能够全面了解产品的完整历史，进而显著提升对农产品安全的信任。通过在供应链各环节收集相关数据，可以确保消费者和其他利益相关者清晰地掌握产品的来源、当前位置及其生命周期信息。跟踪的因素包括生长环境、生产条件、虫害防治措施、管理方式、储存条件、运输过程和上市时间等，这些因素均可能对消费者健康造成直接或潜在的风险。

5.3.2 应用案例分析

案例 5-1　太阳能杀虫灯物联网

1. 应用背景

农业病虫害，尤其是趋光性害虫（如小地老虎、稻纵卷叶螟、甜菜叶蛾等），对日常农业生产造成了极大的负面影响。目前，害虫防治的主要手段是施用农药，然而农药的长期使用不仅导致害虫抗药性增强，污染自然环境，还降低了农产品的品质，不利于绿色农业的持续发展。

太阳能杀虫灯是一种利用太阳能供电，通过趋光性引诱害虫扑灯从而杀灭害虫的农业植保装备。一台杀虫灯可覆盖 30 至 50 亩的防治面积。根据灭杀害虫的方式，太阳能杀虫灯分为频振式和风吸式两种类型。频振式杀虫灯通过高压电网放电来杀灭害虫，而风吸式杀虫灯则依靠风扇转动产生的吸力将害虫吸入并风干。这两种杀虫灯均通过太阳能板充电，蓄电池供电，利用诱虫光源吸引害虫。

尽管太阳能杀虫灯能够以绿色无污染的方式有效防治趋光性害虫，并长期部署于农田中，但其功能较为单一，无法实时获取农田虫害信息、环境信息以及杀虫灯组件的工作状态，难以满足智慧农业的多样化需求。

2. 太阳能杀虫灯物联网

随着物联网技术的发展，太阳能杀虫灯物联网应运而生。除了具备诱虫杀虫的基本功能外，该系统还利用物联网技术（如 4G/5G、ZigBee、LoRa、Wi-Fi、NB-IoT 等），将杀虫计数、太阳能杀虫灯组件状态、土壤墒情、温湿度等信息上传至云平台。这些数据被广泛应用于农情监测分析、虫害防治动态调控等领域,为虫害预警和农业生产精准施药提供了坚实的数据支持和科学的决策依据。

太阳能杀虫灯物联网节点的组成结构如图 5-2 所示。该结构主要由不锈钢支架、太阳能电池板、蓄电池、诱虫光源、高压金属网/风扇以及储虫罐等部分构成。

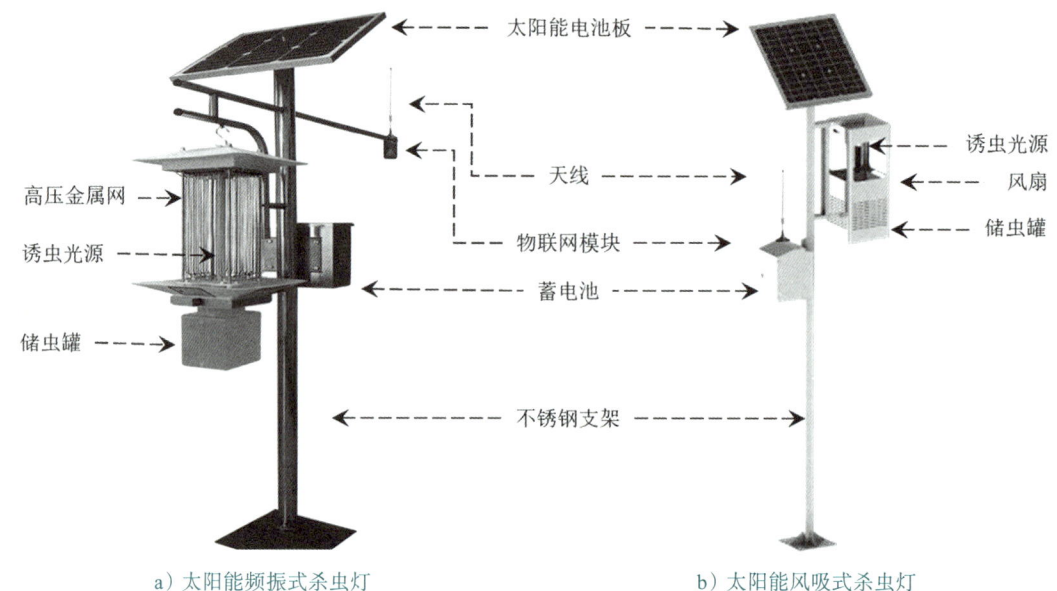

a)太阳能频振式杀虫灯　　　　b)太阳能风吸式杀虫灯

图 5-2　太阳能杀虫灯物联网节点的组成结构图

3. 应用挑战

(1) 多约束条件下的太阳能杀虫灯节点部署方案

目前,太阳能杀虫灯的部署主要依赖于工程人员对地形和杀虫灯覆盖范围的判断,缺乏宏观层面的虫害防治规划,常面临以下问题:①部分杀虫灯的覆盖范围重叠,增加不必要的部署成本;②部分种植区域未能得到有效覆盖,存在虫害隐患;③无法根据不同作物(如玉米、小麦)的需求进行差异化部署。

(2) 保障杀虫灯基本工作时间的能量自适应控制策略

趋光性害虫的活动规律受外界因素影响较大,然而现有杀虫灯只能按照预设时段工作,无法根据季节、区域虫口密度或突发虫害情况智能调节工作时段,导致防治效果不理想。此外,杀虫灯依赖于蓄电池和太阳能电池板供电,在恶劣天气或阴影遮挡的情况下,能量采集不足,难以维持长时间工作。因此,需要在能量采集不佳时智能调节工作时段,确保杀虫灯在害虫活动高峰期正常运行,以实现最佳防治效果。

(3) 虫害爆发区域精确定位技术

迁飞性害虫具有突发性强、扩散迅速的特点,一旦局部虫害爆发,可能迅速蔓延至其他区域。因此,快速划分虫害受灾程度和多点爆发区域,为精准施药提供科学依据,成为重要的研究方向。

（4）杀虫灯密集高压放电时段的网络数据抗干扰传输

杀虫灯在高压放电时会产生强烈的电磁波脉冲，这会对数据传输造成干扰，进而影响虫情测报的准确性。因此，必须研究如何避开高压放电密集时段，通过自适应调整通信时段，以确保数据传输的稳定性。

案例 5-2 光伏农场物联网

1. 应用背景

光伏农场在不改变土地性质的前提下，通过在农田上搭建光伏发电大棚，实现了棚下种植与棚上发电的双重功能。设施农业与光伏电站的成本得以共摊，两者充分互动，有效缓解了能源与农业之间的矛盾。然而，光伏面板的遮挡导致卫星遥感和无人机观测等技术难以直接获取作物种植环境信息。因此，需在光伏农场内部署稳定可靠的信息获取手段，以满足农业生产和光伏组件状态监测的双重需求。

2. 光伏农场物联网的定义

光伏农场物联网的结构示意图如图 5-3 所示。该结构示意图分为两层，第一层为农业生产，第二层包含光伏面板以及固定在支架上的物联网传感器节点、摄像头等设备。具体而言，光伏农场物联网包括以下四方面内容：

1）将各类传感器、射频识别模块、视觉采集终端等感知设备安装在光伏发电大棚支架上，广泛采集农作物种植、设施园艺、畜禽养殖、水产养殖等农业生产的现场信息。

2）通过光伏发电的储能设备，向感知设备提供稳定的能量供应。

3）按照约定的协议，利用现代信息传输通道，实现农业信息的多尺度可靠传输。

4）对感知设备获取的数据进行融合和处理，借助人工智能技术，实现农业生产的智能决策、预报和预警。

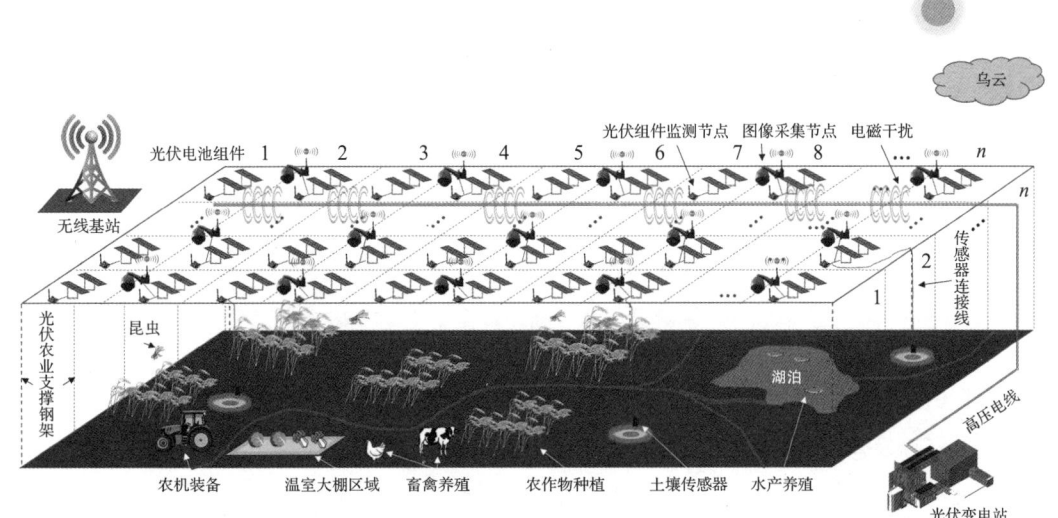

图 5-3 光伏农场物联网的结构示意图（见彩插）

3. 应用挑战

（1）多功能和多监控标准的节点部署与成本优化

光伏农场物联网节点的部署需要考虑农作物监测标准、传感器检测范围、电磁噪声干扰、农田边界不规则等因素。在此基础上，还需要优化硬件成本，深入研究多功能节点的合并部署策略。

（2）时变特性干扰

天气变化、电磁干扰和异构网络共存等因素会影响物联网的可靠性传输。因此，需要研究光伏农场内物联网的抗毁性能力，以提高节点容错功能，并实现全局通信的冗余覆盖。

（3）有限网络带宽下的最优采样频率选择

在农田地形不规则且存在障碍物阻挡的情况下，需要研究数据传输优化策略，以确保在带宽受限的前提下，能够实现图像数据和环境数据的最优采样频率。

（4）图像质量与采样频率协调

在农作物采收窗口期或突发虫害的情况下，需要提高采样频率，然而，有限的网络带宽可能导致数据传输堵塞。因此，需要研究图像采集频率与质量的动态优化策略，以实现图像采样与传输的自适应优化。

第 6 章

区块链：云中锦书

"云中谁寄锦书来？雁字回时，月满西楼。"
——李清照《一剪梅》

海量农业数据如同鸿雁往返穿梭，连接着农业生产、管理和流通的各个环节。然而，数据流通中的安全性、真实性和信任问题亟待可靠的技术保障。区块链技术凭借其去中心化、防篡改、可追溯的特性，为农业数据的安全流通和可信共享提供了新的解决之道，有力推动了农业产业链各主体之间的信任构建与高效协作。

6.1 基本概念

随着智慧农业的稳步推进和新技术的持续驱动，海量农业数据资源应运而生，有力推动了大数据相关技术在农业领域的广泛应用。然而，大数据的集中存储和新技术的快速发展，也使得智慧农业中的大数据建设面临严峻的数据安全风险。鉴于我国农业在国际战略中的重要地位，确保农业数据安全显得尤为关键，如何在推进农业大数据应用的同时，实现数据的安全流通，已成为农业大数据安全建设的重点。另外，随着农业产业化的不断深化，对农业信用体系和农业产业链的完善与健全提出了更高要求。然而，当前的发展水平仍存在明显的不平衡性。例如，农业信用体系缺失导致了农业产业主体间的信息孤岛和信任问题；农业产业链的脱节则引发了农业资源的浪费和农产品安全隐患。这些问题在很大程度上制约了智慧农业的整体发展。

区块链（Blockchain）由中本聪（Nakamoto）于 2008 年首次提出，是一种综合应用多种技术的分布式记账系统。作为密码货币（亦称加密货币、数字货币等）的底层核心技术，区块链凭借其分布式、不可篡改和可追溯的特点，从技术层面很好地解决了主体间的信任问题。随着智慧农业的发展，区块链技术结合大数据、云计算和人工智能等新型技术，成功解决了智慧农业的若干难题，有力推动了农业信息化的深入发展。2016 年 12 月，国务院印发的《"十三五"国家信息化规划》首次将区块链技术列入国家级信息化规划内容。2019 年 10 月，习近平总书记在中共中央政治局集体学习上作出重要指示，要把区块链作为核心技术自主创新的重要突破口。2020 年 4 月，国家发展和改革委员会明确将区块链纳入"新基建"范畴，使其成为支撑数字经济与数字政府的重要技术。随着区块链技术在农业领域的深入应用，农业产业对区块链技术的实践探索也在逐步推进。《"十四五"推进农业农村现代化规划》

明确指出，将区块链技术作为新一代信息技术之一，与农业生产经营深度融合，建立并推广应用农业农村大数据体系，进一步推动智慧农业的发展。《农业现代化示范区数字化建设指南》也指出，使用区块链技术助力推进农业全产业链数字化升级，建立农产品质量安全追溯等，从而进一步推动农业数字化转型。

6.1.1 区块链的起源

区块链起源于密码货币比特币的诞生。2008年11月，中本聪发表了题为《比特币：一种点对点的电子现金系统》(*Bitcoin: A Peer-to-Peer Electronic Cash System*) 的文章，对传统的基于可信模型的金融交易模式提出质疑，并提出了一种基于分布式网络、加密算法和共识机制等技术的密码货币系统——比特币。比特币以分布式记账技术为基础，设定了去中心化交易规则，具有匿名性、防篡改、防双花和激励机制等特点。交易双方通过数字签名技术实现交易确认及验证；密码学算法的特性保证了链条数据难以被篡改；不合法交易可经由诚实节点的检验被排除；负责打包区块的节点还能获得奖励，从而加速货币流通。

2009年1月，比特币的第一个区块——创世区块正式诞生，标志着区块链技术正式问世，支撑了比特币去中心化、不可篡改和公开透明的交易模式。

6.1.2 区块链的定义

中本聪在其文章中详细阐述了底层核心数据结构所构建的技术系统原理，然而他并没有明确提出"Blockchain"一词。2016年，工业和信息化部发布的《中国区块链技术和应用发展白皮书（2016）》给出了区块链的正式定义。

狭义来讲，区块链是一种按时间顺序将数据区块以顺序相连的方式组合成的一种链式数据结构，并以密码学方式保证的不可篡改和不可伪造的分布式账本。

广义来讲，区块链技术是利用块链式数据结构来验证和存储数据、利用分布式节点共识算法来生成和更新数据、利用密码学的方式保证数据传输和访问的安全、利用由自动化脚本代码组成的智能合约来编程和操作数据的一种全新的分布式基础架构与计算范式。

区块链的基本结构如图6-1所示，由一系列连接在一起的区块组成。每个区块包含区块头和区块体两部分，其中区块头包含区块相关的重要字段，如前区块哈希（Previous Hash）、时间戳（Time Stamp）和默克尔树根（Merkle Root）。区块体则包含经过验证的交易，这些交易以密码学中的一种著名工具——默克尔树（Merkle Tree）的形式进行打包，其中默克尔树根存储在区块头中。

分布式账本技术是一种分布式记账方式，账本由所有用户共同记录和更新，图6-2展示了分布式记账方式与传统的中心化记账方式的主要区别。

传统的中心化记账方式如图6-2a所示，由中心化服务器负责记录和更新账本，参与方通过访问中心化服务器获取完整的账本数据。一旦中心化服务器受到内部或外部攻击，账本就失去了可信性。分布式记账方式如图6-2b所示，由所有参与方共同记录和更新账本，每个参与方都存储完整账本数据的副本。即使某一参与方持有的账本数据副本与其他参与方不一致，也不会导致账本的变动。只有当大部分参与方同意变动内容时，账本才有可能被修改，从而有效保证了账本的可信度。

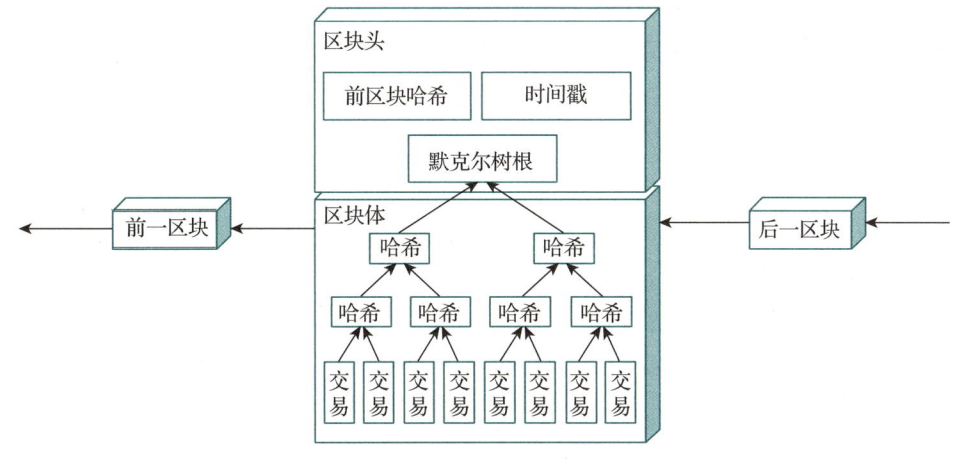

图 6-1 区块链的基本结构

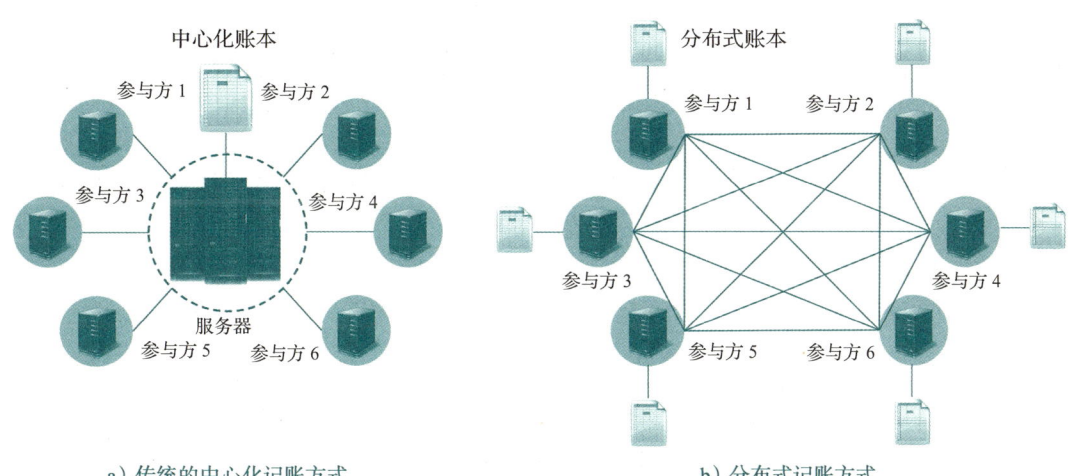

a）传统的中心化记账方式　　　　　　b）分布式记账方式

图 6-2 传统的中心化记账方式和分布式记账方式的对比

区块链是一种通过块链式数据结构实现的分布式账本技术。它使用区块结构来打包存储交易数据，并使用链式结构将区块连接起来。应用于各行各业中的区块链技术，仍以类交易的模式对业务数据及相关操作进行处理和记录，并以不可篡改的方式永久性地记录在分布式账本中。

6.1.3 区块链的发展

区块链的发展历程包括以下三个主要阶段。

区块链 1.0：亦称为可编程货币时代，以比特币的问世为标志性事件，分布式账本则是其标志性技术。该阶段主要应用于比特币及其各种衍生密码货币等完全去中心化的金融场景，实现密码货币转账、汇款和数字支付等有限金融业务；其共识机制主要采用工作量证明（Proof of Work，PoW），导致交易效率较低。

区块链 2.0：这一阶段也被称为可编程经济时代，以以太坊的问世为标志性事件，具有图灵完备性（即编程语言能够模拟图灵机，通俗地说，可实现任何可计算的算法，支持顺序、条件跳转和循环等逻辑）的智能合约则是其标志性技术。在此阶段，智能合约能够实现各种复杂的程序设计流程，支撑股票、债券、期货、贷款、智能资产等更广泛的非货币金融应用。此外，权益证明（Proof of Stake，PoS）和股份授权证明机制（Delegated Proof of Stake，DPoS）等共识算法也应运而生。以太坊不仅是密码货币应用，也是第一个区块链去中心化开发平台，标志着区块链逐渐发展为一门独立的科学技术。

区块链 3.0：亦被称作可编程社会时代，逐渐从金融行业应用场景向各行各业应用扩展，进入快速发展阶段。在此阶段，出现了部分去中心化和弱去中心化的场景和设计，使得区块链技术得以在政府、科学、文化、健康等社会活动各方面的治理和建设中发挥重要作用。与此同时，共识算法也随之更加丰富，涌现出实用拜占庭容错（Practical Byzantine Fault Tolerance，PBFT）算法、随机共识算法等新型机制。

6.2 关键技术

区块链不是一种全新的信息技术，而是一种依托现有多种技术并加以独创性综合应用和组合作用下的新型范式，其根本目标是打破传统的基于中介的信任模式，从技术上实现去中介化信任，从而能够实现新型的社会信任建立机制。

6.2.1 技术特性

区块链具有以下基本技术特性。

1. 去中心化

区块链网络采用无中心或弱中心的分布式架构，网络中不存在一个绝对的中心化服务器。每个节点都具有平等的地位和相同的数据资源，任何一个节点都拥有一份完整的区块链账本，并共同承担维护网络和账本数据的责任。

2. 数据可信

区块链分布式账本由全网节点共同存储和维护，使用多种技术保证了区块链中数据的难以篡改、可追溯和不可否认。恶意节点如果要对账本数据进行篡改，必须控制大部分节点，而强关联的块链式数据结构重新形成新链需要付出巨大的成本代价。

3. 可追溯性

区块链网络中的交易通常使用带有时间戳的区块进行存储和打包，有效证明了交易数据生成的时间点，因此区块形成的块链式数据结构也是具有时间顺序的。通过区块链网络的块链式结构可以有效追溯任意一笔交易从当前状态到起源处的流转情况。

4. 可靠性

区块链是数据高冗余的分布式账本，即系统中每个节点都拥有账本副本，以所有副本的一致性来保证数据的可信。分布式网络本身的鲁棒性保证了即使出现部分节点宕机等故障，网络仍然能够保持正常运行和数据的可信可用，从而保障了数据安全和可靠性。

5. 透明性

区块链网络中的交易规则由所有节点认可、公开透明并共同维护，按照既定规则对交易合法性进行验证并打包上链。交易数据的详细信息也可由加入区块链网络的节点进行查询和检验。

6.2.2 部署分类

随着区块链深入各行各业的不同应用场景中，其部署规则也从当初作为比特币底层网络的单一形式向多种形式发展，节点加入区块链的范围和区块链的开放程度也逐渐有了不同程度的变化。当前，区块链部署规则主要分为公有链（Public Blockchain）、联盟链（Consortium Blockchain）和私有链（Private Blockchain）三种类型，如图6-3所示。

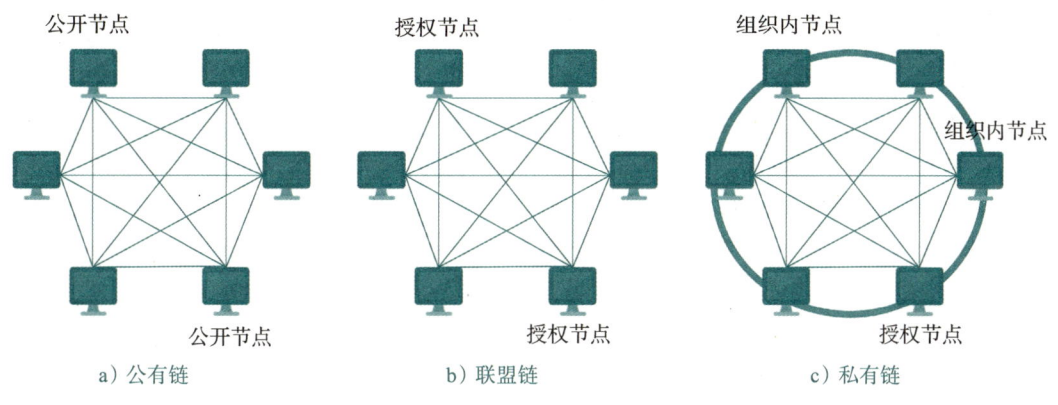

图6-3 区块链部署规则示例

1. 公有链

公有链作为最早出现的区块链部署类型，具有完全开放的特点，任何人都有权随时查看区块链数据、发送交易和参与共识，且拥有随进随出的灵活度。公有链的主要特点包括：

- **随进随出**：任何人都可以随时加入公有链，进行读取交易、发起交易和参与共识等，也可以随时退出区块链网络。
- **完全去中心化**：公有链中的所有节点具有完全对等的地位和权利，不存在特殊权限的节点，形成完全对等的分布式网络。
- **交易匿名**：节点加入网络时使用密码学算法生成账户地址，无需与现实世界中的真实身份关联，因此节点可以自由进入网络，不需要任何约束和证明，与其他类型区块链相比，用户具有较强的匿名性。
- **使用激励机制**：为提升去中心化程度，公有链鼓励所有节点参与维护账本，并对负责打包区块的节点实施奖励,以吸引更多节点参与共识。

公有链的去中心化程度最高,主要应用于密码货币领域,典型代表包括比特币和以太坊等,其他密码货币也大多以比特币为基础进行设计和运行。

2. 联盟链

联盟链是一种由若干个地位平等的机构共同维护的区块链,主要应用于企业间需要解决信任问题的场景,如农产品溯源链等。联盟链的主要特点包括:

- **身份认证**:联盟链一般需要对加入的成员进行身份认证,只有经过认证的节点才能加入网络。发起交易、参与记账等功能均需获得授权才能进行;由于联盟链主要用于机构间,因此节点一般隶属于某个机构,而参与维护的机构可以拥有多个节点。
- **多中心化**:由于引入了身份认证机制,参与共识的节点数量相较于公有链较少,因此联盟链的去中心化程度相对较弱。然而,在参与机构间,仍可认为去中心化。
- **数据保护**:链上数据的访问开放程度也是可选的,即可以完全开放访问,也可以限定在联盟机构内部开放访问。不同的联盟链还会提供一定的数据保护机制,如超级账本 Hyperledger Fabric 中的通道机制等。
- **激励机制可选**:相较于公有链,联盟链的重点在于打通并记录机构间的业务流。因此,参与共识并维护账本的节点一般是预先指定的,激励机制则可根据需求灵活选择。
- **交易吞吐量较高**:由于联盟链中参与共识的节点已事先指定,与公有链相比,省去了确认记账权的时间,且联盟链的规模相对较小,因此其交易吞吐量较高。

联盟链凭借其更高的通量、更灵活的操作性和更强的可控点,已成为企业应用的主流选择。特别是在企业间需要解决信任问题的场景,如农产品溯源链、政务联盟链等,联盟链展现出独特的优势。

3. 私有链

私有链是一种不对外开放的区块链,其节点的进出、交易和共识等权限都在某个机构内部进行审核,属于某个机构专属的区块链。非机构成员不允许加入私有链(除非获得特殊授权),机构内部成员以不同的部门角色加入私有链中,共同对其进行维护和管理。私有链旨在解决机构内各部门之间的信任问题,其设立目的和运行机制与联盟链相似,主要应用于机构内部的数据管理和数据审计等场景。

6.2.3 区块链的技术架构

目前的区块链技术架构大多源自比特币的底层技术,并在此基础上,根据不同的应用领域和需求场景,发展出不同的设计和具体实现。例如,具有图灵完备智能合约、能够支持去中心化应用开发的以太坊,以及应用于企业间合作的超级账本 Hyperledger Fabric。因此,这些技术架构在整体上具备一些共同的特点。如图 6-4 所示,通常情况下,区块链技术架构可分为以下六个层次。

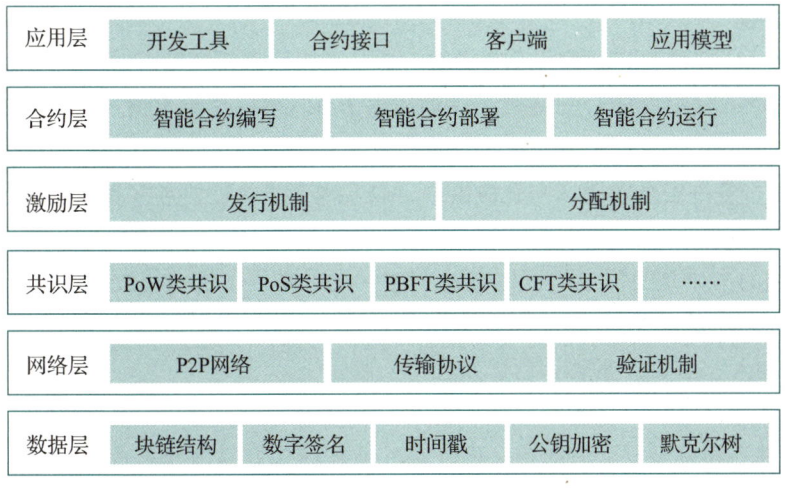

图 6-4 区块链技术架构

- **数据层**：主要负责定义和设计块链结构，包括交易、区块和链结构等。通过使用密码技术，包括公钥加密、数字签名和默克尔树等，保证数据的安全性；同时利用时间戳机制，保障区块的打包顺序。
- **网络层**：主要负责定义和设计 P2P（Peer-to-Peer）网络的拓扑结构（用于抽象描述网络中的设备及通信线路）、交易和区块数据的传输协议及验证机制。此外，该层还承担网络节点间通信任务，包括节点发现、数据收发和网络维护等功能。
- **共识层**：主要负责定义和设计实现共识的算法，在不可信的网络环境中保证账本数据在全网范围内的存储一致性。
- **激励层**：主要负责定义和设计经济激励的发行机制和分配机制，保障和提升区块链交易确认和区块打包的效率。
- **合约层**：主要负责选择合适的智能合约语言进行智能合约的设计，并对智能合约的部署环境进行规划，同时，基于可靠的链下数据源，对智能合约的运行环境和触发条件进行设计。
- **应用层**：主要负责选择合适的开发工具，定义和设计区块链应用的接口和客户端，并根据不同应用场景进行模型的设计和实现。

接下来的章节将对技术架构中较为核心的数据层、网络层、共识层和合约层涉及的技术内容进行介绍。

6.2.4 密码学基础

如前所述，区块链数据层主要使用密码技术（包括公钥加密、数字签名和默克尔树等）来保证账户和交易等数据的安全性。密码学广泛应用于消息完整性检查、身份认证、保密通信和访问控制等信息安全领域，是保障网络与信息安全的核心技术。本节将对区块链涉及的密码学知识进行介绍。

1. 哈希函数

哈希函数 H（亦称散列函数或杂凑函数）是一个能够将任意长度的消息 M 映射为较短的固定长度的输出值 $H(M)$ 的公开函数，该输出值 $H(M)$ 被称作哈希值（或称消息摘要、哈希码、散列值）。改变消息 M 中的任意一比特，都会使输出值 $H(M)$ 发生很大的变化，因此哈希函数广泛用于各种安全应用和密码协议中，以实现消息认证、数字签名、口令认证等安全应用模块。

哈希函数的本质是为需要认证的数据产生一个"唯一"的"指纹"。为实现这个目的，哈希函数 H 必须满足以下条件：

- **任意输入**：函数 H 的输入可以是任意长度。
- **定长输出**：函数 H 的输出是固定长度，通常较小。
- **可用性**：如果给定了消息 M，可以通过函数 H 较容易地计算哈希值 $h = H(M)$。
- **单向性**：如果给定了哈希值 h，求满足 $H(M) = h$ 的消息 M 在计算上不可行。
- **抗碰撞性**：分为弱抗碰撞性和强抗碰撞性。
  - **弱抗碰撞性**：给定消息 M，要找到 $M'(M'\neq M)$，使得 $H(M') = H(M)$ 在计算上不可行。
  - **强抗碰撞性**：找到任意两个不同的消息 M，M'，使得 $H(M') = H(M)$ 在计算上不可行。
- **输入敏感**：消息 M 的每一比特与其对应的哈希值 h 都有关联。因此，即使原像 M 只发生一比特的变化，也会引起哈希值 h 的相应改变。

其中，强抗碰撞哈希函数的安全性高于弱抗碰撞哈希函数。满足强抗碰撞性的哈希函数必然满足弱抗碰撞性，反之不成立。抗碰撞性是哈希函数的重要性质之一，如果哈希函数不满足抗碰撞性，则不能再作为安全模块解决应用中的安全问题。常见的哈希函数见表 6-1。

表 6-1 常见的哈希函数

种类	简介	输出长度（位）	安全性	区块链应用
MD 系列	R. Rivest 于 1990 年提出 MD4，1992 年改进为 MD5。2004 年王小云教授成功找到碰撞	128	不安全	/
SHA-1	由美国国家标准技术研究院（NIST）于 1995 年提出。2005 年王小云教授成功找到碰撞	160	不安全	/
SHA-2 系列	由 NIST 于 2002 年提出。包括 SHA-224、SHA-256、SHA-384、SHA-512、SHA-512/224、SHA-512/256	224/256/384/512	安全	比特币在挖矿和生成地址时使用 SHA-256
SHA-3 系列	前名为 Keccak，在 NIST 于 2012 年举办的 SHA-3 竞赛中胜出。并不是 SHA-2 的替代	224/256/384/512	安全	以太坊使用 Keccak-256
RIPEMD-160	比利时鲁汶大学 COSIC 研究小组于 1996 年提出 RIPEMD-128，160 是改进版本	160	安全	比特币在生成地址时使用
SM3	国家商用密码算法标准中的哈希算法标准。安全性及效率与 SHA-256 相当	256	安全	区块链国密改造中使用

哈希函数在区块链中最重要的两个应用是哈希指针和默克尔树。

（1）哈希指针

哈希指针在区块链中确保区块能够链接起来。为方便描述，将 6.1.2 节的图 6-1 简化为图 6-5 的哈希链表，将区块头中的其他字段暂时忽略，只剩下前区块哈希字段，将区块数据用 M 表示，则第 n 个区块表示为 M_n，依此类推。区块 M_n 的区块头存有它的前一区块 M_{n-1} 的哈希值 $h_{n-1} = H(M_{n-1})$。由哈希函数的上述特点可知，哈希值 h_{n-1} 是哈希函数 H 作用于区块 M_{n-1} 的唯一指纹，唯一地指向了区块 M_{n-1}，其他区块同理。

哈希函数的抗碰撞性和输入敏感等特点，确保了任何试图篡改区块数据的操作，哪怕仅篡改 1 比特，也绝无可能实现。这一特性有效实现了区块链的防篡改特性，从而有力保障了区块数据安全。

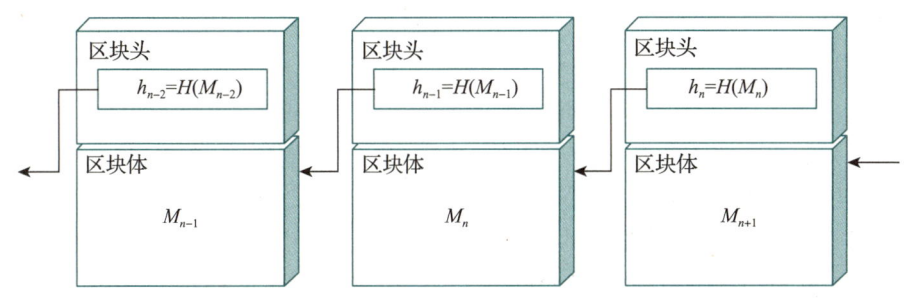

图 6-5　哈希指针示例

（2）默克尔树

默克尔树由 Ralph Merkle 于 1979 年提出，是一种用于检验数据完整性的二叉树数据结构，同时也是哈希函数在区块链的重要应用之一。经典的默克尔树结构如图 6-6a 所示，其中最底部的叶子结点是需存储和检验的数据及由其生成的哈希值，然后由叶子结点开始自下而上两两合并生成新的哈希值，直至最顶部只有一个哈希值，即默克尔树的根结点。

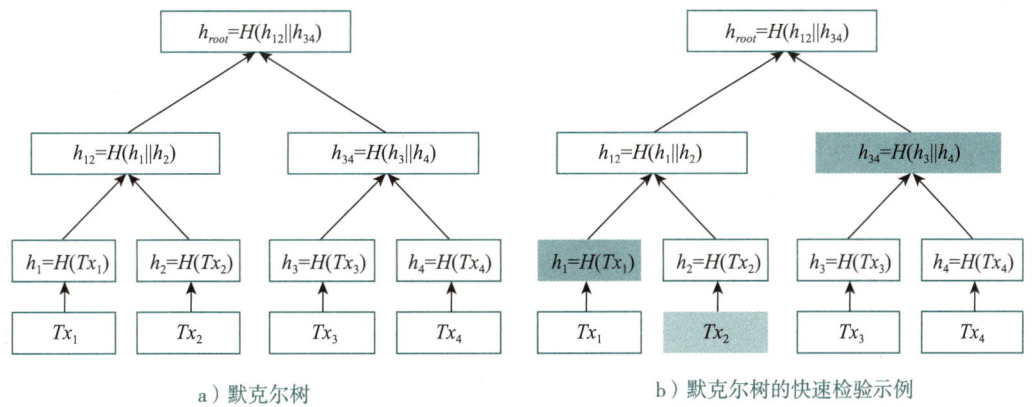

a）默克尔树　　　　　　　　　　b）默克尔树的快速检验示例

图 6-6　默克尔树示例

默克尔树的主要作用之一是防止交易数据被篡改。以默克尔树形式打包的交易数据，即使发生1比特的变动，也会引起父节点的变化，并一直影响到根节点。因此，默克尔树非常适合用于确保一组交易数据的防篡改，其树根节点相当于该组交易数据集合的指纹。此外，使用默克尔树打包交易还有利于快速检验交易数据。如图6-6b所示，如需对交易数据进行检验，无需下载树中所有数据，只需部分数据辅助检验即可。以图中浅灰色标识的交易 Tx_2 为例，检验交易 Tx_2 时，只需要利用图中深灰色节点进行辅助，便可得到默克尔树根节点的值，并与原值进行比对检验。区块链中的简单支付验证（Simplified Payment Verification, SPV）协议，正是基于这一原理，无需下载全部交易数据，仅需部分数据即可完成交易数据的确认。综上所述，默克尔树极大提升了区块链的运行效率和可扩展性。

2. 公钥加密

1976年迪菲（W.Diffie）和赫尔曼（M.Hellman）提出了公钥密码体制。该体制使用了一对不同的密钥分别进行加密和解密，这对密钥包括了一个用于加密的公开密钥和一个用于解密的私密密钥。

如图6-7所示，Alice想要向Bob秘密发送消息，公钥加密的过程大致如下：

- 首先，接收方Bob生成一对密钥对，包括用于加密的公开密钥（简称公钥）和用于解密的私密密钥（简称私钥）；然后Bob将公钥公开，将私钥保密。
- 随后，发送方Alice想要向Bob秘密发送消息，则可以使用Bob的公钥对消息进行加密，并将生成的密文发送给Bob。
- 最终，接收方Bob在收到密文后，使用自己的私钥进行解密，从而得到原始消息。

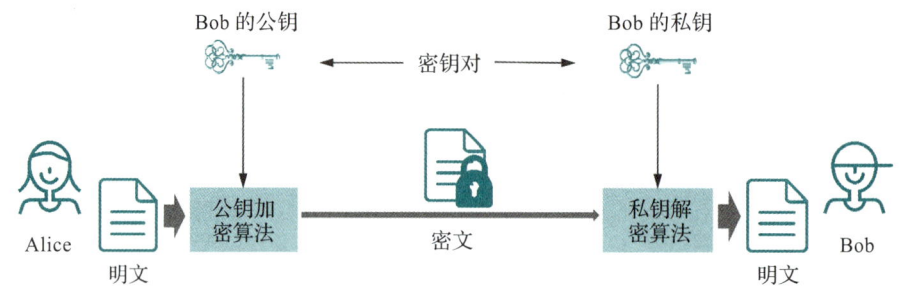

图6-7 公钥加密示例

上述过程中，公钥加解密算法以及接收方的公钥都是公开的，而解密私钥只有接收方自己知道。公钥密码体制能够实现保密通信的核心特性是：密码算法和加密密钥是公开的，但求解解密密钥在计算上不可行（即具备计算安全性，这是现代密码学的基本安全性标准之一，表示在有限的计算条件下虽可计算，但需要一个极长且不切实际的时间来得出结果）。常见的公钥密码算法见表6-2。

表6-2 常见的公钥密码算法

种类	简介	安全性依据
RSA加密算法	由美国麻省理工学院Rivest、Shamir、Adleman于1977年提出，他们三人因此贡献获得2002年图灵奖	安全性基于大素数分解问题，即已知两个大素数p和q，求$n = p \times q$容易，但已知n，要将其分解为两个大素数在计算上不可行

(续)

种类	简介	安全性依据
ElGamal 加密算法	1985 年 T. El Gamal 在 Diffie 和 Hellman 基于有限域乘法群上的离散对数问题的公钥加密体制的理论基础上提出	安全性基于离散对数假设,即对于一个素数 p,有 $g^x = y(\mod p)$,其中整数 x 称为 y 的离散对数。如果素数 p 足够大,给定 g 和 y,求出整数 x 在计算上不可行
椭圆曲线加密算法	1985 年 由 Koblitz N.、Miller V. 提出,在同等密钥长度的情况下,安全强度高于其他公钥密码体制	安全性基于椭圆曲线上的离散对数假设,即对于一个椭圆曲线 $E_p(a, b)$,已知多倍点 kP 和基点 P,求出倍数 k 在计算上不可行
SM2 加密算法	由我国国家密码管理局自主设计的椭圆曲线公钥密码算法,是我国商用密码算法标准之一	安全性基于椭圆曲线上的离散对数假设,即对于一个椭圆曲线 $E_p(a, b)$,已知多倍点 kP 和基点 P,求出倍数 k 在计算上不可行

3. 数字签名

在现实生活中,如果双方需要交换或者确认实体文件,最好做法是手写签名以示确认。然而,电子文件无法实现手写签名,因而需要借助一种类似签名的技术来达到手写签名的效果。在区块链中,双方之间发生交易,也需要这种技术来验证双方的身份及交易相关信息的真实性。数字签名技术源自公钥密码学,广泛应用于身份认证、数据完整性检查、不可否认性及匿名性等多个方面。

如图 6-8 所示,Alice 向 Bob 发送带有数字签名的消息,数字签名的过程大致如下:

- 首先,发送方 Alice 生成一对密钥对,包括需要秘密存放的签名密钥,和公开的验证密钥。
- 接着,Alice 使用签名密钥对消息进行签名。为了在实际应用中提升效率,通常先使用公开的哈希函数对消息计算哈希值,然后再使用签名密钥对哈希值进行签名。完成签名后,Alice 向 Bob 发送消息及其签名。
- 最后,接收方 Bob 在收到消息及签名后,使用 Alice 的验证密钥对签名进行验证,从而得出验证通过或失败的结果。

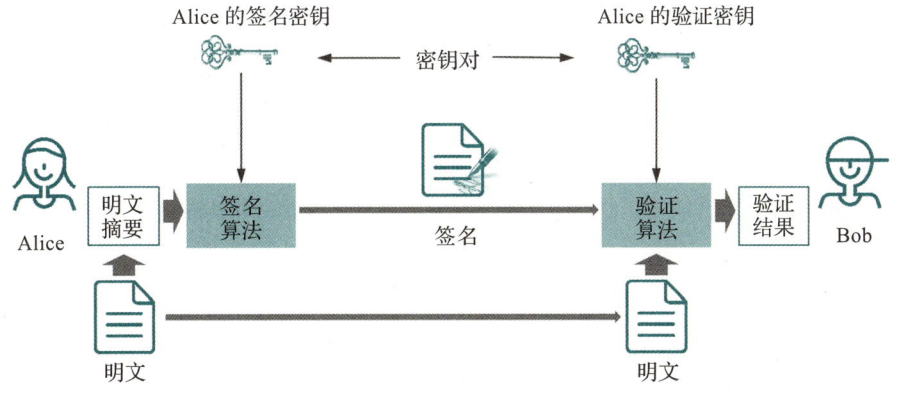

图 6-8 数字签名示例

在上述过程中,签名和验证算法以及验证密钥都是公开的。然而,由于签名密钥只有发送方自己知道,其他试图通过公开的验证密钥求解出签名密钥,或冒充发送方进行签名的行为,在计算上都是不可行的。经典的数字签名算法见表 6-3。

表 6-3 经典的数字签名算法

种类	简介	安全性依据
Schnorr 签名算法	由 C.P.Schnorr 于 1991 年提出,以签名速度快、签名长度短为特点	安全性基于离散对数假设
DSA 签名算法	由美国国家标准技术研究院于 1994 年提出,具有良好的兼容性和适用性	安全性基于离散对数假设
ECDSA 签名算法	DSA 签名在椭圆曲线上的实现,具有签名长度短、密钥小的特点	安全性基于椭圆曲线上的离散对数假设
SM2 签名算法	由我国国家密码管理局自主设计的数字签名算法,国密标准之一	安全性基于椭圆曲线上的离散对数假设

一些经典的区块链系统,如比特币系统,通常采用 ECDSA 签名算法。然而,随着区块链系统国产化需求的日益凸显,SM2 签名算法逐渐被用于替代原有签名算法,以进行国密改造。此外,区块链技术的不断发展使得人们对交易确认模式提出了更高要求,具备扩展功能和安全性的数字签名算法因此在区块链系统中得到了广泛应用。如表 6-4 所示,除了经典数字签名算法所能实现的身份认证、数据完整性和不可否认性外,这些扩展功能和安全性的数字签名算法还能满足更多签名场景的需求。

表 6-4 扩展功能和安全性的数字签名算法

种类	简介	区块链应用
盲签名	一种旨在保护签名内容的数字签名,允许签名者在不知道消息内容的情况下对消息进行签名,签名公布后签名者也无法知道这是何时/哪次签的	保护交易数据隐私
群签名	群内包含多个签名者,由群管理员生成群公钥,群内的签名者使用自己的私钥签名,但验证者只能用群公钥进行验证,无法确定签名者身份	保护交易身份隐私
环签名	签名者将身份隐藏在包含多个签名者的环中,无管理员,验证者只能知道签名者来自某个环,但无法确定签名者是环中的哪一个成员	保护交易身份隐私
聚合签名	将多个签名聚合成一个签名,验证者仅需要验证最终聚合后的签名即可,既实现了签名的批量验证,提高了验证效率,又节省了签名的存储空间	交易批量验证

区块链中广泛使用了大量的密码学技术来保障系统的安全性。除了上述提到的技术之外,随着区块链技术在各行业的深入应用,随之而来的安全性问题和相应需求也推动了零知识证明、安全多方计算、同态加密、访问控制等密码学技术在区块链领域的进一步发展和应用。

6.2.5 分布式网络

区块链网络层是区块链实现数据交互的基础,负责区块链网络节点的通信,如节点发现、数据收发和网络维护等。本节将对区块链的分布式网络进行介绍。

1. P2P 网络

区块链采用对等网络(即 P2P 网络)连接节点,实现交易和区块信息在节点之间的传输。P2P 网络是一种自组织性计算机网络，由地位平等、功能相同且能提供服务的节点组成，是一种分布式网络系统。这里的节点指的是连接至区块链的计算机或设备等，它们既能承担服务器的功能，向其他节点提供服务和共享资源，又能作为客户端向其他节点请求资源和服务，因此它们既是客户端也是服务器，同时具有客户端和服务器的功能。

P2P 网络具有分布式网络的典型特点，能够满足区块链的去中心化需求。如图 6-9 所示，为便于理解，我们将传统的 C/S（Client/Server）模式与 P2P 模式进行对比。C/S 模式通常用于中心化网络，其中节点的角色和功能并不平等，分别为客户端或服务器；客户端节点向服务器发出资源或服务请求，而服务器节点则负责对客户端的请求进行处理。由于服务器节点是服务提供方，因此需要强大的软硬件支持。相较之下，在 P2P 模式中，节点兼具客户端和服务器的功能，对软硬件的要求较为平均，因此可以认为 P2P 模式是 C/S 模式的双向应用。

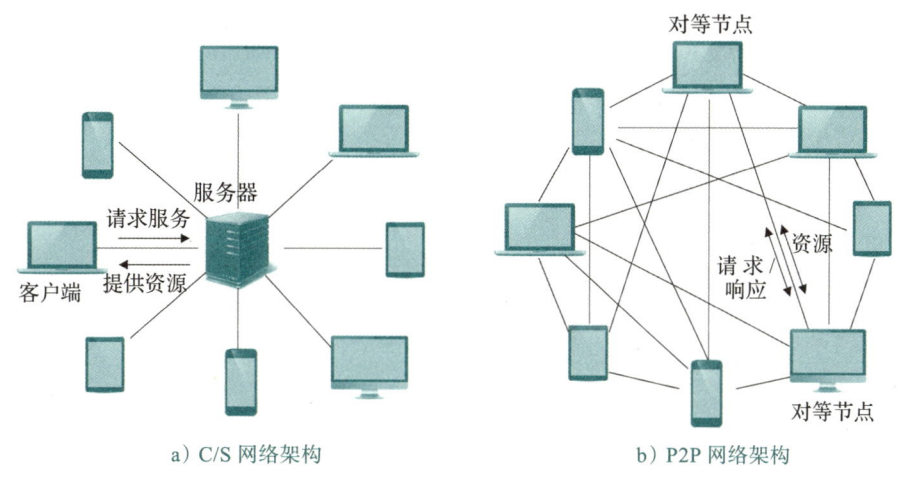

a) C/S 网络架构　　　　b) P2P 网络架构

图 6-9　C/S 和 P2P 网络架构示例

P2P 网络具有以下典型特点：

- **分布式**：P2P 网络不依赖于中心化的节点，资源和服务均分散在各个节点上，信息的传输和服务的实现都直接在节点之间进行，无需经过中间环节和中介服务器。所有节点在资源生产和消费的角色上是对等的，这正好符合区块链的去中心化需求。
- **动态性**：P2P 网络中的节点可以动态地加入和退出，因此整个网络中的节点数量总是在动态地变化，网络资源总量、拓扑结构和路由也总是不停地自适应调整，这正好符合区块链节点数量动态变化和易于扩展的需求。
- **鲁棒性**：在 P2P 网络中，服务和资源分散在各节点中，少量节点宕机或受到攻击对整个网络造成的影响微乎其微。该网络能够自适应地调整拓扑结构和路由方式，保持网络的连通，这也使得区块链中容忍宕机节点或恶意节点存在的同时，仍能维持正常运行。
- **负载均衡**：在 P2P 网络中，节点兼具客户端和服务器双重功能，资源分布比较平均，因此对节点的软硬件要求和对网络负载的需求也较为平均。
- **高性价比**：P2P 网络通过将计算任务和存储资源分布到各节点，使得大量普通节点的算力与存储空间总量能够实现 P2P 网络的高性能和高存储效果。
- **隐私保护**：在 P2P 网络中，数据传输分散于整个网络，无需经过中心节点，从而降低了传统中心化模式因中心节点易受内外部攻击而导致数据泄露和篡改的风险。此外，这种模式也便于实现匿名通信，有效保障了隐私安全。

当前，P2P 网络拓扑结构主要划分为集中式 P2P 网络、全分布式 P2P 网络和混合式 P2P 网络。其中，全分布式 P2P 网络又可细分为全分布式非结构化 P2P 网络和全分布式结构化 P2P 网络。

（1）集中式 P2P 网络

集中式 P2P 网络，亦称中心化 P2P 网络，如图 6-10 所示，其网络中存在一个索引/目录服务器与所有节点连接。网络内所有节点资源的元数据和具体地址信息都保存在目录服务器中。当某节点有资源访问需求时，由目录服务器向其提供查询服务。与传统中心化模式不同的是，这种架构中其他 P2P 节点之间仍会直接建立连接，节点根据目录服务器的查询结果，直接从资源所在节点获取所需资源。

集中式 P2P 网络继承了中心化模式的优势，赋予了分布式网络较强的可管理性，对资源的发现、查询和响应效率较高。然而，这种架构并未实现彻底的去中心化。一旦目录服务器发生宕机或受到内外部攻击，整个网络将受到很大影响。此外，目录服务器所承担的工作对其性能提出了较高要求，使其成为整个网络的薄弱环节和性能瓶颈。

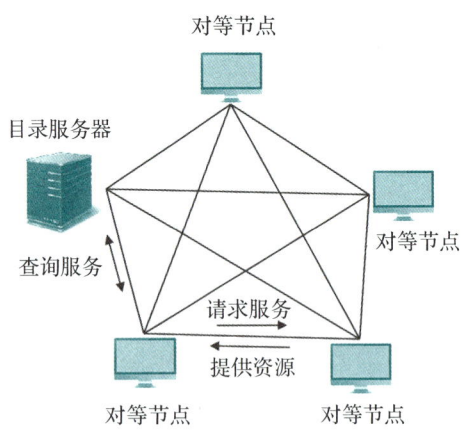

图 6-10　集中式 P2P 网络示例

（2）全分布式非结构化 P2P 网络

全分布式非结构化 P2P 网络采用随机图的方式构建，不设中心化的目录服务器，也没有结构化的统一地址，如图 6-11 所示，该网络通常通过泛洪或随机转发的方式查询节点位置和网络资源。当节点需要获取网络资源时，会将请求发送至每个与自己连接的节点；收到查询请求的节点首先检查自己是否有查询所需资源，如有则响应查询并返回结果，否则将这个查询再转发给每个与自己连接的节点；每个收到查询请求的节点重复该操作，直到找到文件。为避免请求无休止地转发，数据包中通常会设置一个生存时间（Time To Live，TTL），用于限定数据包允许通过的网段数量，一旦数据包被转发次数达到该设定值，数据包即被丢弃。

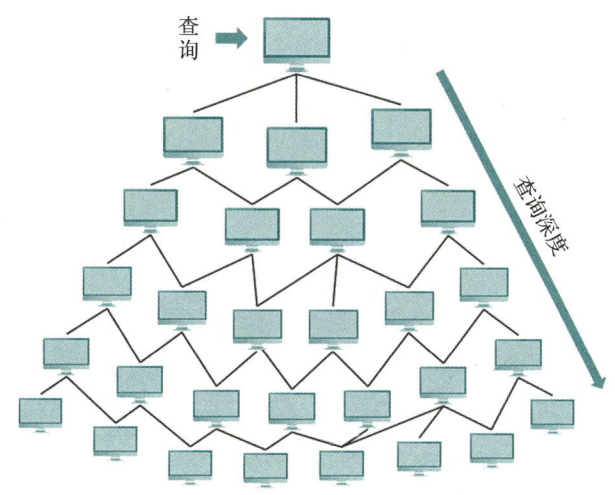

图 6-11　全分布式非结构化 P2P 网络示例

全分布式非结构化 P2P 网络适用于节点随时加入和退出的情况，具备对网络动态变化的强容错能力。然而，其节点和资源管理效率偏低，查询请求需大量转发，导致在网络规模扩大时，流量剧增，易引发"广播风暴"，进而造成网络拥塞和延迟，且可扩展性差。

（3）全分布式结构化 P2P 网络

全分布式结构化 P2P 网络采用特定的全局组织方式来安排网络中的节点，以此实现整个网络的有组织寻址和结构化存储，有效避免了因获取网络节点资源而产生的"广播风暴"。

如图 6-12 所示，以当前主流的分布式哈希表（Distributed Hash Table，DHT）方法为例，了解如何实现有组织寻址和结构化存储。在分布式网络中，网络中的资源（如文件等）被表示成一个键值（key-value）对。其中，key 用于唯一指代文件，通常是文件（文件名或其他文件描述信息）的哈希值；value 则用于指代存储该文件的节点（节点 IP 地址或其他描述信息）。因此，整个哈希表描述的就是文件及其存储位置，通过查找文件对应的 key，即可定位到相应的存储位置。为了提升查找效率，分布式哈希表采用一致性哈希技术等手段，将分布式哈希表分割成多份，并由不同的节点分别维护。

全分布式结构化 P2P 网络不仅显著提升了查找效率，还大幅减少了节点转发查询信息的数量，从而有效避免了"广播风暴"现象，同时进一步增强了分布式网络的可扩展性，非常适合在大规模 P2P 网络中进行节点及网络资源管理。然而，分布式哈希表的维护机制相对复杂，尤其在网络变动频繁，例如节点不断加入或退出时，维护负担会更重。

（4）混合式 P2P 网络

集中式 P2P 网络能够促进资源的快速共享，然而却面临着中心化的风险。全分布式 P2P

网络虽有效解决了中心化问题，但又不利于资源的快速共享。鉴于此，混合式 P2P 网络应运而生，它融合了集中式 P2P 和全分布式 P2P 网络拓扑的优点，也因此被称为半分布式 P2P 网络。

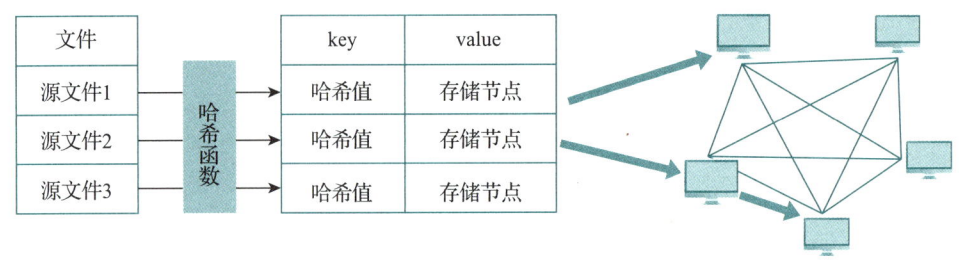

图 6-12　分布式哈希表（DHT）示例

如图 6-13 所示，整个网络中的节点根据性能和算力的差异，被划分为超级节点和普通节点。相较于普通节点，超级节点具有较好的网络性能和算力，并与邻近的普通节点共同构成一个小型的"簇"。普通节点在加入网络时，可以自主选择附近的或性能更优的超级节点进行接入，超级节点上存储了该簇内所有节点的信息。

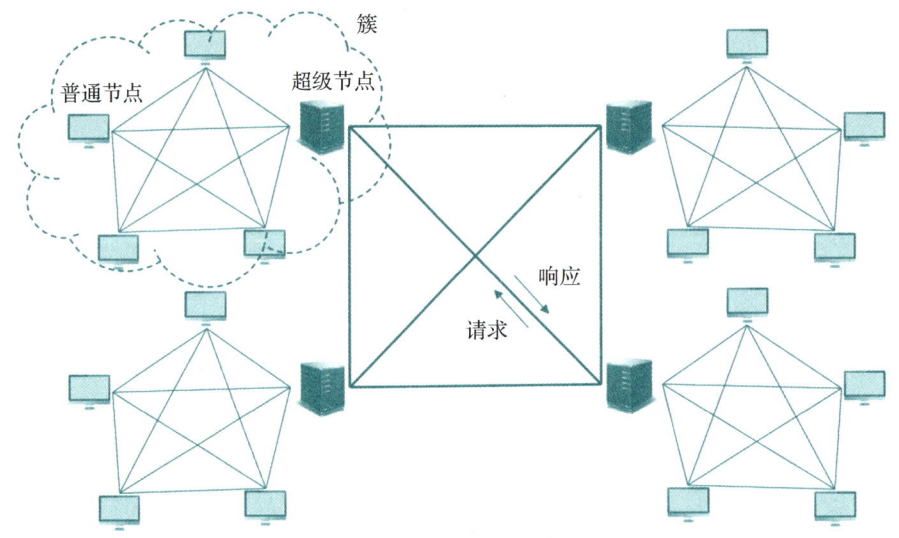

图 6-13　混合式 P2P 网络示例

整个网络中的多个簇之间采用全分布式 P2P 网络架构，实现超级节点的节点管理和簇间资源共享；而在簇内，可以自治地进行资源查询，查询机制可以根据簇的规模灵活变化，如采用集中式 P2P 网络架构、全分布式 P2P 网络架构，或进一步采用下一层混合式 P2P 网络架构进行节点管理和资源查询，从而构建出一个混合式的 P2P 拓扑结构。

这种混合式 P2P 拓扑结构兼具集中式 P2P 的可管理性和全分布式 P2P 的资源共享高效性，在各方面都均有较好效果，是一种较为理想的 P2P 网络拓扑结构。然而，这种网络架构的实现难度较大，一定程度上需要更强的组织性。而超级节点是混合式 P2P 网络拓扑的中心化风险点，虽然与集中式 P2P 相比风险点较为分散，但仍易受到内外部攻击，可能导致部分网络受到影响。

2. 区块链 P2P 网络架构

区块链网络架构继承了 P2P 网络的经典架构，并根据共识需求、激励机制和应用场景对 P2P 网络进行了一定程度的改进。如表 6-5 所示，以比特币和以太坊为代表的公有链，普遍采用全分布式 P2P 网络架构，其网络节点具备海量自治和自由进出等特点。而适用于企业应用场景的联盟链或私有链，则大多采用集中式 P2P 网络架构或混合式 P2P 网络架构，更强调网络节点的可管理性。

表 6-5 主流区块链 P2P 网络架构

区块链	类型	网络架构	节点发现	数据传输
比特币	公有链	类全分布式非结构化 P2P 架构，各节点间地位平等	地址数据库、命令行方式、DNS 种子、硬编码地址等方式实现节点发现	同步区块数据—交易传播—新区块打包—新区块传播
以太坊	公有链	类全分布式结构化 P2P 架构，各节点间地位平等	使用基于 DHT 的路由算法 Kademlia 实现节点发现	使用 DevP2P 协议定义节点通信规则和数据格式
Hyperledger Fabric	联盟链	类混合式 P2P 架构，各节点存在不同分工，如专门的排序节点等	种子节点、地址数据库、地址广播、地址查询等方式实现节点发现	使用 Gossip 协议实现 P2P 网络传播机制

6.2.6 共识机制

区块链共识机制是区块链最核心的技术之一，旨在解决在不可信的分布式环境中，区块链分布式账本如何在所有节点间达成一致性的问题。区块链共识机制的设计对区块链的安全性、性能及其去中心化程度有很大影响。

1. 分布式一致性与区块链共识

分布式一致性是指在分布式网络中的多个节点经过特定操作后，能够在一定程度上对操作处理结果达成一致。例如，区块链账本通过多副本冗余的方式对数据进行存储，尽管账本的多个副本分散存储在不同的节点中，但仍需确保各节点对副本的多次操作在前后顺序及操作结果上保持一致。然而，分布式系统普遍面临缺乏全局时钟、进程并发执行、难以瞬时响应以及故障具有不确定性等挑战。

以 FLP 定理、CAP 定理和 BASE 理论等分布式系统一致性的经典理论为基础，针对区块链系统在安全性、去中心化和可扩展性三方面难以同时满足的"不可能三角"现状，区块链共识算法设计的评价标准应重点围绕去中心化程度、容错性能、终局性能和可扩展性这四个方面进行考虑。

去中心化程度：共识算法对参与共识的节点规模及其参与方式的要求，直接体现了区块链网络的去中心化程度。在不同的应用场景中，这一需求呈现出不同程度的差异性。

容错性能：在区块链尤其是公有链中，共识算法必须考虑恶意节点的潜在威胁，因此对其容错性能的要求尤为严格。相比之下，在联盟链或私有链的环境中，由于网络规模相对较小，且有身份认证机制，因此共识算法的容错性能是次要的，此时应重点考虑其性能表现。

终局性性能：区块链网络对一个候选区块完成终局一致性所需的时间，决定了区块链系统的吞吐量。这一时间参数对于面向企业的去中心化应用而言，是非常重要的考量因素之一。

可扩展性：随着区块链网络节点数量的增加，系统负载和网络通信是否会受到显著影响，将直接决定能够采用该共识算法的区块链系统的规模大小。

此外，网络成本、资源消耗和安全机制等因素同样是区块链共识算法设计和应用过程中重要的评价标准。根据不同平台和应用的具体需求，进行差异化设计，能够为区块链一致性问题提供更具针对性的场景化解决方案。接下来，将从公有链、联盟链和私有链这三种部署类型及其各自的应用需求出发，对现有的共识算法进行详细的分类介绍。

2. PoW 类共识机制

工作量证明（PoW）最早于 1993 年提出，旨在防止电子邮件中的垃圾邮件滥发。2009 年，中本聪将其引入比特币，作为共识算法用于验证交易并向区块链广播区块。PoW 共识机制的主要特点是：需要参与者完成具有一定难度的运算以得到结果，而其他参与者对该结果的验证则相对简单。目前，PoW 机制已广泛应用于各类密码货币，并针对不同需求衍生出多种变体，统称为 PoW 类共识。下面以比特币 PoW 共识机制为例进行介绍。

在比特币中，参与共识和记账的节点被称为"矿工"节点。记账权需要通过竞争得到，该过程被称为"挖矿"，而比特币 PoW 机制的核心流程就是挖矿。如图 6-14 所示，挖矿的具体过程如下：

- 将自己验证过的交易打包，生成默克尔树并得到树根哈希值。
- 将默克尔树根哈希值与区块头中的其他相关字段相结合，作为工作量证明难题的输入值。
- 计算双重哈希值得到 Result，判断其是否小于 Target。若不满足条件，则变更区块头中的随机数 nonce 的值，再重复计算 Result，直至得到小于 Target 的 Result 为止。

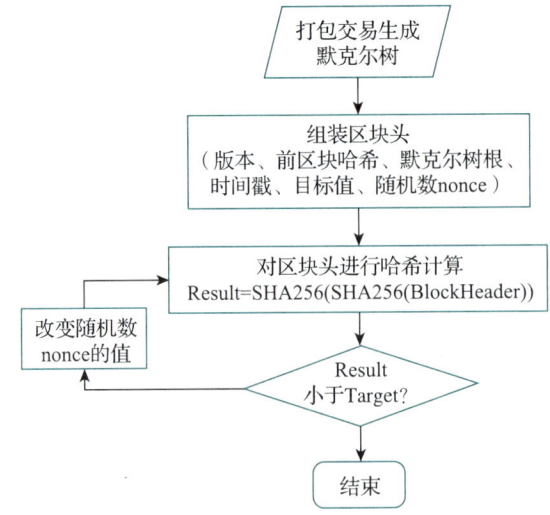

图 6-14　区块链 PoW 挖矿过程示例

基于上述挖矿过程，比特币 PoW 机制通过以下方式完成共识：
- 客户端发起并广播交易。
- 节点收到交易信息并加以验证，然后将交易打包，生成默克尔树。
- 节点通过挖矿得到符合条件的工作量证明难题结果，进而打包并广播新区块。
- 其他节点对新区块进行验证，若验证通过则接收新区块，并将新区块加入本地账本副本中。

上述共识过程看似简单，但为何能保证其公平性？

首先，比特币的节点是随进随出的，不需要任何许可就可以参与挖矿，因此在参与权上做到了公平；其次，比特币难题是要计算 SHA256 哈希函数的结果，而哈希函数的输出具有高敏感性，且其输出与输入之间不存在某些规律的对应关系，如线性关系等。即使是输入的 1 比特变化，也会导致输出完全不同。因此，矿工只能采用穷举的方法，通过不断改变 nonce 值的方式进行穷举运算，以期得到一个小于 Target 的输出结果。这个过程没有捷径可走，因此 nonce 通常从 0 开始递增，直至得到符合条件的结果。而对于验证者而言，验证结果是否符合条件则相对简单，只需使用矿工广播的区块头重新计算一次哈希函数，检查是否能得到符合条件的结果即可，因此在难题计算上也做到了公平。

比特币 PoW 共识机制能够实现完全去中心化，且算法容易实现，破坏系统所需成本极高，需要掌握全网一半以上（如 51%）的算力，才有可能实施账本篡改或双花攻击等攻击手段。然而，其缺点也很明显，只拼算力的工作量证明机制导致资源极大浪费，催生了矿机、矿场和矿池等的出现，这在一定程度上影响了比特币的去中心化程度；而且比特币的交易吞吐量较低，难以适用于大规模交易场景。

为了解决比特币 PoW 共识算法的资源浪费问题，以太坊采用了 Ethash 作为其 PoW 共识算法，将工作量证明所需的组件从计算资源转变为内存资源，而对内存的高要求产生的成本无论在普通机器上还是专业矿机上都是差不多的，从而有效缓解了算力中心化的问题。此外，其他 PoW 类共识机制都在比特币 PoW 共识算法的基础上以提升效率和安全性为目标，对挖矿算法进行了一定程度的改进，例如水果链（Fruit Chains）和有效工作量证明（Proof of Useful Work，PoUW）机制等。

3. PoS 类共识机制

基于工作量证明的共识机制因其对算力和资源的巨大消耗而饱受诟病，比特币系统在 2017 年消耗的电量已经超过 159 个国家的年均用电量。此外，工作量证明机制还面临 51% 算力攻击和自私挖矿攻击等安全隐患。权益证明（Proof of Stake，PoS）机制于 2012 年提出，其主要根据节点所持有的币及持有时间来决定新区块写入区块链的资格，此类机制及其变体统称为 PoS 类共识。下面以点点币共识机制为例，对 PoS 共识进行介绍。

点点币 PoS 共识使用了"币龄"（Coin Age）这一概念，它可以理解为货币的持有时间段，具体计算方式为节点持有的代币数量乘以代币在钱包中的持有天数。例如，若节点持有 10 个代币 30 天，则其币龄就是代币数量乘以持有时间，即 300 币天。一个节点的币龄越高，说明该节点的钱包中不仅存放有大量的代币，且这些代币在钱包里已存放了较长时间。

在 PoS 共识过程中，节点被选为下一个负责将区块写入区块链的几率，很大程度上取决于该节点的币龄。每个矿工节点在进行挖矿时所进行的运算转变为：ProofHash < 币龄 × Target。

其中，ProofHash 是通过区块头部数据及其他参数进行双 SHA256 运算得出的，其计算方式与 PoW 共识中的 Result 计算方式类似。与图 6-14 中 PoW 共识过程中的难题条件"Result 小于 Target"相比，PoS 中的难题条件则是在 Target 的基础上乘以币龄。显然币龄越高，"币龄 × Target"的结果就越大，因此找到小于该值的 ProofHash 就越容易。换句话说，币龄越高的节点，其面临的计算难题难度越低，投入出块竞争的权益越多，获得出块权的概率也就越大。这使得抢夺记账权的过程不再单纯依靠算力的比拼，从而大幅降低了 PoW 机制中的资源浪费现象。

PoS 机制也带来了一些新的问题，例如：

- 由于在 PoS 机制中，币龄在抢夺记账权的过程中起到决定性的作用，PoS 系统的挖矿成本大大降低，尤其是直接以代币数量作为首要考虑因素时，更是几乎不需要付出什么成本，这也就意味着分叉非常方便。矿工为了增加收益，有可能故意在多条分叉链上挖矿，即"无利害攻击"。
- 由于币龄是和时间挂钩的，攻击者可能通过无限囤积一定的币，等过一段时间再一次性挖矿以发起攻击，即"币龄累积攻击"。
- 囤积代币对于节点来说有助于提高币龄，然而对于密码货币本身来说，这种做法会导致货币流通不充分。

为了解决这些问题，各种 PoS 共识机制在设计过程中采取了相应的措施。例如，点点币的共识协议中加入了一些规则，以防止币龄较高的节点垄断记账权；以太坊 PoS 共识实例 Casper 协议采取了"保证金"的方式解决无利害攻击等问题。此外，其他 PoS 类共识机制也在点点币 PoS 共识算法的基础上进行了改进，如授权权益证明（Delegated Proof of Stake，DpoS）机制、流动性权益证明（Liquid Proof of Stake，LpoS）机制等。这些机制在选取记账节点时，会根据不同的应用场景采取不同的依据，但都以币龄或代币数量为首要考虑因素。

4. BFT 类共识机制

拜占庭将军问题（Byzantine Generals Problem 或 Byzantine Failure）是一个经典的分布式一致性问题，由 Leslie Lamport 等人于 1982 年提出，旨在解决网络中存在恶意节点时如何实现分布式一致的问题。Lamport 等人在其论文《达成协议的缺点》（*Reaching Agreement in the Presence of Faults*）中证明，当叛变者数量 F 不超过总节点数 N 的 1/3，即 $N \geq 3F+1$ 时，存在有效的算法使得忠诚的将军总能达成一致，该算法被称为拜占庭容错算法（Byzantine Fault Tolerance，BFT）。

简而言之，拜占庭容错算法及其变体是一类允许网络中存在恶意节点的算法。这类算法即便在有恶意节点的情况下，仍然保证正确达成共识，统称为 BFT 类共识。其中，最典型的代表算法是实用拜占庭容错（Practical Byzantine Fault Tolerance，PBFT）算法，它成功将拜占庭算法应用于生产环境，实现了分布式网络的强一致性，非常适用于联盟链或私有链。然而，PBFT的性能会随着节点数量的增加而急剧下降，因此可扩展性较差，不适合节点数量和网络环境不可控的场景。此外，还有其他BFT类共识机制，如Hot-Stuff机制、简化拜占庭容错（Simplified Byzantine Fault Tolerance，SBFT）机制等，通过采用一些改进的协议，提升了拜占庭场景下的共识效率。

5. CFT类共识机制

CFT（Crash Fault Tolerance）类共识，即故障容错机制，是非拜占庭问题的容错技术，适用于分布式网络中存在故障但不存在恶意节点的场景。该机制允许在消息可能丢失或可能重复发送的情况下达成共识，属于传统的分布式系统共识算法。它能够容忍全网不超过1/2的故障节点，即满足$N \geq 2F+1$（N是总节点数，F是故障节点数）即可正常运行。私有链通常在机构内部应用，假设不存在恶意拜占庭节点，因此传统的分布式系统CFT类共识算法适用于私有链。Raft算法是基于经典CFT共识算法Paxos设计的分布式系统共识算法，逻辑清晰，更容易理解和实现，且相较于其他类型的共识算法，其容错性更强。此外，Fast Paxos、Multi-Paxos和Kafka等CFT类共识算法也在传统分布式算法的基础上进行了改进，同样支持CFT容错，较为适用于私有链。

以上内容从区块链部署分类的角度对现有共识算法进行了详细介绍。除了按照上述分类，区块链共识算法还可以从是否拜占庭容错以及是否满足强一致性来进行分类。不同分类的算法及其特点总结如表6-6所示。

表6-6 共识算法比较

共识算法	适用区块链	是否拜占庭容错	确定性/概率性共识	吞吐量	去中心化程度	典型应用
PoW类	公有链	是	概率性共识	低	高	比特币
PoS类	公有链	是	概率性共识	较低	较高	以太坊
BFT类	联盟链	是	确定性共识	高	低	Hyperledger Fabric 记账共识
CFT类	私有链	否	确定性共识	高	低	Hyperledger Fabric 排序共识

6.2.7 智能合约

智能合约是区块链的核心技术之一，是用于处理区块链账本数据的代码级别合约，能够在区块链中实现安全高效的信息交换、价值转移和资产管理等功能，是区块链去中心化应用开发的重要工具，有力推动了区块链技术融入各产业应用中。本节将对区块链智能合约进行介绍。

1. 智能合约简介

智能合约（Smart Contract）这个概念早在1994年就已提出，由美国计算机科学家尼克·萨博（Nick Szabo）定义为"一套以数字形式定义的承诺，包括合约参与方可以在上面执行这些承诺的协议"。其中，数字形式是指双方达成协议后，合约以计算机代码的形式存储并执行。但是，当时由于缺乏相应的软硬件技术和环境支撑，智能合约并未得到广泛应用。2008年比特币问世后，人们认识到比特币的底层技术（即区块链）可为智能合约提供可信的执行环境。随着计算机技术的发展，相应的软硬件技术也已能够支撑智能合约的运行，智能合约迎来了全新的发展舞台。以太坊发布后，智能合约这一概念被进一步细化和完善，形成了一整套智能合约的规范与架构。因此，区块链为智能合约赋予了新的含义：智能合约是一种存储于区块链上的已编码且可自动运行的代码，是用于实现业务逻辑的一种无须中介且能够自动触发和验证的计算机交易协议。为便于描述，下述智能合约是指在区块链中执行的智能合约。

智能合约的主要目标是在交易双方或多方之间自动执行事先约定的业务逻辑，这些业务逻辑已经过各方一致同意，并使用智能合约编程语言进行准确描述。计算机编程语言的特性决定了描述的业务逻辑条款不存在二义性，有利于交易双方的业务流程准确无误地执行。以一个简单的贸易交易业务逻辑为例：如果货物准时或提前到达，付款方立即全额付款；如果货物未准时到达，付款方扣除货款的5%作为赔偿，即向供货方支付95%的货款。

如图6-15所示，用于描述业务逻辑的智能合约代码在编写并安装完成后，被部署在特定的执行环境（如脚本、容器或虚拟机等）中运行，以确保智能合约在不同软硬件环境的节点中能够稳定运行，不受环境差异的影响。当双方事先约定的业务流程条件被触发时，例如上例中的货物是否准时到达，系统将使用触发条件调用智能合约。在此过程中，预言机负责实现链下数据和智能合约的交互，以保证链下数据作为触发条件的可信性。智能合约根据触发条件执行相应的操作，并将操作结果以交易形式更新至区块链中。从业务流程的角度来看，双方约定的业务条款通过区块链中的智能合约得以执行。依托区块链系统的支持，智能合约具备去中心化、自动触发执行、不可篡改和可追溯的特点，从而使得基于智能合约的业务应用执行更加可靠。

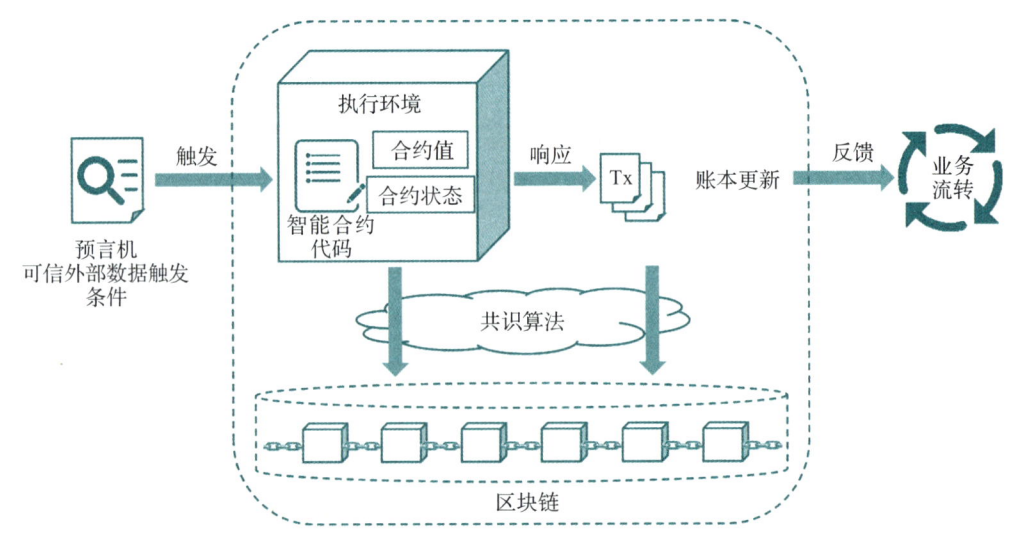

图6-15 智能合约原理示例

区块链智能合约生命周期通常包含编写、安装、部署、调用、更新等多个环节。不同区块链系统所支持的智能合约生命周期及其具体操作方法存在一定差异。下面将以典型的区块链系统为例，介绍智能合约的特点及其具体操作方法。

2. 比特币智能合约

比特币作为最早的区块链系统，被称为"可编程货币"。它能够支持较为底层的脚本型智能合约，交易支付条件通过脚本语言（一种主要用于自动化任务的计算机编程语言）来描述。节点通过顺序执行脚本程序中的指令集合，实现对交易的验证和支付。

比特币在交易过程中需要确保以下几点：首先，支付方需要证明其对货币的所有权，防止他人假冒支付方使用其货币；其次，交易支付的货币需确保不被合法接收方之外的攻击者冒领。这些问题均可通过执行脚本程序得以解决。如图 6-16 所示，比特币交易中的指令集合主要包括交易输出中的锁定脚本和交易输入中的解锁脚本。当交易执行时，锁定脚本和解锁脚本被组合起来成为验证脚本，依次执行并根据执行结果判定该笔交易是否满足条件。

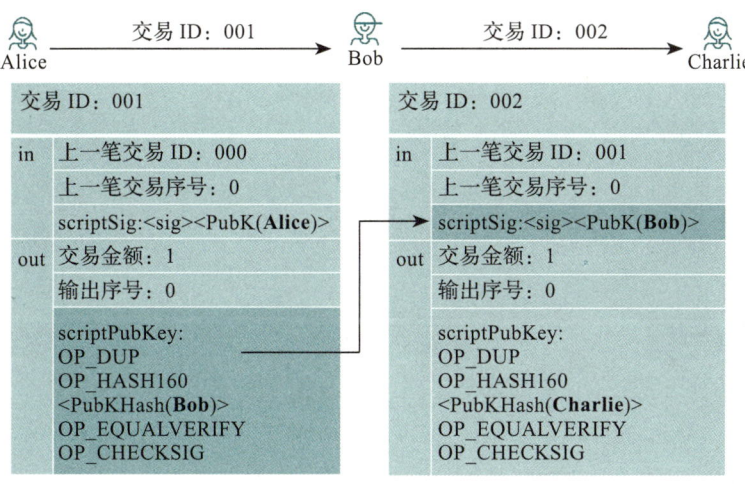

图 6-16　比特币交易中的脚本指令示例

比特币具有在一定程度上支持智能合约的能力，然而比特币脚本语言支持的指令非常有限。此外，该脚本程序并非图灵完备性语言，只能顺序执行指令，并实现简单的条件判断。由于无法处理条件跳转或循环等复杂指令，比特币脚本难以满足复杂的业务应用需求。

3. 以太坊智能合约

以太坊提供了支持图灵完备性语言的以太坊智能合约平台。该平台支持多种高级语言进行智能合约编写。其中，Solidity 作为官方推荐使用的编程语言，目前最受欢迎；此外，还有 Serpent 和 Vyper 等语言可供选择。相较于比特币智能合约，以太坊智能合约取得极大进步，能够支持更多领域和功能的去中心化应用。

以太坊账户分为外部账户和合约账户两种类型。外部账户通过用户私钥控制，可以发起交易。如果与其他外部账户进行交易，可以实现转账等操作；如果与合约账户进行交易，则可以激活合约代码，实现相关的业务操作。合约账户则与智能合约代码关联，由外部账户发起创建智能合约交易而生成，生成后拥有账户地址，可以被外部账户调用。由此可见，在以太坊中，无论是创建还是调用智能合约，均需通过交易的方式实现。

如图 6-17 所示，外部账户发起创建合约交易，将编译好的智能合约通过远程过程调用（Remote Procedure Call，RPC）接口部署至以太坊节点。当需要激活合约时，外部账户发起交易，通过 RPC 接口将调用方法名及相关参数发送至以太坊节点。以太坊节点随后将数据发送至本地的以太坊虚拟机（Ethereum Virtual Machine，EVM）进行运算。运算完成后，节点间互相验证结果，验证成功的数据将被写入区块链账本。

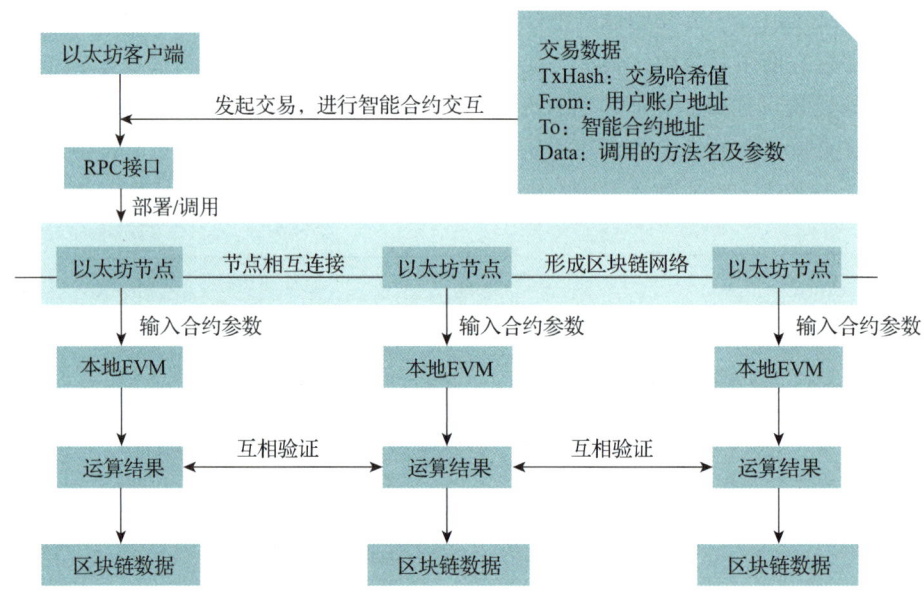

图 6-17 以太坊智能合约运行机制

4. Hyperledger Fabric 智能合约

超级账本 Hyperledger 是一个企业级的开源分布式账本平台，其设计理念是构建能够满足不同场景下交易确认时间、信任、共识等多种需求的区块链系统。Fabric 项目是其中一个联盟链项目，专为具有共同目标但彼此之间并不完全信任的参与者提供区块链应用。因此，它与公有链"随进随出"的理念有所区别，由若干个商业组织参与和维护，旨在提升这些组织之间的业务信任度。

在 Fabric 中，智能合约被称为链码（Chaincode），主要分为系统链码和普通链码。其中，系统链码是系统内置的链码，负责完成一些系统内部功能；普通链码则用于实现应用业务逻辑，支持 Go、Java 和 Node.js 等编程语言的开发，能够表达多种类型的业务逻辑，并实现自动化执行。两个组织之间可以通过链码来执行货物的查询、转移和信息更新等操作。具体的流程由这些组织提前商定并用链码实现。当需要执行操作时，可以通过应用程序调用链码中的相应方法，并设定好相关参数，例如，通过调用 transfer 方法并设定参数后，即可将某辆汽车的所有权从卖家顺利转移给买家。

随着产业生态和区块链应用的进一步融合发展，区块链技术在安全性、隐私性和综合性能方面面临更高要求。首先，区块链产业应用的探入拓展，对交易安全和隐私保护等方面提出了更为严格的要求；其次，区块链在各行业应用的深度融合，对共识机制的可扩展性和性能优化提出了更高层次的行业融合改进要求；再者，智能合约开发正处于高速发展阶段，但由于编写漏洞和运行环境等因素，仍存在诸多安全隐患，亟需提升当前主流智能合约开发方案的安全性能。综上所述，区块链技术亟需进一步融合创新，以助力数字经济迈向更高效的发展阶段。

6.3 农业应用

6.3.1 应用概述

在我国相关政策的支持下，区块链高效赋能智慧农业领域，目前已在"三农"领域发挥重要作用，全面推动农业产业数字化转型进程。相较于 2021 年以金融、政务、司法为主要应用的局面，2022 年农业领域开始崭露头角。《2022—2023 中国区块链发展年度报告》显示，2022 年我国区块链在民生领域的落地应用项目中，农业领域占比已达 30%，为乡村振兴、智能制造、交通强国等战略发展打下基础。区块链技术在农业领域的应用，积极响应了国家将数字科技与农业发展相融合的政策，有力推进了农业产业的数字化转型步伐。

6.3.2 应用案例分析

区块链技术在农业领域深入融合与发展已取得显著进展，如图 6-18 所示，其应用场景已广泛覆盖"三农"各细分领域，核心目标在于重塑产业的信任体系。下面，将从农产品溯源、农业供应链金融和农业保险这三个细分领域，深入研讨区块链技术的融合应用方法。

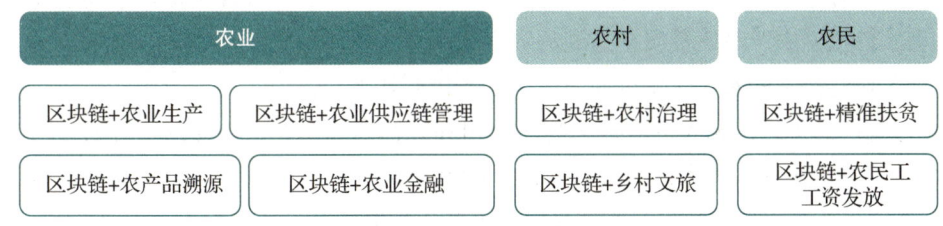

图 6-18 农业区块链"三农"领域场景覆盖情况

数据来源：《2021 区块链白皮书》

案例 6-1 基于区块链的农产品溯源

近年来，农产品质量安全事件频发，究其原因主要有以下几点：
- **农产品源头污染**：农作物生产过程中，存在农药残留超标、耕地重金属含量超标以及非法种植转基因作物等问题。
- **监管体系尚待完善**：农产品质量安全相关智能化检测技术相对落后，监管标准缺乏统一性，这些问题凸显了监管水平有待提升的现状。
- **农业智能化水平亟待提升**：我国农业领域的科技参与比重仍然较低，农业信息数据的收集在真实性和准确性方面存在不足，这可能导致生产者、经营者和消费者之间的信息不对称问题。

采用农产品溯源技术，通过数据采集还原农产品生产销售全链条，是解决上述食品安全问题的有效措施之一。这不仅有利于企业提升管理水平，还能解决消费者信任问题和责任归属问题。现有的农产品溯源体系主要借助条形码或二维码，利用射频识别技术（Radio Frequency Identification，RFID）和无线传感器网络（Wireless Sensor Network，WSN）等技术，实时采集产品的特征信息，并采用中心化模式对数据进行统一管理。然而，在农产品质量监管方面，这一体系仍未能达到理想效果：

- 中心化数据管理模式下，内部人员篡改数据或外部攻击者入侵系统等情况极易发生，导致收集到溯源系统的数据极易受到内外部攻击，从而容易被篡改和造假。
- 农产品所有特征信息，包括源头信息、技术指标信息及种植养殖流程，均存储在溯源系统中。然而，这些农产品关键数据容易遭到泄露，从而给农产品产业链上的各方带来经济损失。
- 农产品溯源产业链上的信息被分散存储在各方系统内部，导致农产品数据难以实现融合和有效利用。此外，信息缺乏透明度也导致参与方对彼此数据的信任度不高。
- 农产品溯源缺乏有效的统一监管机制，生产、流通和销售各环节分别设置不同的监管机构，导致问题源头追溯难度大，责任单位归属难以明确。

从消费者角度来看，传统农产品溯源体系仍然难以完全令人信赖。近年来，随着经济的发展和社会的进步，国家逐步重视农产品安全问题。2019年《中共中央 国务院关于深化改革加强食品安全工作的意见》明确指出要建立食品安全现代化治理体系，全面提升食品全链条质量安全保障水平；《2022年数字乡村发展工作要点》则进一步提出加快推动农业数字化转型进程，以提升农产品质量安全追溯的数字化水平。

基于区块链技术的农产品安全溯源体系运作机制如下：

- 与农产品生产链相关的农户、物流公司和经销商等企业，作为区块链的参与方，在经过身份认证后加入区块链，共同维护区块链的运行。同时，身份认证机构和监管部门也作为重要参与方，实现身份认证和质量监管等关键功能。
- 通过物联网技术，在农产品的产前、产中和产后环节进行相关信息采集。各参与方将采集的农产品特征数据、加工数据、物流数据和销售数据，使用数字签名技术进行签名确认，随后上传至分布式存储系统。
- 同时生成相应的元数据（包括数据摘要、数据属性、存储地址和数据责任方等），并将其存放至区块链中，以确保采集数据的不可篡改性和实现去中心化管理。
- 当农产品有质量问题时，或消费者有溯源需求，监管部门作为区块链的参与方之一，能够通过链上数据追溯查询，并确定数据上传归属方，从而实现农产品的溯源和责任归属界定。由于链上数据具有不可篡改的特性，查询结果完全可信。

基于区块链的农产品溯源体系，有效解决了传统溯源体系中的痛点问题。该体系将区块链技术与农产品从田间到餐桌的全程溯源和监管追责体系深度融合，充分利用区块链的分布式存储、链上数据不可篡改和可追溯等特性，构建起农产品全生命周期的溯源信任体系，如图 6-19 所示。

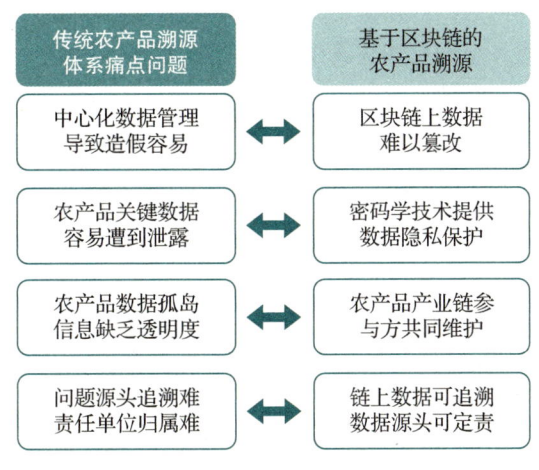

图 6-19　解决农产品溯源痛点问题

案例 6-2　基于区块链的农业供应链金融

中小企业为保障生产正常运转，往往需要信贷资金的支持，通常以银行借贷为主要融资渠道。然而，由于中小企业缺乏足够的抵押担保物等原因，难以满足银行的借贷条件，导致银行对中小企业的信贷支持受限，进而形成了银行与中小企业之间的信任隔阂。供应链金融是解决这一信任隔阂的有效措施之一。目前，供应链金融模式通常由金融机构围绕供应链上的核心企业，全面掌握贸易过程中的信息流、资金流和物流，根据这些信息来控制信贷风险，借助核心企业的信用背书，改善中小企业的借贷条件，从而为供应链上下游的中小企业提供资金支持。

相应地，农业供应链金融是指以农业核心企业为中心，为供应链上下游的中小微农业企业和个体农户提供资金支持。近年来，随着经济的飞速发展，在国家政策对乡村振兴的大力支持下，农业供应链金融体系为许多农业小微企业和农户提供了宝贵的创业资金支持。然而，当前的农业供应链金融体系仍存在以下问题：

- 农业供应链上的成员以个体农户及农村小微企业为主。这些农户和小微企业普遍存在缺少抵押物、征信记录缺失等问题，导致其借贷风险比较大。
- 农业供应链生态与农业生产及天然环境条件等不可控因素息息相关，因而稳定性较差、风险较高。这导致信息流、商业流、物流和资金流等四流信息的流转变得复杂繁琐，难以建立有效的信任机制。
- 农业供应链金融面临诸多挑战：小农主体分散且数量巨大，平台信息化程度不高，导致大量依赖纸质交易和人工核实，进而造成效率低、成本高，且交易真实性难以有效验证，使得资金端的风控成本高。
- 农业供应链由于农业生产的不稳定性，使得农产品易受自然灾害及市场冲击的影响，容易出现大范围的信贷违约现象，存在道德信用风险。

总的来说，农业供应链金融能够有效缓解中小微农业企业和个体农户的压力，相较于其他产业供应链金融，其社会经济效益更为显著，然而，与此同时，农业供应链金融也面临着更大且更难解决的问题，金融机构在其中承担的风险尤为严峻。区块链技术能够建立供应链金融主体与金融机构之间的信任体系，凭借其链上数据不可篡改、智能合约自动执行等特性，有效消除中小企业与银行之间的信任壁垒，同时显著提升借贷审批效率。基于上述分析，将区块链技术引入农业供应链金融体系显得尤为必要。

基于区块链的农业供应链金融体系运作机制如下：
- 相关中小微农业企业、农户、核心企业、金融机构和监管部门作为区块链参与方，经过身份认证后加入区块链。
- 中小微农业企业或农户将自身经营权、历年经营数据以及与核心企业的订单信息等相关资料上链，并由监管部门和核心企业对数据进行核实。
- 通过核实的中小微农业企业或农户从金融机构处获得贷款后，与核心企业确定所需购置的农产品并开始生产。
- 农产品生产周期结束后，核心企业根据订单信息收货，并支付相应货款。
- 中小微农业企业或农户还清贷款，并将这次贷款的所有信息上链存储，以便于后续融资贷款时进行信用评估。

中小微农业企业或农户通过以上流程完成了一次融资。如图 6-20 所示，基于区块链的农业供应链金融机制，凭借区块链的公开透明、信息共享、不可篡改和可追溯等特性，打破了信息孤岛，建立了信用体系；通过链下数据及时触发智能合约，自动执行相关审批流程，高效实现了上下游资金的及时拆分和流转；链上数据的维护过程被永久记录在区块链上，融资流程和相关数据随时可以追溯查询和跟踪，确保信贷资金在供应链全链高速流通。

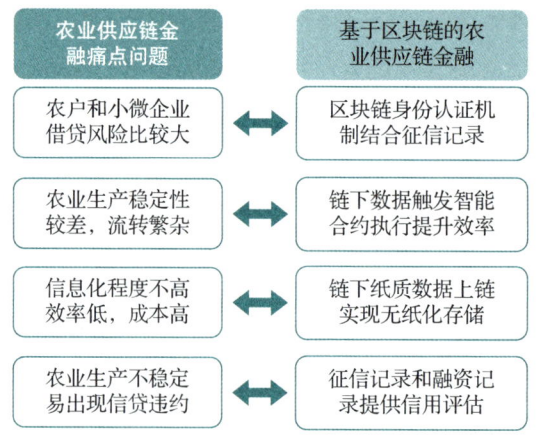

图 6-20　解决农业供应链金融痛点问题

案例 6-3 基于区块链的农业保险

农业保险是专为农业生产者在从事农业生产过程中，针对农产品遭受自然灾害、意外事故、疫病及疾病等保险事故所造成的经济损失提供保障的一种赔偿保险。农业保险是解决"三农"问题的重要组成部分。2025 年中央一号文件《中共中央 国务院关于进一步深化农村改革 扎实推进乡村全面振兴的意见》持续聚焦"三农"工作，要求夯实"三农"工作基础，并提出在健全多层次农业保险体系的同时，加强涉农资金项目全过程监管。长期以来，传统农业保险存在农业灾情查勘定损难、承保难、理赔难等现象，使得保险难以在农业领域深入发展。

如图 6-21 所示，将区块链技术与农业保险结合，有望解决农业保险承保难、查勘难、理赔难等行业痛点。此举不仅可以规范道德风险，提升理赔效率，保障农业产业的平稳发展，还能有力推动农村信用体系的建设，为提升农产品产业链全流程治理能力提供坚实的数据服务和安全保障。

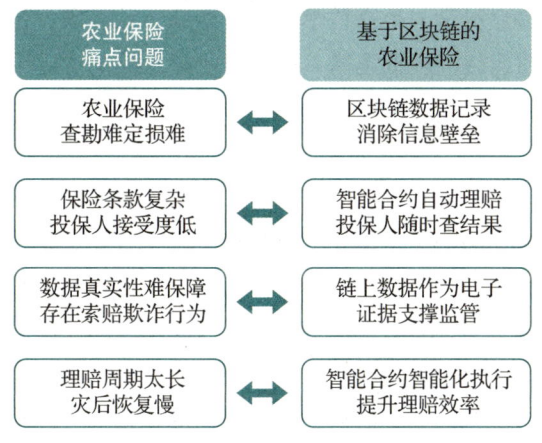

图 6-21 解决农业保险痛点问题

第 7 章

生物信息学：见微知著

> "见微以知萌，见端以知末。"
> ——《韩非子·说林上》

从古代基于直觉的农事经验，到今天精准而智能的数据驱动农业，每一次技术进步都源于我们对作物、畜禽、微生物等农业生物更深入、更系统的认知。农业生物信息学正是在这一背景下兴起，通过信息科学与生命科学的深度融合，从基因、蛋白、代谢等微观尺度入手，揭示不同农业生物的遗传与发育规律，赋能农业育种等具体应用。

7.1 基本概念

生物信息学（Bioinformatics）是将计算机科学、人工智能和生物学相结合的一门交叉学科，其核心任务是对生物大数据进行获取、存储、管理、分析和解释。随着高通量测序、多组学技术和人工智能等新兴技术的发展，生物信息学已成为生命科学研究中的基础性工具，广泛应用于基因组学、转录组学、蛋白质组学、药物开发、疾病诊断等多个领域。

在农业领域，随着组学检测成本的大幅降低和多源数据的广泛积累，生物信息学的研究对象与应用需求逐步延伸至农作物、家畜等农业生物，形成了专门的农业生物信息学研究领域。尤其在生物育种领域，农业生物信息学与基因组选择、基因编辑等生物技术深度融合，促进了从传统育种向设计育种、智能育种的转变。

近十年来，基因编辑、合成生物学、全基因组选择等生物技术（BioTechnology，BT）与大数据、人工智能等现代信息技术（Information Technology，IT）交叉融合，形成以 BT+IT 为典型特征的高效农业生物育种技术体系，驱动现代育种技术快速变革与迭代升级。针对生物育种等重大需求，通过利用信息技术，发展农业生物信息学理论和方法，不但在构建自主育种体系、提升产业核心竞争力方面发挥关键作用，更对加强科技源头创新具有重要意义。

随着农业生物信息学的快速发展，全球和区域水平的农业生物数据库不断建立和完善，呈现出标准化、关联化、多模态的特点。首先，标准化是农业生物大数据管理的基础，本体的建立则是数据标准化的基础。创建开放式生物学和生物医学本体（Open Biomedical Ontologies，OBO）⊖的目的就是开发生命科学领域的标准化、精确的科学本体。目前，在

⊖ OBO 是一个由国际社区共同维护和开发的生物学和生物医学领域的知识库。——编辑注

OBO 框架下开发的具有代表性的生物本体有：基因本体 GO、作物本体 CO、植物本体 PO 和环境本体 ENVO 等。其次，以知识图谱为代表的新型数据管理范式，采用图数据结构描述和记录农业生物数据之间的关联关系和知识，能够实现更加精准的对象级搜索。这一技术在农业生物推荐系统、信息检索以及人机交互中展现出较大的应用潜力，并正迅猛发展。英国洛桑研究所 KnetBuilder 农业生物多模态数据管理平台不仅整合 UniProt、基因本体 GO、PubMed 等公共数据库结构化数据，还可以通过自然语言处理技术从生物文献中挖掘"基因－性状"关系来充实初始的知识图谱，为分析不同物种间复杂的性状和疾病之间的关系提供了有力支撑；法国蒙彼利埃大学研制的农业知识图谱 AgroLD 大数据管理平台利用 GO、PO 等十个作物本体整合了 Gramene、Oryzabase、UniProtKB 等十个公共数据库，形成海量关联数据；中国农业科学院构建了包含 2.5 万余条数据的农作物病虫害知识图谱；华中农业大学信息学院通过整合 NCBI、KEGG、LPSN 等 12 个乳酸菌公共数据库，构建了包含超过 2 亿条数据的乳酸菌知识图谱。最后，随着计算机视觉和多模态学习研究的不断深入，农业生物领域的文本、音频、图像、视频等数据，作为多模态数据的重要组成部分，为农业生物数据管理提供了更加丰富的数据来源，并已逐步纳入农业生物数据管理的范畴。截至 2020 年 1 月，澳大利亚生物多样性数据平台（ALA）已拥有超过 4606 万条多模态记录；美国标本数字化平台（iDigBio）则拥有超过 9500 万条多模态数字化标本共享资源。我国的农业生物信息学相关研究也取得了令人瞩目的成果，华中农业大学赵书红团队收集了公共数据库中几乎所有的猪基因组、转录组数据以及性状相关的文献组数据等，基于这些数据，他们成功创建了国际上首个猪整合组学多模态数据库 ISwine。

以标准化、关联化、多模态为特征的数据管理范式有效打破了"数据孤岛"现象，显著提升了农业生物信息学的智能化与科学化水平。借助知识图谱，农业生物大数据分析能够将零散的数据转化为链接数据，从而揭示传统生物信息方法难以挖掘的知识，例如表型与基因、QTL 与生物过程之间的语义关联。该方法能够有效解决传统"单模态"数据管理方法难以应对的重要生命科学问题。在整合多源异构数据时，采用基于本体的标准化知识建模体系和术语规范，能够保证数据的规范性，从而符合科学数据管理的 FAIR 数据原则。多模态大数据管理具有广泛的覆盖面，通过与深度学习算法的有机结合，有效克服了传统数据分析方法在数据稀疏、维度高、冷启动等方面的不足，为农业生物学领域的数据分析提供了可靠支撑。

7.2 农业组学

自 20 世纪 90 年代人类基因组计划实施以来，各种组学如雨后春笋般蓬勃发展，为生物学提供了快速增长的海量数据，同时奠定了生物信息学的基础。生物学最常用的组学技术包括基因组学（genomics）、转录组学（transcriptomics）、表型组学（phenomics）、蛋白质组学（proteomics）和代谢组学（metabolomics）等。下面简要介绍农业基因组学，包括作为基因组学技术基础的测序技术。

7.2.1 农业基因组学

在农业组学研究中，基因组学是非常基础且关键的一环。基因组作为生命系统的"蓝图"，蕴含生物体发育、适应和进化的核心信息。农业基因组学通过揭示作物、牲畜、微生物等农业生物的基因结构、功能与其变异，不仅有助于深入理解其遗传机制，更为品种改良、性状精准调控和智能育种提供了坚实的理论依据与高效的技术路径。

本节将系统介绍农业基因组学的几个关键技术环节，包括基因组测序、基因组注释、重测序分析、基因芯片技术等，并进一步探讨基因组学技术在农业科研与育种实践中的应用。

1. 测序技术

如果说 DNA 双螺旋结构的发现标志着分子生物学的诞生，那么 DNA 测序技术的出现则使得在生物全基因组层面的研究成为现实。在 DNA 测序技术发明之前，生物学家仅能获取片段性的遗传信息。自光学显微镜问世以来，已历经 400 余年的时光，至今仍在使用并不断发展。相比之下，DNA 测序技术自 1977 年发明至今不过 40 余年，却已历经多次技术变革。20 世纪末至 21 世纪初的十多年间，以人类基因组计划为代表的基因组测序项目的初步完成，这不仅凸显了桑格测序（Sanger sequencing）在大规模应用中的成功，也暴露了该技术成本高昂和人工劳动量巨大的局限性。2006 年，以高通量为标志的第二代测序技术应运而生，有效地解决了这些难题，使得测序技术从少数专业测序中心普及至广泛的普通生物学实验室。作为一个高通量、低成本的平台，基于第二代测序技术，已开发出种类丰富和数量众多的组学测序技术，从而多层面深入揭示生物学过程的分子机制。在过去十余年间，以 ENCODE 为代表的众多大型科研计划，正是依托二代测序技术的坚实基础，取得了显著的成就。值得注意的是，近年来，随着泛基因组、宏基因组和时空组等新型研究范式的涌现，测序技术的应用在广度与深度上均迈入了崭新阶段，这一显著趋势表明，测序技术的应用潜力仍远未得到充分挖掘。我们有理由相信，在可预见的未来，测序技术对分子层面生物学研究的推动作用，将丝毫不逊色于显微镜对细胞层面生物学研究所产生的深远影响。

（1）第一代测序技术

第一代测序技术以自动 Sanger 测序仪为代表，该仪器采用链终止法的测序策略，具备极高的准确率和较长的测序长度。然而，第一代测序技术的通量较低，导致在大规模测序应用中成本极高。第一代测序技术的基本原理是利用双链 DNA 的一条链作为待测序列模板，使用某种 DNA 聚合酶来不断延伸结合在此模板链上的引物。每次测序过程中，包含四个独立的反应体系，其核心是每个体系含有四种经过化学修饰后的核苷酸，称为脱氧核苷酸三磷酸（dNTP），通过将一定比例带有放射性同位素标记的双脱氧核苷酸三磷酸（ddNTP）分别加入四个体系中，DNA 聚合酶会将 dNTP 不断延伸形成 DNA 链，延伸时有可能选择到 ddNTP。由于 ddNTP 缺乏延伸所需要的 3-OH 基团，此时延伸的聚合反应会终止。最后，四个体系中分别获得由不同种类 ddNTP 终止的长短不一的 DNA 片段，经过进一步处理和成像，实现连续序列的准确识别。尽管该方法成本高且耗时长，然而因其出色的准确率，至今仍被广泛应用于低通量的 DNA 测序及特定的序列准确性验证工作中。

（2）第二代测序技术

第二代测序技术以 Illumina 测序仪、454 测序仪为代表。其中 Illumina 是市场使用最为广泛的测序仪，它采用边合成边测序（Sequence By Synthesis，SBS）策略。该策略本质上与 Sanger 测序策略相似，但在其基础上加以改进，通过"桥式 PCR"扩增策略得到大量的模板序列，从而构建高通量的 DNA 测序文库。与 Sanger 策略不同的是，SBS 策略使用放射性同位素标记的是 dNTP，在合成 DNA 链时捕获荧光信号，从而识别出连续的序列片段。随着测序技术的发展，第二代测序技术的读长由最开始的 35bp 已经发展到目前的 150bp。相较于第一代 Sanger 测序技术，第二代测序技术不仅在成本上实现了显著降低，而且其测序通量也大幅提升。研究人员已陆续启动各类物种的大规模测序工作，并完成了基因组草图的组装和群体规模的分析。诸如基因组、三维基因组、转录组、DNA 甲基化、染色质免疫共沉淀测序等各种组学数据，通常由第二代测序平台所产生。

（3）第三代测序技术

第三代测序技术以 PacBio 单分子实时测序仪和 Oxford Nanopore 单分子纳米孔测序仪为代表。第三代测序技术有效克服了第二代测序技术中读长较短的瓶颈，进而能够揭开基因组中复杂重复区域的神秘面纱。在第三代测序技术兴起之初，曾面临单碱基错误率较高和成本高昂的挑战。然而，得益于近年来技术的不断优化，PacBio 单分子实时测序仪如今已能生成兼具超高准确度与平均读长超过 10kb 的高质量测序数据。得益于这些技术的发展，基因组中的暗区域逐渐得以解析。例如，研究人员对人类、水稻、拟南芥等物种相继完成了"端粒－端粒"无缺口完美参考基因组。此外，科研人员对水稻、大豆、萝卜等也相继开展了大片段复杂结构变异的研究，并取得了突出的成果。

总之，第一代 Sanger 测序技术适用于小规模的测序项目，具有高准确性；第二代测序技术可应用于大规模测序，通量高，成本较低；第三代测序技术具有长读长的优势，适用于探索复杂结构变异（如表 7-1 所示）。选择适合的测序技术，需综合考虑具体的研究需求、样本类型及预算等诸多因素。

表 7-1 三代测序技术性能比较

测序技术	读长	单位读长费用	单次测序准确度	通量
第一代	较长	高	高	较低
第二代	短	低	中	高
第三代	长	较高	较低	中

2. 基因组注释

测序仅是解析基因组结构与功能的第一步，更重要的任务在于深入探究基因组序列所蕴含的遗传信息，以及基因组如何发挥其功能。这两项工作均依赖于对基因组序列的正确注释。目前，众多大量物种的基因组测序已完成，针对基因和基因组结构与功能的注释工作正在不断地向深度和广度拓展。

依赖于生物信息学分析的基因组注释主要包括三种方法：一是依据基因结构特点，采用Abinition等软件进行计算机分析预测；二是在同种或不同物种间寻找已有基因序列的相似性进行比较；三是进行基序或功能域的分析。下面依次对这三种方法进行介绍。

Abinition等基因组注释软件编写的基因组序列注释程序，主要依赖于两种信息：信号指令与内容指令。信号指令主要涉及基因序列的构成要素，如起始密码、终止密码、剪接受体等。而内容指令则涵盖密码子使用偏好等方面。GenScan和FgeneSH是常用的两种注释软件，其中GenScan侧重于内容指令的处理，而FgeneSH则专注于信号指令的分析。

同源在基因和基因组注释中既是一个至关重要的概念，又是一个广泛适用的方法。通过将数据库中已有的基因序列与待查的基因组序列进行比对，寻找可匹配的碱基序列或蛋白质序列及其比例，以此识别基因的方法称为同源查询。该方法基于这样一个事实：现有生物的不同种属之间，功能或结构相似的直系同源基因成员之间存在保守的序列组成。此外，同一物种内的基因家族成员也展现出保守的序列特征。因此，当某一DNA序列含有上述类型基因时，通过与已报道的其他基因序列进行比对，可以揭示其中的相似性。同源查询不仅提供基因功能的参考信息，而且这一技术目前已发展成为基因组注释的主要工具之一。基于同源关系进行基因组注释的常用软件包括TWINSCAN和SGP2。

蛋白质结构域在基因功能预测中扮演着至关重要的角色，成为预测基因功能的主要依据之一。同一物种或不同物种中具有相同结构域的蛋白质可以被归类为同一蛋白家族。当其他物种中相关蛋白质家族成员的功能已知时，借助同源关系，可以推断出另一物种中相同结构域蛋白质的功能。

3. 基于重测序的基因组学技术

以苹果重测序为例，其常规的重测序及分析流程如下：

（1）测序建库及预处理

每个苹果样本在春季采集新鲜嫩叶4克，经液氮迅速冷冻后，储存在−75℃环境中带回实验室使用。使用植物DNA提取试剂盒提取DNA，使用Illumina TruSeq DNA Sample Prep Kit试剂盒构建350bp插入片段的测序文库，操作步骤遵照试剂盒官方说明书。构建完成的文库通过Illumina HiSeq 3000平台进行双末端测序，序列读长为150bp。测序下机数据利用Trimmomatic软件去除接头序列和低质量序列。

（2）序列比对

以双单倍型金冠（Gold Delicious）苹果的基因组GDDH13作为参考基因组，采用BWA-MEM方法对497个苹果样本的测序数据进行序列比对，参数设置为缺省值。比对结果利用Picard（http://broadinstitute.github.io/picard/）进行格式转换、排序及标记PCR重复，最终仅保留在基因组上能够唯一比对的序列。

（3）变异鉴定

基因组变异分析采用GATK（Genome Analysis ToolKit）软件进行，利用其内置的HaplotyperCaller方法在群体水平上鉴定单核苷酸多态性（SNP）和插入/缺失变异（InDel）。为了保证变异质量，进一步使用VCFtools对所获变异进行过滤。

（4）下游分析

根据实际需求，利用变异数据进行下游分析，包括基因型填充、系统发育树构建、群体结构分析以及全基因组关联分析（如图 7-1 所示）。

依托苹果重测序数据、苹果基因组数据和果实品质性状表型数据，深入开展苹果品质驯化机理、苹果拷贝数变异和苹果 MATE 基因家族的研究。

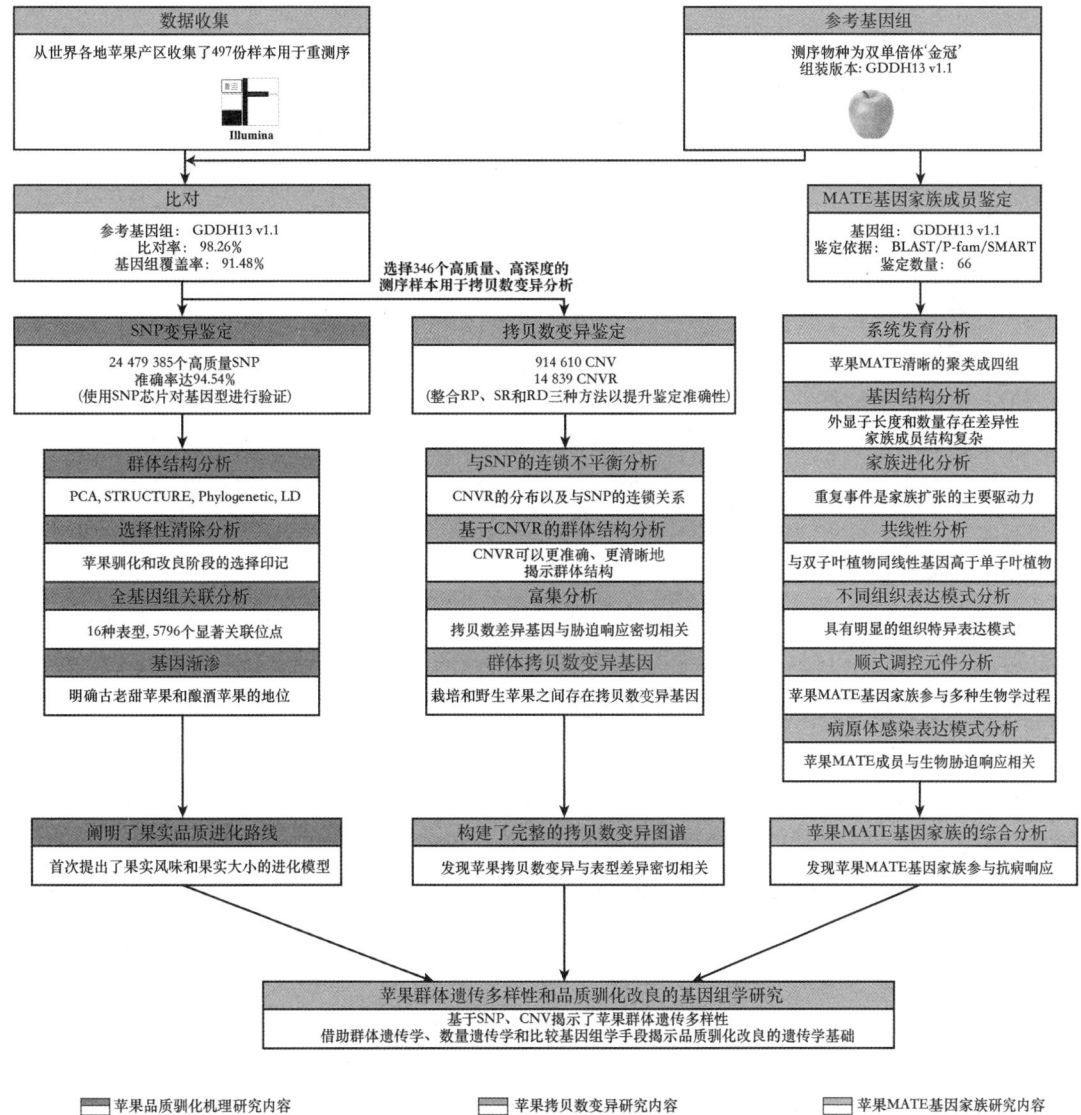

图 7-1 组学数据用于果树群体遗传多样性和品质驯化改良研究的分析流程（见彩插）

4. 基于基因芯片技术的基因组学研究

SNP（Single Nucleotide Polymorphism，单核苷酸多态性）芯片，亦称作基因芯片或基因分型芯片，是一种常用的基因检测工具，用于检测个体之间的单核苷酸多态性（SNP）。

SNP芯片的原理基于DNA杂交反应和基因分型技术，其工作原理具体如下：

（1）基因分型设计

首先，通过基因组学研究，已经确定了大量的SNP在基因组中的具体位置。基于这些已知的SNP，芯片设计者会挑选出一部分SNP，用以设计基因芯片上的分型位点。

（2）DNA样品处理

待测个体的DNA样品会被提取出来，并经过精细化的处理和纯化。通常，DNA样品会被分为两组：一组是待测个体的DNA样品，另一组是参考基因组的DNA样品。

（3）DNA标记

处理完毕的DNA样品会被标记上可供检测的标签。常用的标签包括荧光染料，例如荧光素等。

（4）DNA杂交

标记完毕的待测个体和参考基因组的DNA样品将分别与基因芯片上的SNP分型位点进行杂交。基因芯片上的每个分型位点均对应一个已知的SNP。通过杂交反应，DNA样品中的目标序列与芯片上的探针序列互相配对结合。

（5）荧光信号检测

在完成DNA样品与芯片上探针的杂交后，使用荧光扫描仪等设备对芯片进行扫描，以检测标记的荧光信号。通过检测每个SNP位点上的荧光信号的强度，可以确定待测个体和参考基因组之间的SNP基因型。

（6）数据分析

最后，对荧光信号进行数据分析，根据各个SNP位点上的信号强度，确定每个位点的基因型。这些基因型数据可用于进一步的精细分析，助力遗传关联研究、种群遗传学研究、个体健康状况评估等多元应用。

总的来说，SNP芯片的原理是基于DNA杂交和荧光信号检测的技术。通过检测DNA样品和芯片上特定SNP位点的配对反应，能够确定个体之间的SNP，从而广泛应用于遗传研究、疾病关联分析、种群遗传学等各种生物学研究领域。

在实际应用中，Illumina公司的Infinium SNP芯片技术是当前较为成熟且应用广泛的全基因组SNP检测平台。它依托激光共聚焦光纤微珠芯片技术及独特的微珠阵列BeadArray技术，所生产的芯片能够承载巨大的微珠–SNP数目。在芯片制作过程中，每个包含50个脱氧核苷酸的SNP探针序列与特定的微珠相偶联，微珠种类根据承载的SNP数目而定，范围从数千至百万级以上，每类微珠由其特定的地址序列和SNP探针序列进行编码和检测。为确保每个SNP检测的成功率及可重复性，每种类型的微珠在每张芯片上平均重复30次。

Illumina Infinium SNP芯片在人类、小鼠、水稻、玉米等物种的基因组变异研究中已得到广泛应用。以R1CE6K水稻SNP芯片为例，该芯片上的SNP位点包括两类：一类是从水稻品种测序数据中筛选出的多态性良好且具有代表性的SNP位点设计探针；另一类是根据文献报道的已克隆的水稻重要功能基因的、与功能相关的SNP/INDEL位点设计的探针。其中，第一类探针包含从核心亲本基因组序列及520个水稻品种重测序数据比较分析中筛选出的 5556 个 SNP 位点；第二类探针则包含与 40 个水稻功能基因的功能位点相关的 80 个 SNP/INDEL 位点，总共检测 5636 个 SNP/INDEL 位点，单块芯片可同时检测 24 个样品。

5. 基因组学技术在农业中的应用

基因组学作为组学技术的核心，主要研究基因组的结构、功能及其变异。通过基因组学的研究，科学家能够识别和分析关键基因，这些基因与动植物的抗病性、抗逆性、产量和品质等重要农艺性状密切相关。借助转基因技术和基因编辑技术，科学家可以将这些关键基因导入目标动植物中，从而改善其性状和表现。基因组学研究不仅有助于揭示动植物的基因型和表型之间的关系，还能通过分析基因组数据，发现与目标性状紧密相关的遗传标记，进而实现基于分子标记的高效选择育种。相较于传统育种方法这种分子标记辅助育种方法更为精确和高效。此外，基因组学还能深入揭示动植物与病原体以及逆境因子之间的相互作用机制。通过研究动植物基因组的差异和变异，科学家可以识别出与抗病性和抗逆性相关的关键基因。对这些基因的功能和表达机制进行深入研究，有望培育出对特定病害或逆境具有高度抗性的动植物新品种。

通过获取和分析大量的基因组和相应表型数据，并应用机器学习和统计模型方法，能够实现基因组选择和预测育种。这种方法能够更准确地预测动植物的表型特征，从而显著提高育种工作的效率。此外，基因组学可以帮助农业科学家深入了解动植物基因资源的多样性、起源和演化过程。这些信息对于遗传资源的高效管理和有效保护非常重要。通过分析基因组数据，科学家可以确定具有丰富遗传多样性的品系，进而采取针对性措施来保护这些重要的遗传资源。

7.2.2 农业表型组学

如果说农业基因组学揭示了农业生物"基因密码"的本源信息，那么表型组学则是连接基因信息与可见性状之间的关键桥梁。仅有基因组数据还不足以全面解析生物性状的形成机制，必须结合表型信息，才能实现精准的遗传解析与性状预测。

在智慧农业的大背景下，随着感知技术和智能装备的发展，表型组学实现了从传统人工观察到高通量、精准化、多维度的数据获取的跨越式转变，已经成为支撑现代育种和精准管理的重要手段。本节将介绍表型组学的基本概念、主要研究平台及关键分析方法，为理解农业表型数据的获取与利用奠定坚实基础。

1. 表型组学的基本概念

表型（Phenotypes），亦称表现型，是指生物特定的物理外观或成分，例如植物的高度、叶面积、人的血型、蛾的颜色等。表型组则是生物体在遗传和环境因素的共同影响下，所呈现的表现型信息的集合；维基百科把表型组描述为生物体在细胞、组织、器官、生物体或种属水平上表现出的所有表型的组合。

随着基因组学和生物信息学的发展，人们开始关注基因组和表型之间的关系。传统的基因组学研究主要关注基因的序列和功能，然而，研究者逐渐意识到基因型并不能完全解释生物体的表型差异。1996 年，加拿大衰老研究中心（The Aging Research Centre）主任 Steven A.

Garan 在加拿大滑铁卢大学的客座演讲中首次提出了表型组学（Phenomics）这一概念，着重强调基因与表型之间的复杂关系。

2002 年，Kelsoe 和 Niculescu 在精神病遗传研究中将表型组学定义为联系表现型与基因型的桥梁，并以一体化的形式联系遗传学与功能基因组学。2009 年，Bilder 等认为表型组学是一门在基因组水平上系统地研究表型特征的交叉型学科。我国著名生物学家杨胜利认为表型组学是系统生物学组学平台的终端，通过基因组学、转录组学、蛋白质组学、代谢组学、互作组学到表型组学完成了由基因序列到基本生命活动的全过程。维基百科将表型组学定义为一个与表型鉴定研究相关的领域，并结合基因（基因组）或蛋白（蛋白组）的研究来探究表型的本质及其相互作用关系的学科。

鉴于表型组学是一个不断发展和演变的学科，该术语目前尚未被收录于标准词典。在学术界中，表型组学的定义可能会因研究者的背景和研究方向的差异而存在多种诠释。目前，学术界普遍认可的表型组学定义主要包括以下两种：

- 表型组学是指从细胞水平、器官水平、生物个体水平及群体水平等多层次获得多维表型数据的新兴学科。
- 表型组学是指在基因组水平上系统研究生物或细胞在不同环境条件下所有表型的学科，其研究依赖于多尺度、多维度的全方位数据，包括空间尺度上小至细胞，大至组织、器官、个体及群体，以及贯穿整个生育期的时间维度信息。

总而言之，表型组学关注生物体在基因组水平上的表型表现，并系统性地研究和分析生物体的表型数据，揭示基因与表型之间的关联及其作用机制。其目标在于深入理解生物体的功能和特性，研究基因型与表型之间的复杂关系。

2. 主要研究平台

随着光学成像技术、传感技术、自动控制技术、人工智能等领域的快速发展，作物表型性状鉴定已从单一环境、低通量、粗放型、单传感器表型信息获取和分析，演进为多环境、高通量、重点性状、多传感器集成的精准型鉴定。这一过程标志着从低效、主观、可重复性差的人工鉴定阶段，跨越至自动化与智能化的新阶段。下面以作物表型设施为例，介绍主要的作物表型研究平台及设施。

根据应用场景的不同，作物表型研究平台主要分为以下五种：微观表型平台、温室可控环境表型平台、便携式表型设备、田间表型系统及作物根系表型系统。

（1）微观表型平台

微观表型是指在植物组织、细胞和亚细胞层面上能够反映植株内部生化特征和性状的信息，其在基因鉴定及功能预测上发挥重要作用。传统的显微表型技术主要通过显微镜获取植物的图像信息，并对其进行分析，以检测相关性状。然而，传统的显微检测技术存在效率低下、指标单一及误差较大等局限性。为了解决这些问题，发展并构建现代化的显微表型平台，已成为精准检测细胞层面性状的关键所在。现代显微表型技术主要包括多光谱显微表型成像技术和 X 射线电子计算机断层扫描（Computed Tomography，CT）成像技术。多光谱显微表型成像技术将光谱与成像相结合，在显微镜对植物微观部分进行图像采集的基础上，进一步对该部分进行特定波段内的光谱数据采集。这使得该技术能够在细胞乃至亚细胞层面，更为精确地采集表型信息，并进行性状分析。

（2）温室可控环境表型平台

在温室条件下，可以对各类环境因素进行精确控制，例如通过人工气候室调节光照、空气温度和湿度等，同时还能严格控制作物的生长条件，如水分和养分的监测等。温室环境表型平台能够在复杂的实验条件下采集和分析可控环境下的作物表型信息，实验的可重复性好。通过整合分析外部环境和生长条件，匹配基因组学和表型组学数据，最终实现智能化种植和智能化育种的目标。

（3）便携式表型设备

便携式表型设备旨在满足表型数据采集过程中携带方便的需求而设计。目前，常见的便携式表型设备主要针对以下几个方面提供专业服务：

- 植物光合作用测定系统：该类仪器用于测定作物以光合作用为主的多种生理指标和生态因子。
- 植物表型分析系统：谷丰光电公司研发的便携式植株表型分析仪内置高清摄像头，能够在线实时获取植株图像并自动校正，精准计算出植株叶片数、叶片面积、植株高度、叶片角度等参数。
- 便携式荧光成像系统：该类系统用于快速扫描、实时处理和分析叶绿素荧光成像的各项参数与图像，有效辅助光合作用机理、叶片受环境胁迫效应等研究工作。
- 作物籽粒表型测量便携装置：该类系统通常配有高清成像系统，通过获取待测籽粒的图像，利用计算机视觉领域中的各种算法，提取籽粒的各项表型参数。
- 背包式激光雷达扫描系统：该类系统将传感器集成于轻便的平台，通过背负行走的方式在田间移动，能够获取田间作物的三维点云信息，进而完成后续表型数据的提取与分析。

（4）田间表型系统

目前，田间表型系统普遍以无人机（Unmanned Aerial Vehicle, UAV）作为平台，配备多种传感器以采集田间作物的遥感数据。通过后期的数据处理，对田间作物进行建模分析，从而获取田间作物的生长状态、产量等信息。该系统主要由三部分构成：无人机、（表型）传感器和飞行控制平台。

（5）作物根系表型系统

根是植物的营养器官，通常深植于地表之下，主要功能是吸收土壤里面的水分和养分，参与矿物质的代谢过程，并固定植物等。其表型特征直接影响作物的生产力和环境适应性。凭借光谱成像、机器学习和计算机视觉等技术的最新进展，针对作物根系的表型检测平台主要从二维和三维根系表型检测两个方面展开研究。

- 二维根系表型检测平台：此类检测平台一般包括三个部分：根系生长平台，旨在保障根系正常生长；图像采集系统，负责根系二维图像的采集工作；表型性状提取模块，基于二维图像实现根系表型信息的提取。根据根系生长平台的不同，主要检测方法分为纸培法、水培根管法和根盒法。
- ❑ **三维根系表型检测平台**：此类检测平台一般包括三个模块：图像采集模块，负责获取根系的二维图像；点云重建模块，涵盖相机标定和三维重建两部分，旨在构建根系的三维模型；三维表型提取模块，基于根系3D模型进行表型性状的精准提取。

3. 关键分析方法

目前，各类表型系统所采集的数据主要是光学图像数据。为了获取目标的各类表型参数，必须首先对图像进行处理和分析，具体流程如图7-2所示。例如，图像分类是识别不同种类生物目标的前提，目标检测是果穗计数的先决条件，而图像分割是生物体器官层面性状参数估计的基础。计算机视觉在这些任务中发挥了至关重要的作用，更详细介绍可参见本书第3章。

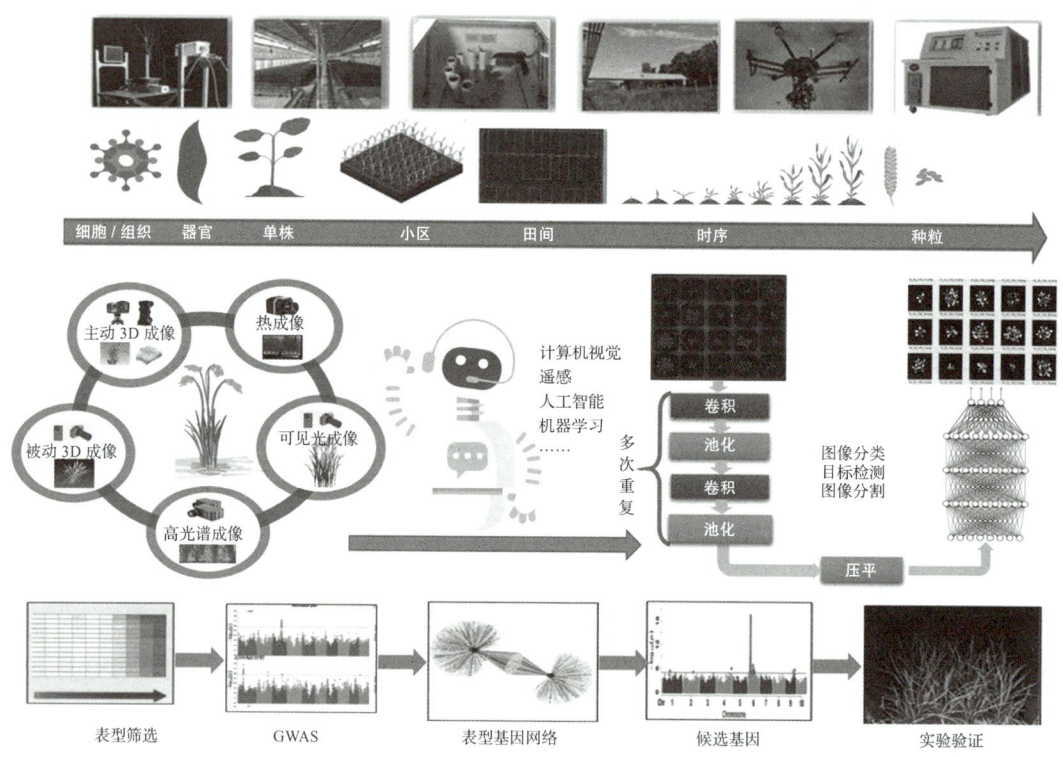

图 7-2 表型组学研究框架

（1）图像分类

作物的准确识别及其在不同物候期的特定形态特征结构，对提高智慧农业的生产管理水平具有重要意义。深度学习在特征提取与分类识别方面具备显著优势，为表型识别提供了新的解决方法。其中，卷积神经网络（CNN）作为极具代表性的架构，能够通过多个卷积层和池化层来高效提取图像的特征。

ResNet（残差网络）通过引入残差连接，实现了跨层直接连接，有效解决了深层网络中的梯度消失和梯度爆炸问题。这种架构允许构建非常深的网络，有助于更好地捕获特征。

Inception（GoogLeNet）架构通过并行使用多个不同大小的卷积核和池化层，有效捕获不同尺度的特征，从而在处理图像细节与整体信息方面表现出色。VGG（Visual Geometry Group，视觉几何组）架构强调使用小尺寸的卷积核和深层网络，在图像分类任务中表现出色，然而其模型规模较大。EfficientNet 通过优化卷积核大小、深度和宽度，巧妙地平衡了模型性能与计算资源之间的关系，从而使其在有限的计算资源下仍能展现出卓越的性能。DenseNet 引入了密集连接，每一层的输出都连接到后续所有层的输入，这不仅有助于信息的顺畅流动，还显著增强了特征的传递效果。这些架构在图像分类任务中得到了广泛应用，涵盖农田中的植物分类、作物病害识别、作物花朵分类等多个方面，并且能够根据具体需求进行微调和优化，以更好地适应作物表型组学领域的数据和问题。

（2）目标检测

目标检测与计数是表型分析中的常见任务，例如果穗计数、叶片计数等。作为计算机视觉中最基础的问题之一，目标检测能够为图像分析提供更具价值的信息，然而，由于遮挡、光线等因素的影响，精准获取目标框往往面临挑战。传统的目标检测方法主要包括区域选择、特征提取和分类三个步骤，而卷积神经网络（CNN）则显著提升了目标检测的性能。

目前，深度学习在目标检测领域的应用主要可分成两大类：一类是基于候选区域的目标检测方法，另一类则是基于回归的目标检测方法。基于回归的目标检测方法是直接提取图像特征用于预测对象的类别和位置，将目标框定位问题转化成回归问题，其主要代表是 Yolo 系列算法。基于候选区域的目标检测方法需要经历多个阶段训练：第一阶段要先找到目标对象的候选区域，通常采用选择性搜索算法，随后将候选框送入卷积神经网络中；第二阶段主要将图像中提取的特征信息送入网络，进行分类和回归处理。此类方法以 R-CNN、Fast R-CNN、Faster R-CNN 等两阶段框架最为流行。

（3）图像分割

开发自动化的图像分割算法，旨在从图像中精准且高效地分割出目标区域，将图像划分为多个蕴含不同语义的子区域，其精确度直接决定了图像分析结果的优劣。传统的图像分割方法涵盖了多种方法，如阈值分割、边缘检测、区域生长以及区域聚类等。

近年来，CNN 的出现显著提升了图像分割技术的性能。CNN 能够自动学习图像的高层次特征，并通过多层次的抽象逐渐理解图像内容，这使得其在处理复杂场景和噪声干扰时具有较强的鲁棒性。在 CNN 的基础上，语义分割和实例分割等技术进一步拓宽了图像分割领域的应用前景。语义分割旨在将图像中的每个像素都分配给对应的类别标签，实现对图像内容的精确划分。典型的语义分割网络如全卷积网络（Fully Convolutional Network，FCN）、U-Net 等，已在多个应用场景中展示了其优越性能。实例分割方法则在语义分割的基础上，进一步区分同类别物体的不同实例，这使得实例分割方法在处理重叠和遮挡问题时展现出更强的能力。Mask R-CNN 网络是一种经典的基于深度学习的实例分割算法，简单来说，它是 Faster R-CNN 与 FCN 的结合体。相较于 Faster R-CNN 仅能够检测目标区域，Mask R-CNN 不仅可以检测目标区域，还能够对目标区域进行精确地分割，生成每个像素的掩码。

表型设施（研究平台）是表型组学研究的基础，而表型分析技术则是表型组学研究的重中之重。表型组学能够快速获取大量表型数据，帮助研究人员探索不同基因型对生物体表型的影响，揭示潜在的遗传变异与表型之间的联系，并识别与特定表型特征相关联的基因等关键信息。

7.2.3 农业组学发展趋势

数字化浪潮正深刻地影响着人类社会的各个领域。在这一宏大背景下，组学技术在农业领域中的应用前景更加广阔，并呈现以下发展趋势。首先，多组学技术将更深入地覆盖农业相关物种，从占据农业种植主体的水稻、小麦、玉米等粮食作物，延伸至相对小众的经济作物。第二，包括 ATAC-seq、Hi-C 等组学测序技术越来越多地应用到农业相关生物对象，从而从多个层面探究基因型和表型之间的关联。第三，借助三代测序技术的长读长优势，成功获取包括人和水稻在内的众多物种从端粒到端粒的完整基因组，填补了基因组测序计划长期存在的重复序列区域的盲区。随着三代测序技术的不断成熟，其成本逐步降低，有望在更多场景中取代二代测序技术。第四，以人工智能大模型、多模态知识图谱为代表的人工智能新方法，为基因组、蛋白组、表型组等多种组学数据的整合创造了有力条件。以可持续发展为指引，随着组学技术的不断深化应用，有望借助组学数据链，推动农业从传统的单一对象研究，转向涵盖农作物、养殖动物、环境生物及农业微生物在内的整体生态系统和完整产业链的系统性研究与发展。

除基因组学以外，测序技术的发展还催生了一系列相关组学技术，这些技术在农业领域的各项基础研究中得到广泛应用。转录组学研究生物体在特定条件下基因转录活动的全集。在农业领域，转录组学的应用能够深入解析作物的基因表达模式和调控机制，进而有效提升作物的产量、品质并增强抗病能力。通过基因表达分析，我们能够深入探究作物在不同生长阶段、环境条件或病害感染下的基因表达情况，精准识别基因表达的差异和动态变化，进而锁定与特定性状相关的关键基因。这些信息对于优化作物的生长条件和传统育种策略非常重要。通过转录组学的研究，可以揭示基因间的调控网络关系，包括转录因子、miRNA 和其他调控元件的作用。了解这些调控网络关系，可以帮助科学家确定关键的调控节点和参与重要农艺性状调控的基因，并从表达调控层面改良作物品种，提升作物的产量、品质，并增强抗病能力。同时，通过转录组数据的整合分析，可以对作物基因的功能进行注释和分类。这不仅有助于理解特定基因，还能有效发掘与目标性状相关的新功能基因。

通过对比抗病作物和易感作物的转录组差异，能够识别出与抗病性密切相关的基因和通路。这些信息不仅可以为培育具有更强抗病能力的作物品种提供科学指导，还能深化对病原菌特性的认识，助力制定更为高效的病害防控策略。同样地，转录组学能够帮助我们了解作物在逆境条件下的基因调控响应。借助对转录组数据的分析，我们可以揭示与逆境抗性紧密相关的基因表达模式及其适应机制。这对于提升作物的抗旱、抗寒、抗盐等抗逆能力，进而增强农业生产的稳定性和可持续性，具有至关重要的意义。

蛋白质组学专注于研究生物体在特定条件下所产生的蛋白质的全集。通过分析蛋白组数据，我们能够洞察作物蛋白质组成的变化，并从蛋白水平揭示作物应对环境压力和抗病性的内在机制。这些信息对于开发新的农药和肥料,以及提升作物的抗病能力具有至关重要的作用。

代谢组学专注于研究生物体代谢产物的组成及其动态变化。通过分析代谢组数据,能够揭示作物的代谢通路及代谢物产生的规律。这些信息在优化农业生产中的养分管理、工艺控制以及产量预测方面具有非常重要的作用。

7.3 农业生物数据库

农业生物数据库在现代农业研究中扮演着至关重要的角色。随着全球人口的不断增长和食物需求的日益紧迫,农业科学家们正面临巨大的挑战,需要寻找更为高效且可持续的农业解决方案。在此背景下,农业生物数据库的建立和应用已然成为不可或缺的重要工具。

水稻、棉花和油菜在全球农业中占据举足轻重的地位。水稻作为全球最重要的粮食作物之一,为数十亿人口提供粮食安全保障。油菜则是我国最重要的油料作物之一,其种植面积常年稳居世界第一,兼具观赏、蜜源、生态及经济作物等多重功能。油菜不仅提供高质量的植物油,还广泛应用于畜牧业和生物燃料产业。而棉花是世界上重要的天然纤维作物和战略物资。我国作为全球最重要的棉花生产国和原棉消费国,棉花的产销状况直接关乎国计民生。这些作物的研究和改良,对于提高农作物产量、增强病虫害抗性、优化品质以及适应不断变化的环境条件,具有至关重要的意义。猪在农业领域具有重要意义,同时也是生物医学研究和应用中极具吸引力的模型动物;牛在人类文化进化中具有核心作用,作为家养动物中最具经济价值的种类,至今已衍生出近八百个具有各种性状的品种;绵羊作为重要的家畜品种,为人类提供了丰富的肉、毛、皮、奶等资源;鸡肉富含对人体生长发育有重要作用的磷脂类物质,是中国人膳食结构中脂肪和磷脂的重要来源之一。猪、牛、羊和鸡在全球农业中具有无可替代的重要性。它们不仅提供高品质的肉类和蛋类产品,为人类膳食提供丰富的营养,还贡献了众多重要的农业产出物,如奶制品、皮革、羊毛和鸡蛋。此外,这些家畜在推动农业可持续发展方面发挥着关键作用,通过有效循环利用农业副产品,可以降低对环境的负面影响。因此,本节主要介绍与水稻、棉花和油菜相关的植物数据库,以及与猪、牛、羊、鸡相关的动物数据库,强调这些数据库在解决全球农业挑战中的重要性、关键作用及其广阔的应用前景。

7.3.1 水稻数据库

作为全球最重要的粮食作物之一,水稻在农业基因组学和分子育种研究中具有重要地位。围绕水稻构建的数据库,不仅涵盖了基因组、转录组、表型、变异等多层次信息,也整合了多样的生物信息资源与计算工具,为科研人员提供了有力的数据支持与分析平台。本节将介绍几个具有代表性的水稻数据库,展示其核心功能及其在农业研究中的实际应用。

1. 国家水稻数据中心(CRDC)

国家水稻数据中心(China Rice Data Center,CRDC)是中国水稻研究所创建的一个以水稻为核心，服务于育种需求的大型数据库，数据包含优异种质、突变体、分子标记、基因、QTL、文献资源等。国家水稻数据中心网页（https://ricedata.cn/）如图 7-3 所示。

图 7-3　国家水稻数据中心网页

2. 水稻基因组注释计划数据库（RAP-DB）

水稻基因组注释计划数据库（The Rice Annotation Project DataBase，RAP-DB）启动于 2004 年，当时国际水稻基因组测序项目完成了"日本晴"品种的基因组测序，旨在为科学界提供精确注释的水稻基因组序列。水稻基因组注释计划数据库网页（http://rapdb.dna.affrc.go.jp/）如图 7-4 所示。

水稻有籼、粳之分。其中粳稻由于其本身抗性较好，遗传转化较为容易等优点，受到了科研人员的青睐。粳稻中的代表性品种当属"日本晴"。这个网站最初由日本人创立，并且每年都会进行更新。可以在这个网站使用 JBrowse 查看基因的分布、根据基因号或简称查找基因的功能和序列、使用 BLAST 搜索同源基因、使用 ID converter 转换基因号等。最近，该网站更新了籼稻 Kasalath 的序列，这为研究基因分化提供了重要的资源。

3. 籼稻基因组生物信息平台（RIGW）

与粳稻相比，籼稻的种植面积更广，遗传多样性也更高。国内由华中农业大学牵头，构建了一个综合的籼稻基因组生物信息平台（Rice Information GateWay，RIGW），涵盖基因组学、转录组学、蛋白质-蛋白质相互作用（PPI）、代谢网络、代谢物及各种计算工具等资源。该平台以最新的籼稻品种"珍山 97"（"ZS97"）和"明恢 63"（"MH63"）构建了高质量的参考基因组。RIGW 网面（http://rice.hzau.edu.cn/rice_rs3/）如图 7-5 所示，为水稻研究提供丰富的基因组学和其他组学数据。RIGW 中所有的基因组数据、注释、同系物、基因表达、PPI、代谢物和文献存储在 MySQL 数据库中。

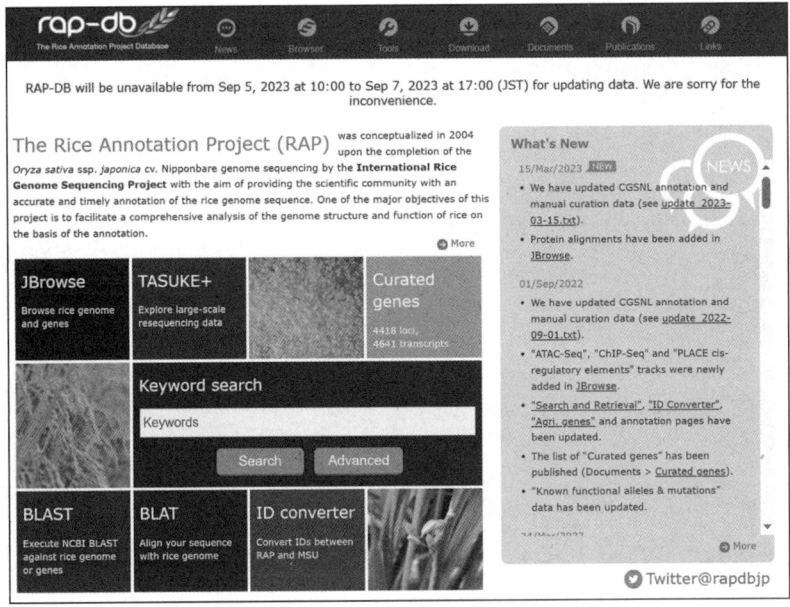

图 7-4　水稻基因组注释计划数据库网页

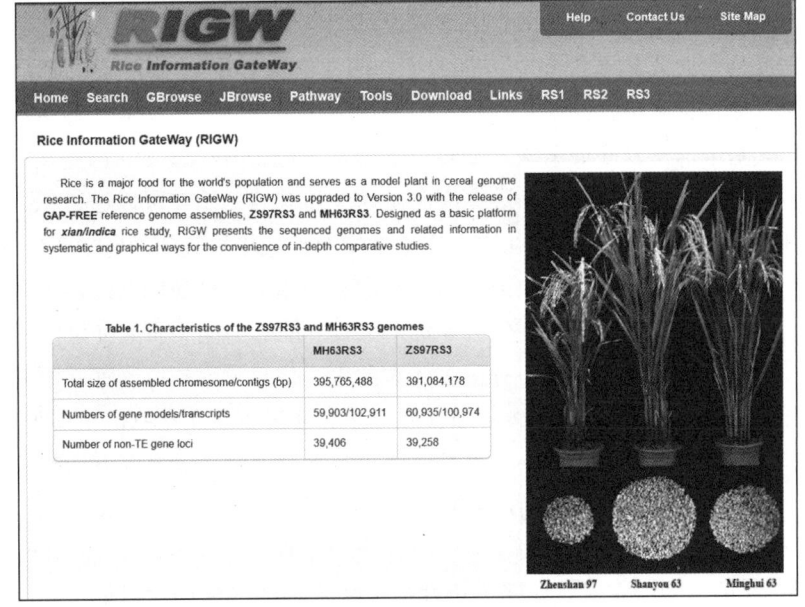

图 7-5　籼稻基因组生物信息平台网页

4. 水稻基因组索引数据库（RGI）

水稻基因组索引数据库（Rice Gene Index，RGI）由华中农业大学作物遗传改良全国重点实验室和湖北洪山实验室张建伟教授课题组联合国内外多所高校和研究机构共同构建。该数据库网页（https://riceome.hzau.edu.cn/）如图 7-6 所示，为全球水稻研究学者提供免费在线检索和分析服务。

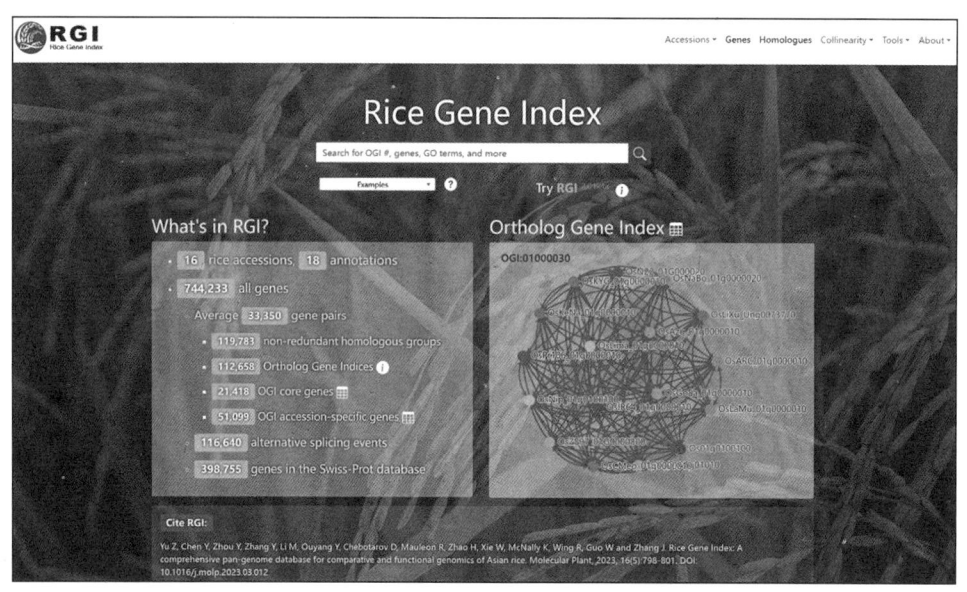

图 7-6　水稻基因组索引数据库网页

科研人员以代表亚洲栽培稻群体结构的高质量基因组为研究对象，构建并全面分析基因组倒位图谱，建成首个基于同源基因簇的水稻泛基因组综合数据库——水稻基因组索引数据库。这个数据库为每个水稻基因建立一张"综合图文信息卡片"，实现不同功能和常用数据库之间的快速链接，记录包括同源基因索引、基因通用名、序列、功能、表达以及其他模块或外链数据库等基本信息，并展示该基因转录本结构、可变剪接事件的可交互示意图，及其同源关系网络图和系统发育树等。该数据库向全球免费开放，用户可以通过感兴趣的基因通用名、基因 ID 或基因序列等，快速在数据库中检索亚洲栽培稻其他种质中对应的同源基因，以及一些综合性信息。数据库具备在染色体水平和基因水平对种质间共线性进行分析和可视化的功能，结合基因组浏览器和富集分析等常用工具，能够为相关研究提供便利。

另外，国内外在水稻作物领域还有很多优秀的生物信息学数据库，如水稻基因组注释项目数据库（Rice Genome Annotation Project，RGAP），主要提供水稻基因组序列和注释数据。RGAP 是一个受人青睐的粳稻数据库，也是以"日本晴"亚种作为参考基因组来注释的，该网站提供了"日本晴"亚种的基因组序列和 12 个水稻染色体的注释。3K 水稻基因组数据库（3K Rice Genome Project）由中国农业科学院作物科学研究所牵头，联合国际水稻研究所、华大基因等 16 家单位共同完成，构建了全球最大的水稻变异信息数据集，对水稻基因组学研究和育种应用提供了丰富的变异资源。Gramene 数据库由欧洲生物信息学研究所（EBI）

和冷泉港实验室 Doreen Ware 小组联合开发，是一个开源的、通过比较功能基因组学整合数据资源的网站，涵盖了一系列工具和资源，包括基因组浏览器、代谢途径和生物化学的注释、分子靶标和生物信息学等。

7.3.2 油菜数据库

油菜是我国最重要的油料作物之一，其基因组结构复杂且表型性状丰富，长期以来一直是植物功能基因研究和育种改良的重点对象。随着测序技术和多组学分析的不断发展，多个涵盖油菜基因组、转录组、变异信息等内容的数据库相继建立，为油菜的遗传研究、分子育种及产业应用提供了重要的数据资源和技术支撑。本节将介绍当前多个油菜数据库及其功能特色。

1. 甘蓝型油菜泛基因组（BnPIR）数据库

甘蓝型油菜泛基因组（*Brassica napus* Pan-genome Information Resource，BnPIR）数据库由华中农业大学油菜研究团队与生物信息团队共同构建。BnPIR 数据库基于 PacBio、HiC、BioNano 等平台组装的 8 个甘蓝型油菜种质基因组序列，通过比较基因组分析，鉴定了大量 SNP（单核苷酸多态性）和 PAV（存在/缺失变异）等变异，并构建了大小约为 1.8GB 的泛基因组，包含约 15 万个基因。甘蓝型油菜（*Brassica napus*，基因组型 AACC，染色体数 2n=38）是一种具有重要经济价值的油料作物，全球约 13%~16% 的植物油供应源自于此。大约 7500 年前，*B. napus* 在地中海地区起源，由两个二倍体原种——*B. rapa*（基因组型 AA，染色体数 2n=20）和 *B. oleracea*（基因组型 CC，染色体数 2n=18）自然杂交而成。通过从 *B. rapa* 和人工杂交产生的合成材料中引入基因，扩大了油菜的基因库。在应对纯化要求、耐寒性和光周期反应性开花等季节变化的驱动下，油菜逐渐被驯化出各种特性。目前，三种油菜生态型在欧洲、亚洲、澳大利亚和北美洲广泛分布。冬型油菜（WORs）最早在欧洲进行栽培，被认为是油菜的原始形态。20 世纪被引入中国、澳大利亚和北美洲之后，在自然选择和人工选择的共同作用下，栽培的油菜发生了适应性变化，以更好地适应各异的地理环境和气候条件。

泛基因组的概念旨在表征一个物种的整体基因库，包括核心基因及非必需基因。基于新一代测序技术（Next-Generation Sequencing，NGS），通过选取不同数量的个体，为大豆、玉米、油菜籽和水稻等主要作物构建了泛基因组，这在鉴定与作物农艺性状相关的结构变异（Structural Variation，SV）[包括拷贝数变异（Copy Number Variation，CNV）和存在/缺失变异（Presence/Absence Variation，PAV）]方面发挥了重要作用。

BnPIR（http://cbi.hzau.edu.cn/bnapus/）是一个基于基因信息模块的综合平台，以泛基因组浏览器和多基因组共线性为核心功能，集成了多组学数据和常见的生物信息学工具。BnPIR 涵盖了基因组序列、基因注释、系统发育关系、表达数据、PAV 信息、基因分类、品种信息等多种数据，并提供了快速搜索和可视化的集成功能。BnPIR 为油菜分子生物学和育种研究提供了丰富的资源，有助于油菜研究人员在泛基因组背景下高效地搜索和可视化研究结果，同时也为其他物种的泛基因组分析提供了有价值的模板和平台（如图 7-7 所示）。

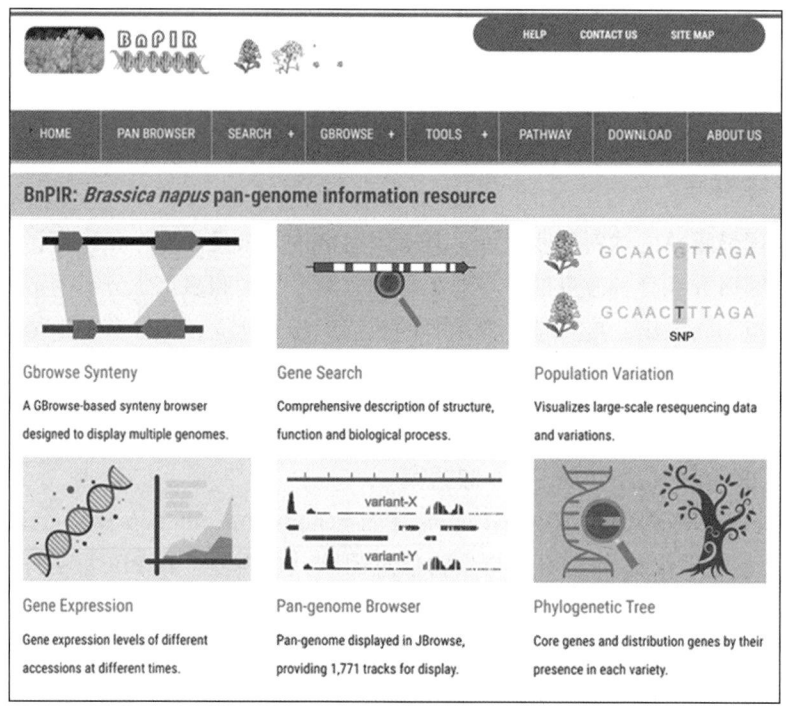

图 7-7 甘蓝型油菜泛基因组（BnPIR）数据库主页

2. 油菜转录信息资源（BnTIR）数据库

油菜转录信息资源（*Brassica napus* Transcriptome Information Resource，BnTIR）数据库由华中农业大学油菜研究团队和生物信息团队共同构建。BnTIR 数据库（http://yanglab.hzau.edu.cn/BnTIR）涵盖了油菜苗期、开花期、成熟期三个阶段的转录组数据，集成了基因表达信息查询、eFP 可视化、基因共表达网络、基因组浏览器等功能模块，并提供了基因 ID 转换、序列比对、序列提取、转录因子家族分析及热图绘制等工具，为研究者打造了一个便捷高效、功能全面的信息获取平台（如图 7-8 所示）。另外，数据库中还包括了油菜发育过程中种子在 26 个时间点的基因表达谱，这对于深入研究油菜种子发育过程具有重要意义。

菜籽油是我国传统的食用油，其产量占国产植物油总量的 40% 以上，被认为是最有利于身体健康的食用油之一。油菜基因组测序的完成，极大地推动了油菜基础研究的深入发展。随着基因组测序技术的广泛应用和测序数据的不断积累，研究人员得以更便捷地挖掘重要的功能基因。在过去十余年中，研究者们已成功鉴定出数百个控制油菜重要农艺性状的遗传位点。然而，我们对于这些位点的主效基因及其分子机制的了解仍相当有限。系统全面的基因表达信息有助于研究者快速挖掘候选基因，深入分析目标基因的表达特征，为基因功能研究奠定坚实基础并提供有力支撑。因此，一套系统且全面的、覆盖油菜全生育期及各组织的高分辨率转录组数据，将极大地促进油菜遗传育种及基因功能研究的发展。

3. 甘蓝型油菜变异信息资源（BnVIR）数据库

甘蓝型油菜变异信息资源（*Brassica napus* Variation Information Resource，BnVIR）数

据库由华中农业大学杨庆勇教授团队构建。BnVIR（http://yanglab.hzau.edu.cn/BnVIR）数据库涵盖了 SNP（Single Nucleotide Polymorphism，单核苷酸多态性）、InDel（Insertion-Deletion，插入缺失标记）以及多种类型的 SV（Structure Variation，结构变异）。该数据库是目前已发表的最系统、最完整的甘蓝型油菜遗传变异集合（如图 7-9 所示）。

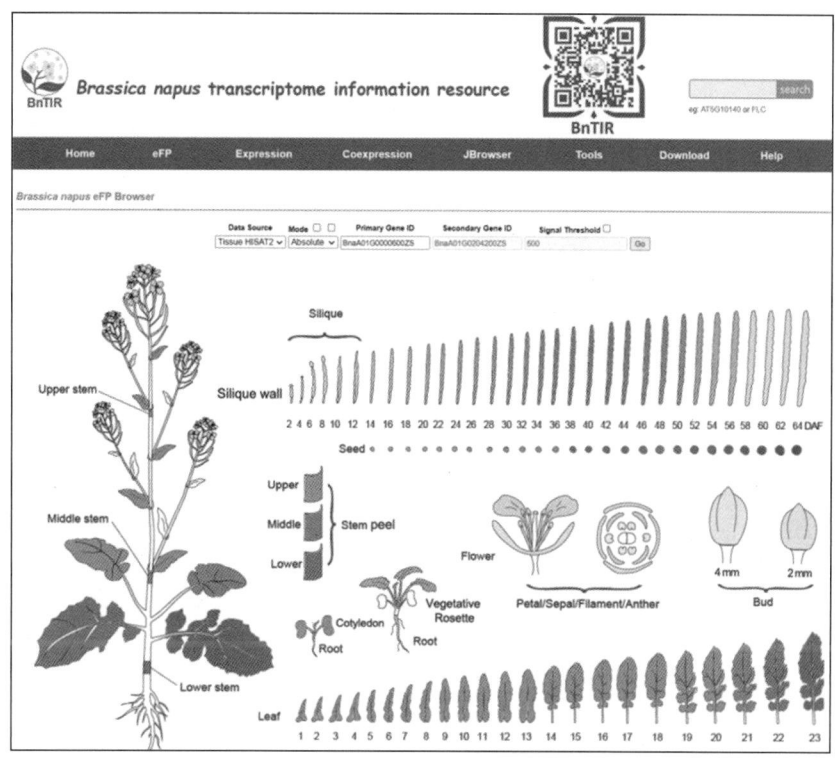

图 7-8　油菜转录信息资源（BnTIR）数据库主页

该数据库提供了群体水平的遗传变异基因型、表型与基因表达量的关联信息，可以辅助快速挖掘与油菜性状相关的候选变异和基因。此外，该数据库为甘蓝型油菜种质资源的查询、群体遗传学及进化分析和关联分析等研究提供了多种工具支持。最后，该研究通过对已报道及新鉴定的候选基因和功能变异案例的深入分析，结合独立表型数据集的检验分析，系统地展示了该数据平台在挖掘与表型相关候选变异和基因方面的潜力、可靠性与稳健性。与现有的甘蓝型油菜数据库相比，BnVIR 不仅提供了更加全面且丰富的变异信息，还实现了这些变异与多个组学数据的关联。此外，其用户界面更加友好且功能丰富，能够显著提升研究者挖掘候选变异和基因的效率，并为甘蓝型油菜的分子育种研究提供有价值的标记。

随着后基因组时代的到来，作物科学领域积累了海量数据。通过运用生物信息技术，对大规模的多组学数据进行系统整合与分析，并构建更友好的图形化、可视化数据库，将极大地促进重要农艺性状功能基因的发掘及其机制解析，推动优异种质资源的开发和利用，从而加速品种选育进程。这对发展高效、精准的新一代生物育种，打赢种业翻身仗具有重要意义。该研究不仅为甘蓝型油菜未来的遗传育种提供了重要平台，同时也为其他作物整合和利用多组学数据，推动育种产业发展提供了宝贵参考。

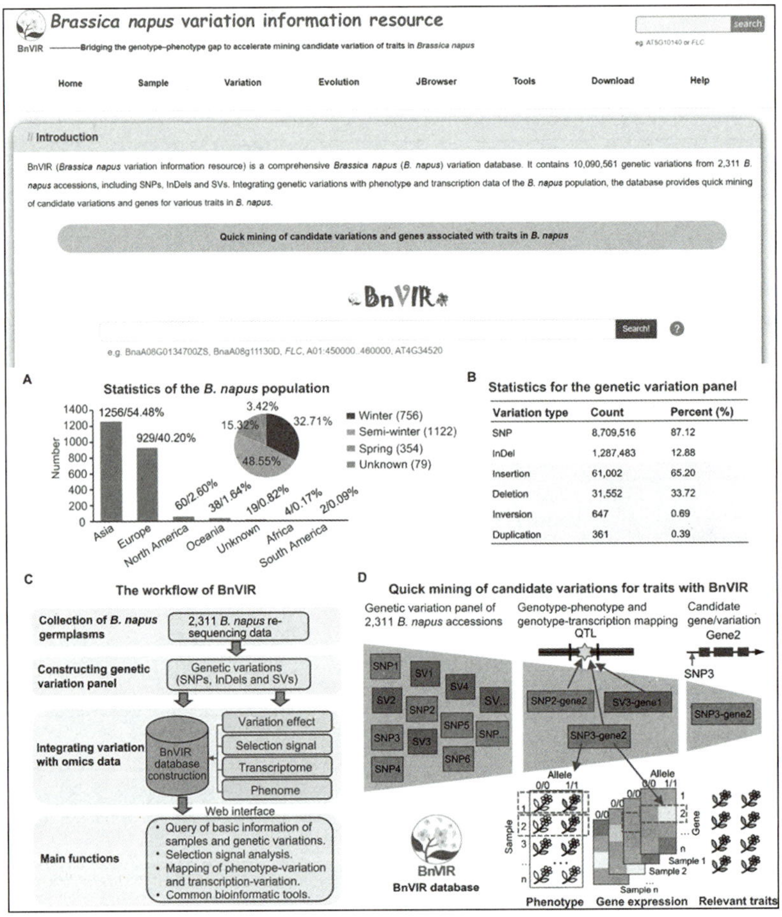

图 7-9 BnVIR 数据库主页、构建流程和概括

4. 油菜多组学（BnIR）数据库

油菜多组学（*Brassica napus* multi-omics Information Resource，BnIR）数据库由华中农业大学杨庆勇教授团队构建。该数据库搜集并整合了甘蓝型油菜基因组、转录组、变异组、表观遗传组、表型组和代谢组等六大组学数据，为油菜遗传育种研究提供了重要的数据资源和高效的分析平台。基于拟南芥基因组的同源关系，并结合从拟南芥信息资源（The Arabidopsis Information Resource，TAIR）数据库获取的拟南芥注释信息，成功预测了各基因组片段所属的基因家族、转录因子、GO 项和 KEGG 通路。

作为国际权威的拟南芥门户网站，TAIR 长期受到广大植物研究者关注，成为植物科学研究最常用的数据和工具平台之一。油菜作为世界上最重要的油料作物之一，是人类食用植物油和饲用蛋白的主要来源。近年来，越来越多的高通量组学技术被应用于油菜研究，产生了大量的基础数据。油菜多组学数据的大量积累，不仅给油菜生物学研究提供了新的契机，也给数据的整合和分析带来了新的挑战。首先，油菜多组学数据规模的激增，对数据存储、检索和分析提出了更高的需求。其次，不同来源、不同组学、不同平台产生的生物大数据具有显著的异质性，目前尚缺乏相对高效的整合和挖掘方法。因此，油菜领域迫切需要一个类似 TAIR 的、能够支撑和服务油菜生物学研究的综合性数据库。

为解决这些问题，研究者充分利用生物信息团队在数据整合和深度分析的经验和优势，以前期发布的 BnPIR、BnTIR 以及 BnVIR 数据库为基础，进一步搜集了近年来新发布的多组学数据集，并进行了统一过滤、处理和分析，最终构建出目前最为系统和全面的油菜多组学（BnIR）数据库（如图 7-10 所示）。与其他现有的数据库相比，BnIR（http://yanglab.hzau.edu.cn/BnIR）是首个综合性的油菜多组学数据库。该数据库不仅收录了迄今为止最全面的多种组学数据，还整合并开发了多个组学数据搜索和分析工具，能够帮助研究者快速获取并深入分析相关信息，为油菜研究者提供了"一站式"的数据检索、获取和挖掘服务，极大提升了研究效率。

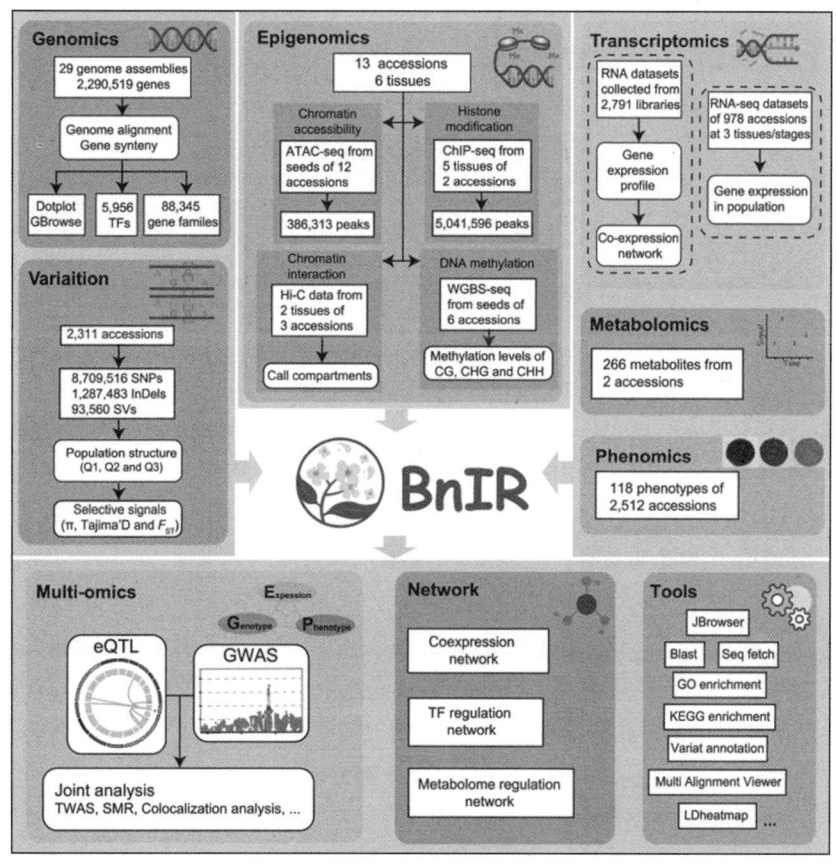

图 7-10　油菜多组学（BnIR）数据库的构建流程

7.3.3　棉花数据库

近年来，随着高质量基因组测序和多组学数据的不断积累，棉花遗传研究逐步深入，有力推动了多种功能型数据库的建设。这些数据库整合了基因组、转录组、遗传图谱、性状标记等多维度信息，为棉花的功能基因解析和精准育种提供了有力支撑。本节将介绍几种常用的棉花数据库及其核心功能。

1. 棉花多组学数据库（CottonMD）

棉花多组学数据库（Cotton Multiomics Database, CottonMD）由华中农业大学信息学院、中国农科院棉花研究所生信中心以及新疆农垦科学院棉花所等多个单位联合构建。CottonMD 数据库（https://yanglab.hzau.edu.cn/CottonMD）是目前最系统和全面的棉花多组学数据库（参见图 7-11），为棉花遗传育种研究提供了重要的数据资源和分析平台。

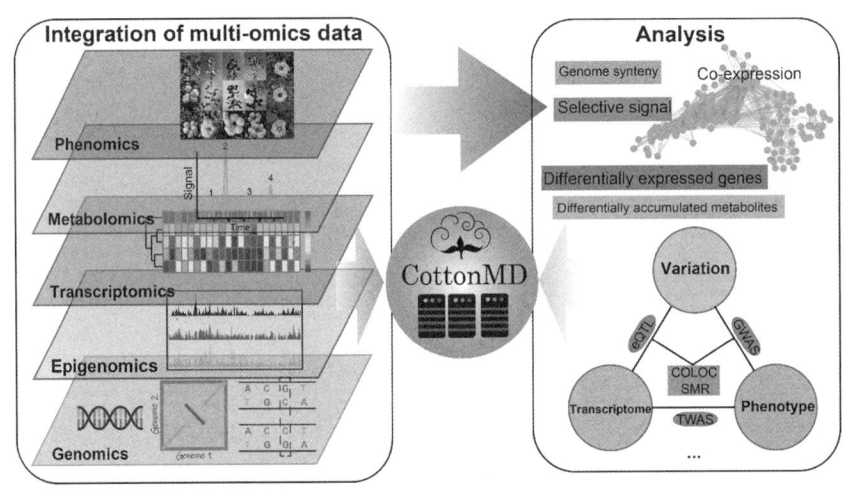

图 7-11　CottonMD 的构建和功能

该数据库包含大量来自不同组学的信息，用户可以通过输入基因 ID 或物理位置信息，便捷地检索基因相关的多组学信息。以 ATAF1 基因为例，用户可以利用基因组模块获取 4 个同源基因的结构和功能信息，并通过转录组模块查询同源基因在不同组织、不同发育阶段以及胁迫环境下的表达特征。这些功能为用户快速、准确地理解基因功能提供了高效的工具。在该数据库中，研究者利用全基因组关联分析（GWAS）、表达数量性状位点定位（eQTL）、孟德尔随机化（SMR）和共定位分析等多组学关联分析方法，对棉花的不同组学数据进行关联，并将分析结果及相关工具整合到数据库中，极大地方便了用户的查询、分析和利用。然后，研究者以纤维伸长率位点 FE1 为例，系统介绍了利用 CottonMD 解析位点调控基因表达和表型机制的方法：①用户首先在 SMR 和 COLOC 模块中查询该位点的 SMR 及共定位分析结果，确定出该位点中的候选基因；②通过 Variation 模块进行单倍型分析，明确不同单倍型对应的基因表达和表型的效应；③利用 JBrowser 浏览器检索该基因区域的遗传变异及表观信号，推测遗传变异对基因表达和表型影响的机制。

与现有的其他数据库相比，CottonMD 是首个采用多种关联分析方法，挖掘"变异–基因表达–表型"之间关联信息，并提供相应数据可视化查询的数据库。此外，该数据库还提供了最全面的棉花多组学数据，以及多种在线多组学分析工具和种质资源管理工具。在 CottonMD 中，所有模块均支持对 25 个已发表的棉花基因组的基因 ID 进行搜索、浏览及数据下载，旨在服务全球范围内的相关研究工作。

2. 棉花组学数据平台（COTTONOMICS）

棉花组学数据平台 COTTONOMICS 由浙江大学植物精准育种研究院张天真团队构建。COTTONOMICS（http://cotton.zju.edu.cn/）是一个易于访问的网络数据库，整合了大量的组学数据，包括基因组数据四倍体棉花品种的重测序数据、RNA 测序（RNA-seq）、小 RNA 测序（smRNA-seq）、染色质免疫沉淀测序（ChIP-seq）、DNase 超敏位点测序（DNase-seq）和亚硫酸氢盐测序（BS-seq）数据。COTTONOMICS 支持用户使用各种搜索方案，检索有关棉花基因组、基因组变异［单核苷酸多态性（SNP）和插入与缺失（InDel）］、基因表达、smRNA 表达、表观遗传调控及数量性状位点（QTL）的信息。其用户友好的界面提供了多个模块，便于存储、检索、分析和可视化棉花多组学数据，助力用户深入解读棉花群体遗传学，并识别影响农艺性状的潜在新基因。

COTTONOMICS 是在 Linux 操作系统上开发的，包含五个主要模块：基因组信息搜索、基因组变异搜索、表达谱分析、表观遗传可视化，以及集成了 BLAST、序列检索、CRISPR 设计等在线工具的界面（如图 7-12 所示）。为了让育种人员和科研人员更轻松地掌握界面及其操作方法，我们提供了几个示例场景：①查询特定棉花品种的基因组信息；②研究异源四倍体棉花品种间的基因组变异；③探索基因表达及共表达网络；④进行 QTL 搜索及其他常用在线生物信息学工具的应用。相较于其他现有棉花数据库，COTTONOMICS 汇集了更丰富的基因组变异及组学数据资源，将为基因功能研究和育种工作提供全面的帮助。它不仅提供一个集全面的多组学数据分析模块和在线生物学工具于一体的网络数据库，还设计了多种搜索界面，这将有助于揭示基因多态性与棉花表型之间的关联，并为表观遗传学和转录组研究人员提供宝贵参考。COTTONOMICS 将显著推动对棉花基因组、其进化历程、基因挖掘及育种技术的持续深入研究。

图 7-12　COTTONOMICS 的首页

7.3.4 其他作物数据库

除了水稻、油菜和棉花等主要农作物之外，其他重要作物相关的数据库也相继被开发，为功能基因发掘、抗逆育种以及品质改良等领域研究提供了有力支持。本节将介绍一些典型的作物数据库，并展示其在推动农业科研与产业发展中的重要作用。

1. 玉蜀黍属综合数据库（ZEAMAP）

玉蜀黍属综合数据库 ZEAMAP 由华中农业大学作物遗传改良国家重点实验室严建兵教授、杨宁教授团队，联合深圳华大基因股份有限公司及深圳国家基因库（CNGB）共同构建。ZEAMAP（http://db.cngb.org/zeamap/）汇集了玉蜀黍属群体的多组学数据资源，涵盖基因组、转录组、遗传变异、表型组、代谢组和表观组等，还包括玉米多种复杂性状的遗传定位结果。该平台提供了丰富的在线数据检索、分析和可视化工具，用户可以直观地对比较基因组、基因共线性区块、表达模式聚类、遗传变异基因型、连锁图谱、遗传定位结果、染色质交互、组蛋白修饰以及群体水平的 DNA 甲基化等多组学数据进行检索和分析。此外，平台还提供了相应的条目链接，方便用户在不同组学数据之间进行跳转访问（如图 7-13 所示）。

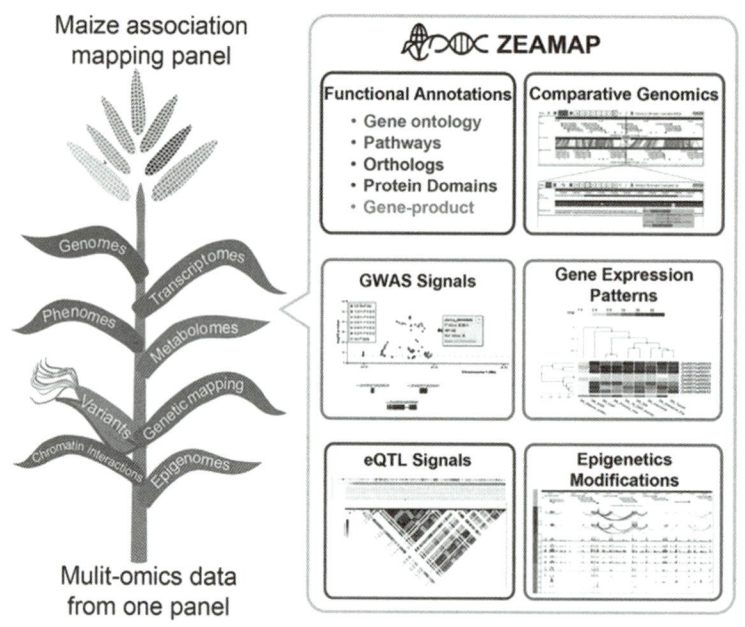

图 7-13 玉蜀黍属综合数据库 ZEAMAP 的功能模块

基因组学模块负责收集与 ZEAMAP 中现有基因组和种群相关的参考基因组组装、基因表达谱及比较基因组学信息。目前，ZEAMAP 包含四个玉米近交系（B73、SK、Mo17 和 HZS）和一个茶树品种（*Zea mays ssp.* mexicana）。每个基因组均设有专属页面，页面内提供该基因组的基本信息，以及访问各种相关信息和生物信息学分析工具的子菜单链接。变异模块依据 B73 参考基因组，收集 AMP 中的 SNP、InDel 和 SV 等多态变异的基因型和其注释信息，并基于 SNP 基因型矩阵生成单倍型图谱。基因的一般变异信息，包括变异位置、等位基因类型及注释，可通过 ID 或位置进行查询，并以表格形式直观展示。ZEAMAP 收集了 AMP 的表型数据，提供了基于主成分分析（PCA）评估的种群结构的交互式信息，并通过无监督聚类分析推断出整个玉米种群及数据库中每个亚种群的祖先信息。除了上述主要生物模块之外，ZEAMAP 还提供多种附加工具，包括全站搜索引擎、BLAST 服务器、CRISPR 浏览器和 FTP 数据下载器等。ZEAMAP 拥有友好的用户界面，能够交互式地整合、可视化和交叉引用多个不同的组学数据集，从而有力支持玉米的遗传改良工作。

2. 小麦基因组变异与选择信号数据库（WGVD）

小麦基因组变异与选择信号数据库（Wheat Genome Variation Database，WGVD）由西北农林科技大学康振生院士团队与姜雨教授团队联合构建。WGVD（http://animal.omics.pro/code/index.php/Wheat）包括面包小麦（*Triticum aestivum*）及其祖先的全基因组重测序和外显子捕获数据所揭示的基因组变异，以及小麦驯化和改良过程中呈现的全基因组选择性信号。这些数据极大地推动了小麦的功能基因组研究及育种工作（如图 7-14 所示）。面包小麦由三个密切相关的亚基因组（AABBDD）组成，为全球人口提供了主要的热量和蛋白质来源。它的起源可追溯至两个关键的进化事件：首先，四倍体野生小麦（*Triticum dicoccoides*，基因组型 AABB）的最初驯化，以及随后四倍体驯化小麦（*Triticum dicoccum*，基因组型 AABB）的演化；其次，四倍体驯化小麦与二倍体野生小麦（*Aegilops tauschii*，基因组型 DD）的杂交。WGVD 可以通过其用户友好的界面进行访问，提供四个主要功能：变异搜索、基因组选择信号搜索、基因组浏览器以及比对工具（BLAST）。与之前包括小麦变异的数据库（如 GrainGenes、dbSNP、Wheat@URGI 和 Wheat-SnpHub）相比，WGVD 基于所有收集的样本、个体基因型、阅读覆盖深度以及个体的详细样本信息，提供了更为全面的数据支持。这不仅提升了数据的利用率，还有助于深入进行群体遗传分析。此外，还提供了五组 Ae 的选择分数。该资源有助于用户识别与表型变化相关的选择位点或基因，并深入研究其背后的机制。用户还可以从 WGVD 下载样本列表、变异数据及选择信号数据，以供其他感兴趣的研究项目使用。该数据库对小麦进化研究和功能基因挖掘具有重要价值，将成为深入分析小麦育种的有力工具和宝贵档案。

3. 基因型填充的多个植物遗传变异参考数据库（Plant-ImputeDB）

基因型填充的多个植物遗传变异参考数据库（integrated multiple plant reference panel database for genotype imputation, Plant-ImputeDB）由华中农业大学信息学院生物信息团队构建。Plant-ImputeDB（http://gong_lab.hzau.edu.cn/Plant_imputeDB/）包括水稻、玉米、小麦、油菜、棉花等 12 种重要农作物的遗传变异信息，为植物遗传育种研究提供了宝贵资源。基因型填充（Genotype imputation）是根据参考面板（reference panel，亦称参考集）中的单体型和基因型，对目标样本中缺失的基因型进行估计和填充的过程。基因型填充能够有效增加单核苷酸多态性（SNP）的密度，因此广泛应用于相对经济且低密度的 SNP 芯片的填充，以支持大规模全基因组关联研究（Genome-Wide Association Studies，GWAS）。然而，大多数植物缺乏高质量的参考面板，这极大限制了基因型填充在植物领域的应用。为突破这一瓶颈，研究团队成功开发了植物遗传参考变异库——Plant-ImputeDB。该数据库整合了包括水稻、玉米、小麦、油菜、棉花等12种重要农作物的遗传变异信息及全基因组重测序数据，构建了植物中首个多物种参考面板的综合数据库（如图7-15所示）。该数据库提供在线的基因型填充服务，支持SNP和基因组block两种方式的搜索与浏览，并允许用户下载相应数据。此外，数据库还接受不同类型的基因组变异数据提交，确保所有公开可用数据的免费和开放访问，以助力全球范围内的相关研究。

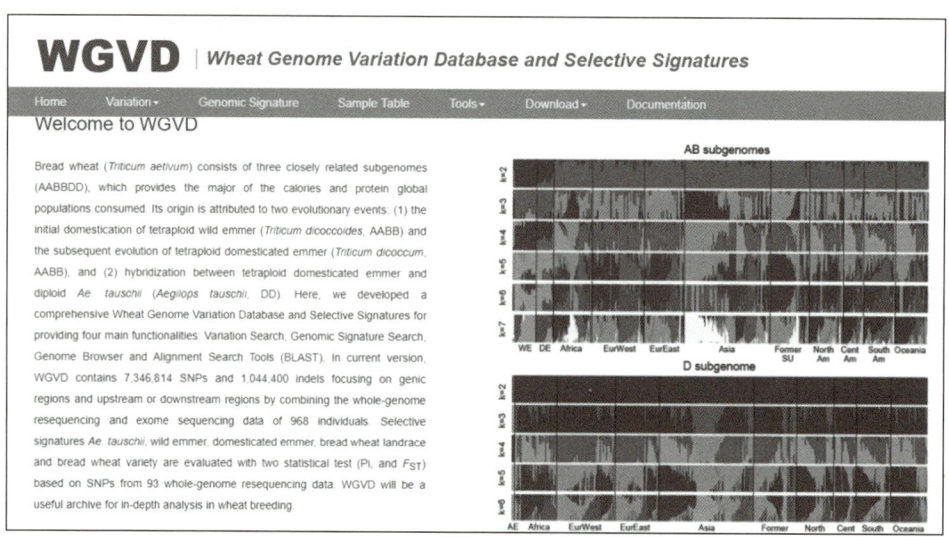

图7-14 小麦基因组变异与选择信号数据库（WGVD）主页

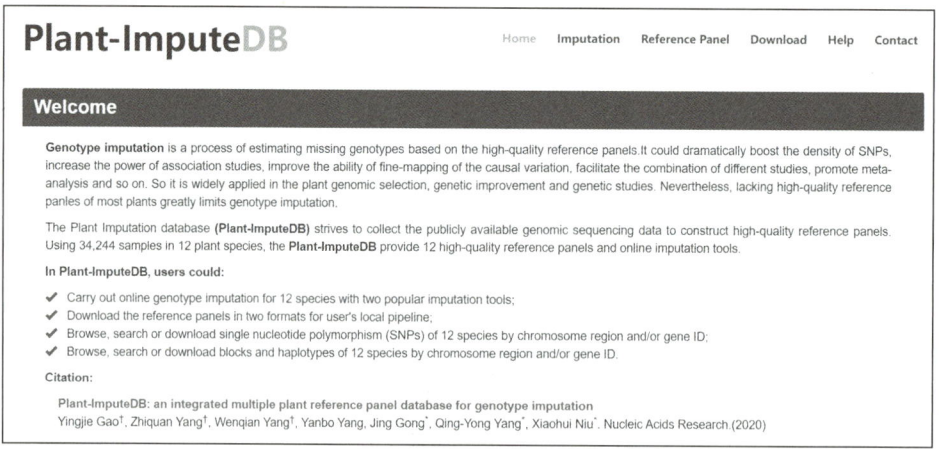

图7-15 基因型填充的多个植物遗传变异参考数据库（Plant-ImputeDB）主页

7.3.5 动物数据库

随着动物基因组测序与表型数据的快速积累，猪、牛、羊、鸡等主要家畜的数据库体系不断充实与优化。这些数据库涵盖了基因组注释、遗传变异、功能基因、表型性状等多维度信息，已成为畜禽分子育种、性状改良与疾病防控的重要数据支撑平台。本节将介绍若干典型动物数据库,并展示其在现代畜牧业中的实际应用。

1. 跨物种多组学知识库 IAnimal

跨物种多组学知识库 IAnimal 由华中农业大学赵书红教授团队构建。IAnimal（https://ianimal.pro/）提供了包括猪、鼠、鸡、狗在内的 21 个物种的生物多维组学数据（WGS/RNA-Seq/ChIP-Seq/ATAC-Seq）。利用知识库提供的数据挖掘工具、灵活的 API 接口以及便捷的数据处理工具,能够显著提升公共组学大数据的复用性,为大数据驱动的动物智能育种奠定基础（如图 7-16 所示）。

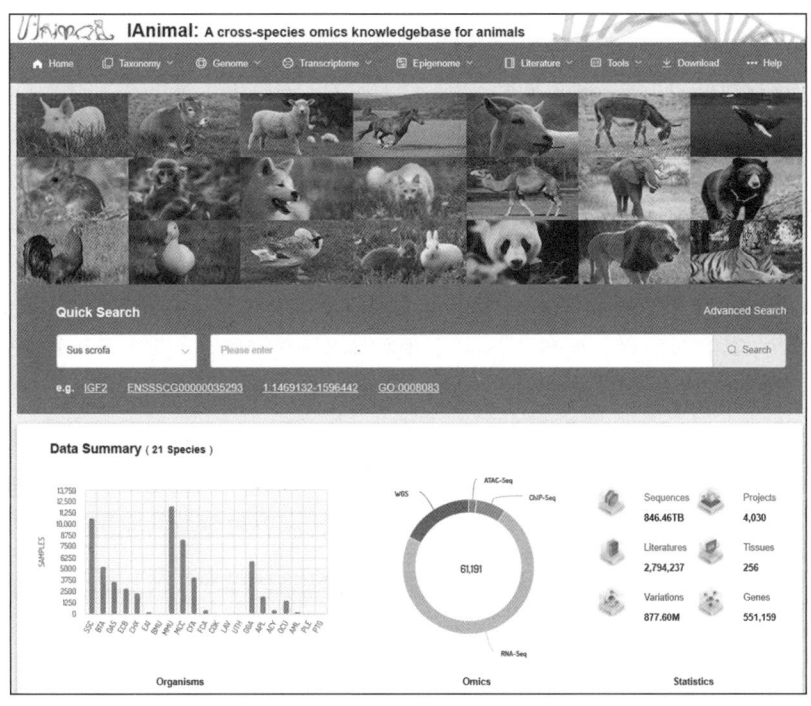

图 7-16　IAnimal 知识库首页

IAnimal 致力于通过跨物种多组学大数据分析,帮助用户挖掘基因功能,同时有效利用海量公共数据,显著降低因大量重复计算而导致的能源消耗。其核心优势在于灵活的数据 API 接口,用户不仅能够利用知识率提供的在线工具处理海量组学数据,还可以根据实际需求调用感兴趣的数据,进行下游挖掘和分析。例如,利用文献组相关接口,用户能够快速分析特定基因的潜在生物学功能,以及识别与特定性状相关的潜在调控基因;借助相关系数接口,用户可以快速获取与指定基因紧密关联的基因,并将其连接成网络。同时,通过结合同源基因相关接口,可以方便地比较基因在不同物种中的调控模式差异;借助基因分型接口,用户只需根据实验目的选择合适群体,即可获取指定位点在这些群体中的基因型矩阵,以便进行下游分析。未来,IAnimal 将持续从更多维度提供更全面的多维组学信息,基于深度学习技术开发智能整合算法及相应的数据挖掘和可视化工具。以丰富的组学大数据为驱动,产出知识来填补基因组和表型组之间的空白。

2. 猪整合组学知识库 ISwine

猪整合组学知识库 ISwine 由华中农业大学赵书红教授团队构建。ISwine（http://iswine.iomics.pro）作为国际上首个猪整合组学知识库，成功创建了一个基于卷积神经网络模型和多组学信息的候选基因评分推荐系统，有效打通了从 GWAS 结果的显著标记到候选基因推荐的"最后一公里"。

单一组学分析（如 GWAS）往往止步于标记和表型间的"相关性"，难以揭示"因果关系"，根据中心法，遗传信息从 DNA 转录至 RNA，再翻译生成各种蛋白质，执行特定的生物功能。一个完整的生物过程需要多个组学的参与。近年来，猪的多组学信息呈现超指数级增长。如何解读海量且异质性的多组学数据，并整合来自不同研究的多组学信息，以解析遗传变异与重要经济性状间的关联，面临着极大的挑战。为解决上述问题，我们收集了公共数据库中几乎全部的猪基因组数据、转录组数据以及性状相关的文献组数据。经过数据清洗、分析及结构化处理，将这些数据分别以基因组变异数据库、基因表达数据库及 QTX 数据库的形式收录到 ISwine 中（如图 7-17 所示）。其中基因表达数据库是猪类第一个基于转录组数据的表达谱数据库，而基因变异数据库则是猪类最大的变异信息数据库。自 2018 年 NCBI 停止对猪 dbSNP 数据库的更新以来，ISwine 为猪遗传育种研究人员提供了丰富的基因组变异信息和完备的单倍型信息。此外，ISwine 根据不同组学特点，设计了用户界面友好的浏览、检索、可视化、交互和下载模块，使用户能够节约大量分析时间和费用，便捷地利用这些海量的组学信息。例如，用户可以直接输入 GWAS 结果或候选基因列表，ISwine 将基于卷积神经网络模型和多组学信息，针对目标性状推荐"高分"候选基因。该策略不仅适用于猪类，还可拓展应用到其他物种，为多组学信息在遗传和育种领域的应用提供了新思路。

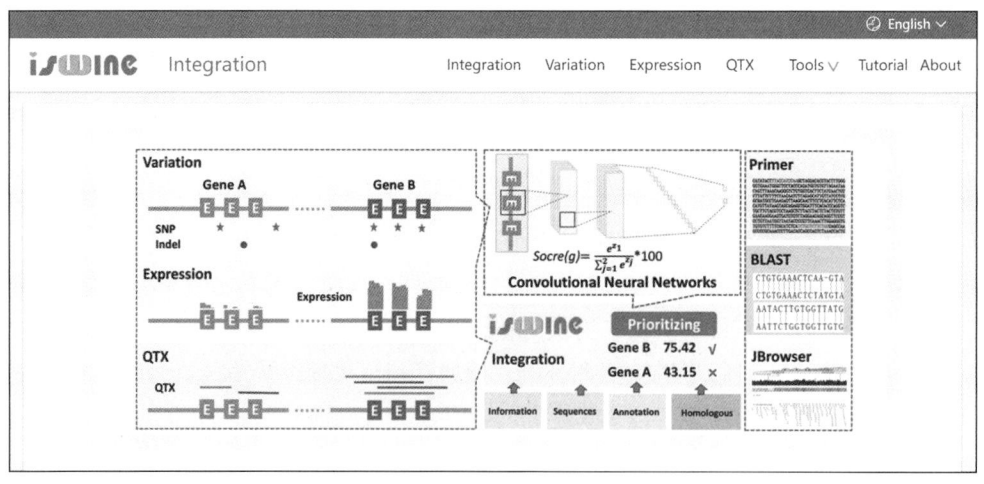

图 7-17　ISwine 知识库首页

3. 动物组学数据库 AOD

动物组学数据库（Animal Omics Database，AOD）由西北农林科技大学动物科技学院姜雨教授主持构建。AOD 项目（http://animal.omics.pro/）涵盖以下数据库：反刍动物基因组数据库（Ruminant Genome Database，RGD）、动物变异数据库（包括牛变异数据库，BGVD、羊变异数据库，SheepVar、山羊变异数据库，GGVD、鸡变异数据库，Galbase）以及动物泛基因组数据库（包括猪泛基因组数据库，PIGPAN、山羊泛基因组数据库，GOATPAN、鸡泛基因组数据库，CPAN）。为了深入探索农艺性状相关的基因及致病变异，解释其分子机制，从而为育种提供有力支持，AOD 项目系统地筛选了所有功能变异，并报告了候选基因。该项目的目标是整合人类和家畜的可用组学数据，构建一个用户友好的网络界面，供科学界便捷使用。首先，生成泛基因组，从全球范围内的品种及其野生近缘种中收集大规模的重测序、ATAC-seq、Chip-seq 和 RNA-seq 数据，进行功能变异的筛选和注释（如图 7-18 所示）。然后，借助 GWAS/QTL 研究，并结合进化和比较基因组学的工具和方法，研究导致农艺性状的候选致因变异，这些农艺性状经历了强烈的自然选择或人工选择。另外，还对进化和驯化过程中所涌现的一些创新基因型和表型变化进行了实验验证。

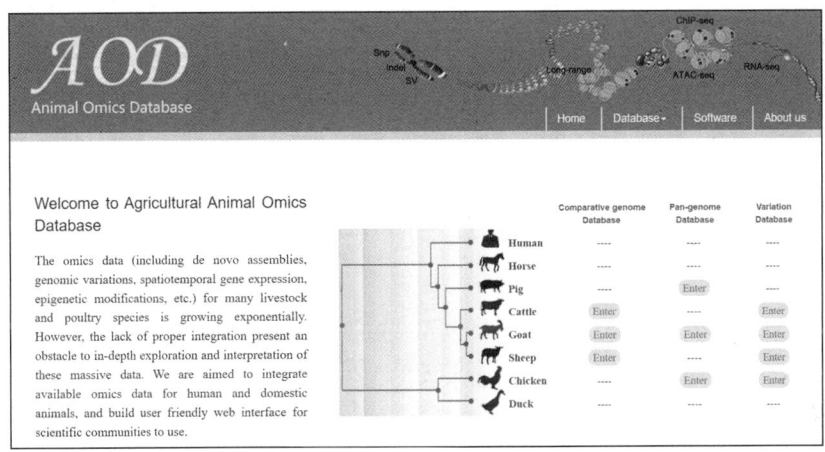

图 7-18　AOD 数据库首页

反刍动物基因组数据库 RGD（http://animal.omics.pro/code/index.php/RGD）是一个交互式可视网站，整合了反刍动物基因组计划（RGP）的数据以及全球其他公共数据资源。RGD 提供各种数据服务，包括比较基因组、基因表达、表观基因组学信号、基因本体和通路功能注释、QTL 和 GWAS。此外，RGD 还配备了在线工具，如基因组浏览器、BLAT/BLAST、表格下载和 LiftOver 功能，方便用户进行基因组数据的可视化和深入分析。

牛基因组变异数据库 BGVD（http://animal.omics.pro/code/index.php/BosVar）具备六大功能：基因快速搜索、变异搜索、基因组特征搜索、基因组浏览器、比对搜索工具（BLAT/BLAST）和基因组坐标转换工具（LiftOver）。此外，众多外部数据库如 NCBI、UCSC Genome Browser、AnimalQTLdb、AmiGO 2 和 KEGG 均已被集成至 BGVD 浏览器中。BGVD 将成为深入研究牛生物学及牛育种领域的宝贵资源库。

绵羊变异数据库 SheepVar（http://animal.omics.pro/code/index.php/SheepVar）提供五大核心功能：搜索 SNP、搜索 Indel、基因组浏览器、比对搜索工具（BLAT/BLAST）和基因组坐标转换工具（LiftOver）。用户可以在地理地图上直观展示基因组变异的频率，并在基因组浏览器中查看特定区域。SheepVar 将持续更新，未来将提供基于 PacBio HiFi 测序的高质量结构变异（SV）数据。这个庞大的遗传变异目录将成为绵羊变异研究的基准资源，并便捷地应用于绵羊育种研究。

山羊变异数据库 GGVD（http://animal.omics.pro/code/index.php/GoatVar）专门用于研究现代和古代山羊基因组的变异、选择特征及导入区域。GGVD 提供七大核心功能：基因组特征搜索、导入浏览、变异搜索、基因组浏览器、比对搜索工具（BLAT/BLAST）、基因组坐标转换工具（LiftOver）以及基因组选择性特征扫描工具（pcadapt）。用户可以自由地将基因组变异频率可视化为地理图，将选择性区域可视化为交互式表格、曼哈顿图或折线图，尤其是将 SNP 基因型模式可视化为热图。GGVD 允许用户识别与育种相关的候选基因和变异，并追踪变异在选择和引入事件之前、期间及之后的状态。

鸡变异数据库 Galbase（http://animal.omics.pro/code/index.php/ChickenVar）涵盖了参考基因组、注释信息、高质量遗传变异、转录组数据、组蛋白修饰、开放染色质区域、GWAS 和 QTL 等多维度信息。Galbase 允许用户在地理图中检索基因组变异、在热图中检索基因表达情况，以及分析峰值模式中的表观基因组信号。此外，该数据库还提供了基于多层表观数据对基因、区域和位点进行批量注释的模块。Galbase 集成了 UCSC 基因组浏览器、华盛顿大学表观基因组浏览器、BLAT、BLAST 和 LiftOver 等工具，极大地方便了序列特征的搜索和可视化。Galbase 的推出将为探索功能研究提供新的见解，并将为养鸡研究领域带来巨大的希望。

猪泛基因组数据库 PIGPAN（http://animal.omics.pro/code/index.php/panPig）为科学界提供了丰富的数据集，有望推动猪基因组研究的深入发展。

山羊泛基因组数据库 GOATPAN（http://animal.omics.pro/code/index.php/panGoat）以山羊参考基因组（ARS1）为基础，并结合从 7 个 Caprini 物种（包括绵羊、阿尔加利羊、穆弗伦羊、野山羊、山羊、巴巴利羊和蓝羊）中收集的 9 个从头组装序列，通过将每个序列与 ARS1 进行迭代比较，并利用重测序数据进行验证，研究团队发现了 ARS1 中未包含的 38.3 Mb 泛序列，这一部分约占山羊泛基因组估计总大小的 57.0%。这些泛序列包含基因区，并呈现出种群特异性模式，表明它们可能具有重要的生物学功能。

鸡泛基因组数据库 CPAN（http://animal.omics.pro/code/index.php/panChicken）基于 20 个具有高测序深度的全新基因组组装而成，揭示了 1335 个蛋白质编码基因和 3011 个此前未曾报道的长非编码 RNA。这些新发现的基因在大多数受检个体的转录组中均有检出，然而，在每个 DNA 测序数据中，无论是采用 Illumina 还是 PacBio 技术，其测量结果均呈现随机性。此外，与以往的泛基因组模型有所区别的是，这些新基因大多集中在染色体亚端粒区域和微染色体上，呈现出显著的代表性过高现象。其周围有极高比例的串联重复序列，这极大地阻碍了 DNA 测序的进行。研究证实，这些隐藏基因为所有鸡基因组所共有，其中包括许多看家基因，且富集在免疫途径中。比较基因组学发现，新基因的替换率较已知基因高出三倍，这一发现刷新了我们对鸟类进化速度的认知。该数据库为构建更为精准的鸡基因组提供了一个框架，这将有力推动对禽类进化的深入理解，并有助于优化家禽育种策略。

7.4 农业知识工程

农业生物信息学当前面临的核心挑战是如何将数据有效转化为知识。及时、准确且具有价值的农业知识不仅是现代农业生物信息学发展的重要支撑，更是各类农业生物信息学应用所迫切需求的。由于农业生物信息涉及的影响因素众多、管理难度较大，相关数据呈现出分散性、海量性、复杂性等特点，且持续获取的手段较为稀缺，因此，如何实现农业生物信息知识的快速准确获取、深度挖掘以及智能认知服务，成为推动农业生物信息化高质高效发展和数字农业建设的关键所在。传统的农业生物信息服务大多仅停留在数据层面，已难以满足现代农业生物信息学的快速发展需求。农业知识工程是科研人员针对农业经营主体对农业信息的需求和经验所构建的技术系统。该系统充分运用数据科学、可视化分析和人工智能等关键技术，整合、关联并分析农业种植生产全链条的数据，提供个性化、精准且智能的知识服务模式，从而实现"数据－知识－方案"的价值链。当前，中国农业正处于从主观经验判断向大数据智能决策转型的关键阶段，农业知识工程成为我国未来发展的重要研究方向。这一领域有望弥补当前人工智能技术在农业生产应用中的不足，推动中国农业的深刻变革，助力实现农业的高质量发展。具体而言，当前农业知识工程的研究内容主要包括农业元数据治理和农业知识库构建两方面内容。

7.4.1 农业知识工程的基本概念

农业知识工程作为融合数据科学、人工智能及领域知识的新型技术体系，其首要任务是厘清相关核心概念及其基本构成。在现代农业生产中，数据源异构、知识分散等问题尤为突出，如何从多源农业信息中高效提取、组织并表达可复用的农业知识，成为推动农业智能化应用的关键前提。本节将围绕元数据和农业知识库这两个关键要素，讲解农业知识工程的基础内涵及其技术支撑体系。

1. 元数据

异质异构的农业数据呈现激增态势。迫切需要将农业信息资源有效转化为知识，并抽取其中内涵丰富的语义信息，以反哺农业产业各项任务，从而在农业应用场景中提供精准决策支持。澳大利亚莫纳什大学的研究人员提出了管理科学数据所面临的三大挑战：首先，如何有效管理大量异质且异构的多源数据；其次，如何为元数据提供恰当的上下文和结构支持；最后，如何适应不断发展和演变的数据与知识环境。

现阶段的农业信息资源大致可分为两类：一类是由专家和学者整合而成的，以常规概念和实体为主的静态农业信息资源；另一类则是涉及动态变化和资源之间交互和协作的动态农业信息资源。对于静态农业信息资源，可以通过构建符合 ISO/IEC 11179 元数据注册国际标准的元数据来进行注册和管理。而对于动态农业信息资源，则可以通过构建语义更加丰富的本体，并结合支持语义互操作的本体管理元模型（如采用 ISO/IEC 19763 元模型互操作性框架），实现有效的注册和管理。

当前农业领域的核心挑战之一是如何有效集成和解释来自不同设备和数据源的异构数

据。建立统一的数据模型和标准化的元数据是解决此类问题的基石。然而，其挑战性在于如何就通用信息上下文达成一致，以及如何选择合适的模型进行数据表示、查询和更新模型等技术操作，以确保模型具备良好的可扩展性。为了应对此类挑战，基于本体技术的可扩展语义架构，适用于农业领域多源异构大数据的管理与维护，旨在解决复杂领域的建模与知识整合问题，提升多个农业数据源之间的互操作性。此外，语义技术能够支持 Web 上的数据与知识交互，OWL、RDF Schema 等本体语言不仅富含概念内涵与外延表现力，还具备严格的逻辑定义，使其成为理想的概念模型。依托这些特质，可以构建灵活高效的农业知识数据管理系统。

瓦赫宁根大学的研究人员构建了面向马铃薯生产环境的马铃薯本体，旨在服务于马铃薯产业的自动化决策支持系统和数据交换任务。加拿大阿尔伯塔大学的研究人员则开发了一种本体模型，用于描述鱼菜共生系统中装备与参数之间的关系，以支持鱼菜共生农场在生产设施布局和系统设计方面的精准决策。此外，这一本体模型还依托于一个结构化的多语种农业词库 AGROVOC，该词库涵盖了作物育种、林业、渔业等多个与农业密切相关的领域。AGROVOC 对多个农业词汇表和农业知识系统进行了对齐和链接，构建了涵盖粮食和农业广泛领域的全球数据枢纽。西南大学的研究人员为柑橘种植构建了一个柑橘施肥本体（Citrus Fertilization Ontology，CFO），并结合贝叶斯网络进行了扩展。该本体能够根据柑橘疾病症状进行分类，从而在不同条件下实现精准的施肥决策。吉林大学的研究人员构建了玉米病虫害防治本体 CIPO，旨在规范化描述玉米病虫害领域知识。虽然农业领域的本体数量不断增加，但是畜牧行业的本体仍较为罕见。中国科学院合肥智能机械研究所的研究人员抽取了猪生产学领域的核心概念，明确了概念之间的关系，进而构建了猪生产学本体。应用农业元数据和农业本体技术，有助于更好地理解多源异构农业数据信息的互联性与实用性。

2. 知识库

农业数据存在零散性、缺乏统一性等问题；同时，农业知识碎片化现象严重，缺乏针对农业大数据知识化的语料库，难以通过知识赋能实现提质增效。在语义技术的基础之上，知识图谱方法扩展了推理与发现新知识的能力。随着知识图谱在医学、工业等垂直领域的广泛应用，以及农业信息化的发展，利用知识图谱技术解决知识零散、不成体系、数据孤岛现象等行业难题，进而构建高效的农业知识决策平台，成为当前农业产业发展亟待解决的重要课题。

2021 年，Hassani-Pak 等人设计的基因网络平台 KnetMiner 成功整合了大量的农业原始数据集、模式植物信息和文献资料，并通过知识子图的形式将查询信息进行可视化展示。该平台的多维数据集成，有效助力研究人员揭示重要农艺性状与候选基因之间的隐藏关系。南京农业大学的研究人员提出了一个基于知识图谱和案例推理的水稻精准施肥模型。该模型使用案例推理技术，对传统的知识图谱推荐方法进行有效补充，从而为农艺事件提供了更为全面且精准的施肥方案。英国洛桑研究所 KnetBuilder 生物信息平台的研究人员提出了一种通用的方法，用于构建基因组范围（genome-scale）的知识图谱数据管理平台（https://github.com/Rothamsted/knetbuilder）。该方法不仅整合 UniProt、基因本体 GO、PubMed 等公共数据库的结构化数据，还能通过自然语言处理技术从生物文献中挖掘"基因-性状"关系，以充实初始的知识图谱。法国蒙彼利埃大学的研究人员开发的农业知识图谱 AgroLD 大数据管理平台（http://agrold.southgreen.fr/agrold/），通过整合 GO、PO 等十个作物本体，汇集了 Gramene、Oryzabase、UniprotKB 等十个公共数据库中的数据，构建了包含 100 兆三元组的数据集。

7.4.2 农业知识工程的基本内容

本节将围绕农业知识工程的研究框架、分析流程及关键技术模块进行深入研讨，系统地介绍从知识建模、抽取、融合、推理到知识服务的完整技术链条，展示农业知识如何从底层感知到高层智能决策中实现闭环支撑。

1. 研究框架

图 7-19 显示的是一个融合数据层、算法层和知识服务层的农业知识工程研究框架，旨在推动农业领域的知识管理和智能化决策支持服务的发展。

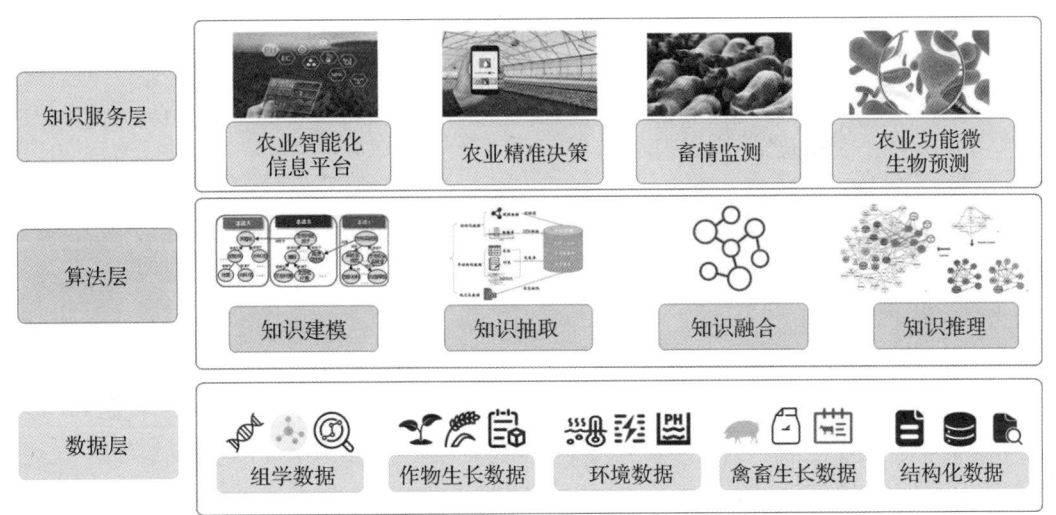

图 7-19　农业知识工程及知识服务研究框架

数据层作为数据驱动的基础架构，在农业的数字化转型和智能化发展中发挥着关键作用。数据驱动已成为现代农业的核心趋势和显著特征，通过全面收集和分析数据，助力农业从业者做出更为精准的决策和管理。数据层整合了来自空天地农业信息采集系统的多源异构数据，涵盖传感器数据、遥感数据、气象数据等。这些数据具有多模态的特性，以结构化数据、文本、图像等多媒体形式呈现，蕴含了丰富的农业领域知识，为农业知识的整合和应用服务提供了强有力的数据支撑。

算法层致力于综合运用知识建模、知识抽取、知识融合和知识推理等关键技术和算法，构建并组织农业知识体系，旨在为多场景农业智能决策服务提供全面且可靠的知识支撑。具体而言，在农业科学叙词表、科技语料库、分类体系、农业专业词典等一系列辅助工具的指导下，构建农业相关领域的本体，系统化地组织和呈现农业数据相关的概念、属性及关系，并建立层次结构和约束机制。在此基础上，运用自然语言处理技术、机器学习和深度学习等先进方法，从文本、结构化数据源等多模态农业数据中，通过实体识别、关系识别、语义建模等操作，抽取领域知识，以便在知识图谱中实现精准的表示。为解决不同知识源之间的冲突、重叠或不一致性等问题，通过采用实体消歧、关系合并、知识消歧等技术，将知识有效整合到更完整、一致且精确的知识图谱中，从而支持更全面的知识表示与实际应用。进一步地，基于知识图谱中定义的规则和关系，能够推导出新的知识、关联或结论，以此扩展和丰富知识图谱，揭示潜在的模式与关联，进而支持更高层次的知识发现与智能决策服务。

知识服务层依托知识图谱所提供的结构化和语义化的农业数据及领域知识，运用数据挖掘和机器学习等技术，对农业数据进行深度分析和精准推理，为用户提供有定制化的功能及智能决策支持，涵盖作物生长预测、病虫害预警、水肥管理等多元化服务，助力农业从业者实现智能化、高效化和可持续的农业生产模式。

2. 分析流程

针对获取的大量农业多模态数据，华中农业大学信息学院张红雨团队提出了一种农业知识工程分析流程，该流程在数据层、算法层和认知服务层的研究框架基础上，基于主动元学习理论指导，以软件智能体与科学大数据双向偶联自指循环的方式完成对农业大数据的知识建模、知识抽取、知识融合和知识推理，以实现对农业数据更加全面、准确的分析和知识挖掘，为后续的知识服务提供丰富且可信的知识背景。

具体而言，如图 7-20 所示，该方法框架主要由五个核心组件构成，包括农业数据整合（DI）分系统、强化学习智能提问（QG）分系统、智能问答（QA）分系统、知识图谱更新（KGU）分系统和智能服务（IS）分系统。对于由 DI 分系统整合得到的农业多模态数据，首先借助 KGU 分系统中知识建模模块，将数据中的实体、关系及属性进行抽象表示，旨在提供一种计算机可理解且便于处理的组织和管理农业领域知识的方式。然后，基于奖励机制的 QG 分系统通过持续学习，主动生成与农业多模态数据信息相关的问题。同时，QA 分系统根据生成的问题，借助自然语言处理技术，从输入的农业信息中检索并生成相应的答案。进一步地，在 KGU 分系统中，通过利用提炼得到的问答对，经过知识抽取和知识融合模块的处理，初步构建农业知识图谱。在此基础上，知识推理模块依托现有农业知识图谱中的事实和关系，推导出未知的农业知识及结论，旨在进一步扩展和丰富农业知识图谱的应用能力，从而为 IS 分系统提供更为全面、精准的知识服务。各分系统所生成的反馈结果则作为奖励（如，问题合法性奖励、问题相关性奖励、知识有效性奖励、知识更新性奖励以及知识服务效果奖励），持续优化 QG 系统，推动方法框架的迭代更新，最终实现对知识图谱的有效构建、更新及应用。

（1）知识建模

农业知识建模，亦称为农业本体知识建模，旨在通过定义概念、属性及关系，构建农业本体模型，为农业领域的知识和概念提供一种系统化、规范化、标准化的组织方式。农业本体模型的构建，依托于农业科学叙词表、科技语料库、分类体系、农业专业词典等农业知识组织体系，并结合人工参与完成。传统的农业本体构建方法通常仅从特定领域或数据源中抽取农业本体信息，存在明显的领域局限性。在跨领域数据集成的任务场景中，基于单一领域抽取的农业本体模型难以全面涵盖农业领域的相关信息，进而影响跨本体数据和知识的交流与共享，导致数据与知识分布趋于零散。

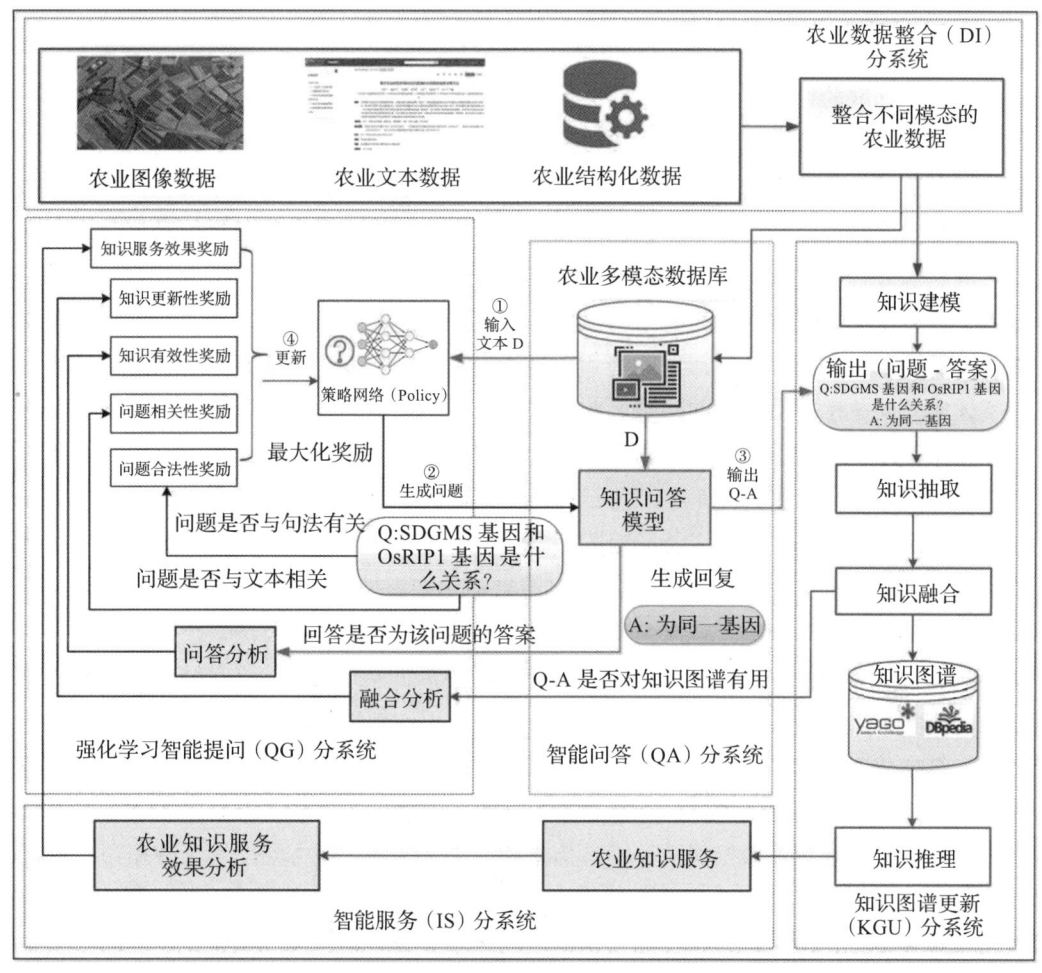

图 7-20　农业知识工程及知识服务解决方案框架（见彩插）

为克服这一问题，科研人员提出了一种针对农业生物大数据的公共链接本体方法论。该方法论的核心思想是将多个与特定领域相关的现有本体整合为一个统一的公共链接本体，以实现不同领域间的信息互联。在跨领域的农业数据集成任务中，此方法融合数据清洗、模式匹配和值映射操作，指导完成数据源的语义标注工作，从而获取更全面、一致且准确的农业领域知识。本体对齐的目标是通过匹配和映射不同本体之间的概念、属性及关系，建立本体之间的关联，从而推进跨领域农业数据的互操作性和集成。基于语义和结构嵌入的本体对齐方法，借助 Siamese 神经网络语言模型（Neural Network Language Model，NNLM）和图卷积网络（Graph Convolutional Network，GCN），从语义和结构两个维度更精准地捕捉本体间的语义关联性与结构相似性。进一步地，通过结合"门"机制与相似度计算，该方法能够对输入本体执行高效的对齐操作。针对水稻性状缺乏统一且规范的描述标准这一难题，目前，已通过对齐 TO、WTO 和 unRiceGene 这三个现有的水稻性状术语集，手动构建了一个水稻性状本体（Rice Trait Ontology，RTO）。该本体规范了水稻育种研究中常用的性状概念术语，从而为后续水稻性状知识的自动挖掘奠定了潜在的基础。

（2）知识抽取

农业知识抽取的目标是运用信息抽取技术，从多源、多模态的农业大数据中精准识别并提取相关实体、关系及属性等知识元素，旨在构建大规模的农业知识图谱。当前，结构化的实验数据和文献数据被广泛认定为当前农业领域知识的主要来源。

在实际农业知识抽取任务中，往往面临知识库构建成本高昂和低资源场景下知识获取困难的挑战。为此，针对结构化实验数据，通过设计并应用农业领域本体指导下的自动语义建模技术，可以挖掘数据源中潜在的语义信息，并生成相应的语义模型，从而实现将数据自动发布到知识图谱的目标。基于知识图谱和图算法的关系匹配方法，能够有效解决语义建模过程中实体实例间关系类型歧义的问题。此方法首先依据指定的中心关系，采用深度有限的宽度优先搜索策略，将背景知识图谱划分为若干子图并进行分类；然后，利用 gSpan 算法从各子图中抽取频繁子图，作为关系类型的判别特征集合；最后，运用基于深度优先遍历（DFS）的子图匹配算法进行编码，生成特征矩阵，并设计合适的分类器，以判别实验数据中属性间的准确语义关系。此外，一种基于机器学习的自动化知识抽取方法，在知识图谱的辅助下，首先采用斯坦纳树算法获取候选语义模型。接着，通过结合图匹配算法，消除候选语义模型中的不正确实体和关系，并借助改进的频繁子图挖掘算法补充缺少的语义结构，从而精准捕获结构化实验数据中的正确语义知识。在缺乏额外知识库辅助的情况下，跨模态检索模型为自动提取结构化实验数据的语义抽取提供了新的解决方案。该方法依托增量式搜索和跨模态检索理念，采用端到端的处理方式，从数据源和语义模型图这两种模态信息中学习并表征其隐含的语义特征。通过深入挖掘两种模态信息间的语义关联，该方法能够为数据源生成正确且可靠的语义模型。当结构化实验数据发生更新（如属性的增加或删除）时，将其作为新数据源重新执行语义建模操作，将影响知识抽取的效率。基于动态斯坦纳树（Dynamic Steiner Tree，DST）算法和自定义规则的更新方法，能够适应数据结构的动态变化，自动更新语义模型，从而有效解决动态知识抽取的难题。

在面向文献数据的知识抽取任务中，语料库的稀缺性成为一个重要且极具挑战性的问题。半监督学习和元学习被广泛认为是两种主要的解决方案。具体而言，半监督方法旨在通过结合标记和未标记数据来提升模型的性能。然而，现有的半监督方法要么依赖于一组手工定义的规则，需要大量的人工知识参与；要么受限于在少量标记数据上训练的分类器，其效果受标记数据的数量和质量制约。相比之下，基于交互式词汇和语义图的半监督关系抽取方法提供了一种更为可行的解决方案。该方法仅需定义并利用实体和实体类型规则以及实体间动词规则，构建连接标记样本和未标记样本的词汇图和语义图，实现从标记样本到无标记样本的知识传输能力。在此基础上，进一步开发基于神经网络的图交互模块，充分挖掘词汇和语义图中的参考信息,与分类器协同识别高质量的未标记样本,从而显著提升知识抽取的效能。在段落乃至文档级别的知识抽取任务场景中,基于多教师对抗蒸馏的半监督关系抽取方法,以一种精细化的方式捕获未标记数据上的事实知识,并在一定程度上取得了有效结果。此外,基于元学习思想的知识抽取方法,通过运用句子级关系提取和跨文档领域知识挖掘策略,有效突破了当前文档级关系提取模型所遭遇的瓶颈,成功实现了从小样本文献数据中精准、可靠地抽取知识的目标。

(3)知识融合

农业知识融合任务旨在解决农业知识图谱的异构性问题,具体涵盖对异构农业知识源的对齐与合并工作。实体对齐,亦称实体消歧,通过匹配和对齐异构知识源中引用同一对象的不同实体表示形式或变体,消除重复和冗余的实体,进而实现知识融合。早期的实体对齐系统通过逻辑推理和词法匹配等技术构建实体映射,严重依赖于特定的启发式方法。而现有方法则通过学习待对齐知识源的嵌入表示,以缓解知识图谱的异构性问题。近年来,随着多模态知识图谱的引入,研究人员将视觉模态应用于知识图谱中的实体对齐问题,这一方向逐渐受到关注。实体链接则是将从文本中抽取的实体链接到外部知识源中相应的实体对象上,从而丰富文本的语义信息。

(4)知识推理

农业知识推理是一种依托于农业知识图谱中既有的事实或前提进行逻辑推理的过程。其核心目标是从现有的农业知识体系中推导出新的结论、判断或知识,旨在完善农业知识图谱,并进一步为农业决策和问题解决提供辅助支持。一种常见的知识补全方法是基于表示学习和知识图谱嵌入技术的链路预测。其基本范式是:针对特定的待补充(头实体,关系,尾实体)三元组知识,利用嵌入模型计算出相应的置信度分数,从而评估其可信程度。以 TransE、KG2E 和 UM 为代表的平移距离模型,基于向量平移的原理,通过计算实体嵌入向量之间的距离来评估事实知识的合理性。而 RESCAL、SME 等语义匹配模型则借助基于相似性的评分函数,通过匹配隐藏在向量表示空间中的实体和关系语义信息,来预测实体关系对的可能性。

然而,现有模型普遍存在置信度分数测量稳定性差的问题,严重影响了链路预测的准确性。为解决这一问题,研究人员提出了基于因果干预的链路预测方法。该方法通过分析表示学习过程中实体嵌入向量某一维度值与预测结果之间的因果关系,以更加精准和稳定的方式更新实体的嵌入表示。同时,结合一致性比较计算进行评估,有效提升了模型的预测精度和鲁棒性。

(5)知识服务

农业知识服务是由科研人员根据农业经营主体对农业信息的需求和经验所构建的技术系统。该系统充分利用数据科学、可视化分析和人工智能等关键技术,对农业种植生产全链条数据进行整合、关联与分析,从而提供个性化、精准且智能的知识服务模式,实现"数据-知识-方案"的价值链转化。湖北洪山实验室主导建设的知识图谱驱动的水稻生物信息平台,以水稻多年积累的多组学数据为基础,旨在满足生物学科研需求,着力解决科学数据管理和共享的难题，同时，该平台致力于开发满足共性需求的知识图谱应用工具，构建起服务于作物生物学基础研究与应用研究之间的"数据－知识整合"桥梁，推动基础研究成果有效转化为应用实践，从而助力生物种业领域的基础研究创新。基于本体的猪肠道菌群联邦查询平台，在隐藏底层异构数据源的基础上，提供方便、自动化且高效的猪饲养及肠道菌群查询服务。用户可以通过自然语言文本预定义模板进行查询。该平台借助查询推理器对自动生成的查询语句进行优化，有效提升查询效率。平台涉及 KEGG、HMDB 等多个异构数据源。通过跨数据库信息检索，用户可以获得所需的查询结果。该平台提供了一个用户友好的、基于模板的查询界面，并支持可视化查询结果。用户可借助联合分析肠道微生物组成与功能、饲料营养数据库、猪动态营养需求模型等多个数据库，深入分析猪肠道微生物群特征，从而进一步优化饲养策略，助力养猪业的可持续发展。

7.5　农业生物信息学展望

现代农业正借助大数据、人工智能和物联网等现代信息技术，稳步推进农业智能化发展。在此过程中，农业知识工程发挥着关键作用，通过深入挖掘、系统整合、高效管理和有效利用农业数据，为打造个性化、精准化的农业知识服务提供坚实的知识基础。尽管在农业知识工程和知识服务领域已取得一定的研究与实践成果，但依然面临诸多挑战。

农业大数据整合已成为当前农业领域面临的一个重要挑战。伴随着多传感器与物联网技术的不断进步，农业数据的获取变得更加全面和多样化。然而，各类传感器和物联网设备所采集的农业数据往往以不同的格式和标准进行存储，导致农业大数据呈现出多模态性和不一致性。此外，由于农业数据的收集和持有者涉及多个机构和个体，数据孤岛现象频发，使得农业大数据知识分布零散且缺乏统一性，进而影响决策的科学性和准确性。有效的数据和知识整合技术能够实现农业领域知识的共享与互通，为农业智能知识服务提供更加全面可靠的数据基础和知识支撑。

农业大数据具有多模态、时空性和因果性的特点，这为农业知识的抽取、管理和查询带来了一系列挑战。海量的文本、图像以及结构化的多模态农业数据，显著增加了知识抽取的复杂性和难度，进而影响了知识抽取的精度。此外，农业数据包含丰富的时间和空间信息。时空数据管理涉及对大量时间序列数据和地理空间数据的存储、索引和查询操作，时间序列数据的连续性与空间数据的复杂性，使得高效管理大规模农业时空数据变得尤为困难。同时，农业数据中存在的因果关系，要求在查询和分析时进行复杂的数据关联和计算，这也是导致查询效率低下的主要原因之一。面对这些挑战，亟需应用恰当的知识抽取和管理技术，以有效提升农业大数据的应用效率和决策支持能力。

在现代农业向智慧农业转型的背景下，构建有机统一的农业知识决策服务体系成为一项至关重要的研究课题。智慧农业的实现依赖于信息技术手段的充分利用，涵盖农业生产数据的收集、整合与分析，以及高效、准确的农业知识决策服务的设计、开发和应用。为保障农业数据和知识的完整性、一致性和可靠性，相关技术手段需要有机融合，形成系统化、协同化的农业知识决策服务体系，从而进一步推动农业生产的智能化、高效化和可持续化发展。

7.6 农业应用

7.6.1 应用概述

种子被誉为农业的"芯片"，其发展水平直接关系到我国粮食安全的根本。因此，推动生物育种产业的发展已被提升为国家战略。然而，相较于世界先进水平，我国在农业关键核心技术领域仍存在诸多短板和弱项。核心育种"底盘"资源、分子设计育种的前沿核心技术以及基因编辑技术等核心专利仍受制于人。尽管水稻和小麦种子的国产化率比较高，但玉米和马铃薯种子在很大程度上依赖进口，此外，一些蔬菜，如洋葱、茄子、胡萝卜、辣椒、西兰花等蔬菜种子的进口高度依赖度也极高；玉米、大豆、生猪、肉鸡、奶牛等优异种质的知识产权均由国外掌控。为扭转这一不利局面，我们必须大力加强农业科技创新，突破育种产业的高精尖技术壁垒。

近十年来，各种组学技术蓬勃发展，通量持续提升，成本显著下降，基因组等组学数据呈海量增长。同时，基因克隆效率大幅提高，结合先进的基因编辑技术，使得精准定向育种成为现实，从而引领品种培育进入设计育种的新时代。基因编辑、全基因组选择等生物技术（BT）与大数据、人工智能等现代信息技术（IT）交叉融合，构建了以BT+IT为典型特征的高效农业生物育种技术体系，推动现代育种技术快速迭代升级，深刻改变了生物育种产业的格局。在此背景下，农业生物信息学必将为破解决我国种业"卡脖子"问题，助力我国建设成为种业强国，做出重大贡献。

7.6.2 应用案例分析

案例 7-1 水稻品种选育中的应用

1. 水稻基因组数据的开发应用——水稻基因芯片的研制

随着测序技术的不断进步，尤其是第二代自动化测序技术的迅猛发展，为人类破解生物基因密码提供了重要契机。1991年，日本将水稻基因组制图列入研究规划。1992年，中国正式宣布启动水稻基因组测序项目，并在上海成立了中国科学院国家基因研究中心。1998年2月，国际水稻基因组测序计划正式启动。2002年4月，华大基因研究中心和美国Syngenta公司分别发表籼稻品种9311和粳稻品种日本晴的全基因组工作框架图。2005年8月，水稻基因组精细图在《自然》杂志上发表，标志着水稻成为首个完成基因组测序的作物。随后，粳稻参考基因组日本晴的精准测序和注释（MSU Rice Genome Annotation Project Release 7, http://rice.plantbiology.msu.edu/），借助第三代测序技术，也成功获得了高质量的籼稻参考基因组序列。水稻种质资源极为丰富，存在大量的序列变异。通过基因组重测序，能够发现大量的SNP和InDel信息。2010年，研究人员借助第二代测序技术对地方水稻品种进行了低丰度的重测序；2011年底，又成功完成了众多具有代表性的水稻品种的重测序工作。RiceVarMap（http://ricevarmap.ncpgr.cn）汇集了来自全球 73 个国家的 1479 份栽培稻的测序数据，其更新的 RiceVarMapV2.0 更是包含了众多高质量的基因组序列变异信息。中国农业科学院作物科学研究所联合华大基因研究中心和国际水稻研究所，对来自 89 个国家的 3000 份水稻品种进行了深度重测序。伴随着水稻基因组测序技术的快速发展，水稻功能基因组研究亦取得显著进展，截至 2023 年 7 月，已成功克隆的功能基因数量突破 4500 个。

为了充分利用水稻基因组测序数据和功能基因研究成果，持续满足水稻大规模商业化育种的需求，我国科学家利用国际先进的芯片制造技术，设计并制作了三款水稻全基因组育种芯片：RICE6K、RICE60K（RiceSNP50）和 RICE90K。由武汉双绿源创芯科技研究院有限公司研制的水稻绿色基因芯片 GSR40K，已在市场上获得广泛应用，其 SNP 位点在全基因组上的分布情况如图 7-21 所示。芯片设计中，所选择的 SNP 位点均为染色体上只有一个结合位点的二等位基因型，优先选择分布均匀、多态性高且与功能基因或表型相关的 SNP 位点。

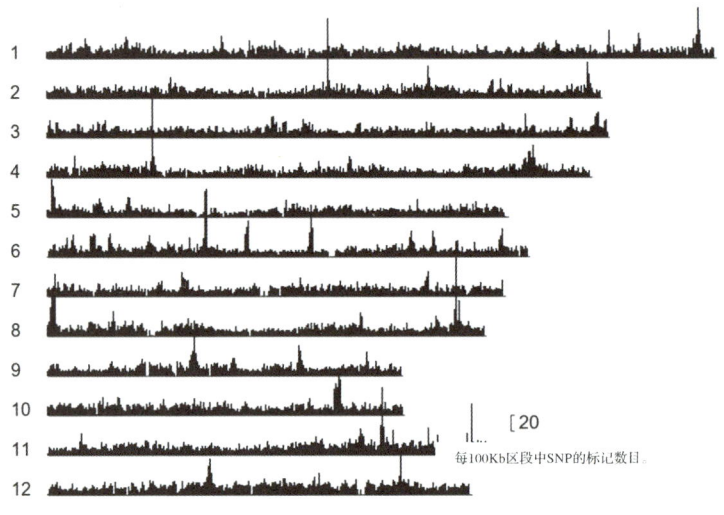

图 7-21　水稻绿色基因芯片 GSR40K 所有 SNP 位点在全基因组上的分布示意图

2. 基于基因芯片的水稻种质资源评估

品种的选育离不开种质资源，种质资源是作物遗传改良和功能基因组学研究的基础。传统方法主要依赖田间的表型来评估种质资源，这不仅耗时耗力，而且准确性差、效率低。相比之下，采用生物信息学方法，借助基因芯片等高通量的分子标记检测技术，能够快速且准确地鉴定种质资源的纯度、遗传多样性及功能基因等，从而有效加速种质资源在育种中的应用。

种质资源的纯度包括两个维度：表型稳定性和遗传稳定性。表型稳定性比较直观，表现为田间生长整齐一致，无表型分离，即可视为稳定纯合。而遗传稳定性则需借助高通量分子标记检测技术对种质资源进行遗传分析，如果检测的位点基因型都是纯合的，则制定为遗传稳定；如果检测的位点基因型是杂合的，则判定为遗传不稳定。值得注意的是，表型整齐一致的种质资源,其遗传不一定稳定,某些检测的遗传位点基因型可能是杂合的。同样,遗传不稳定的种质资源,其田间表型也可能呈现整齐一致,无明显差异。遗传的不稳定性通常在特殊环境下,如不同生态区、遭遇虫害或病害等条件下,才会表现出表型的分离。图7-22展示了利用水稻绿色基因芯片GSR40K对多种水稻种质资源进行纯合度分析的结果。其中,图7-22b表示基因型纯合,图7-22a中蓝色区域表示基因型杂合。

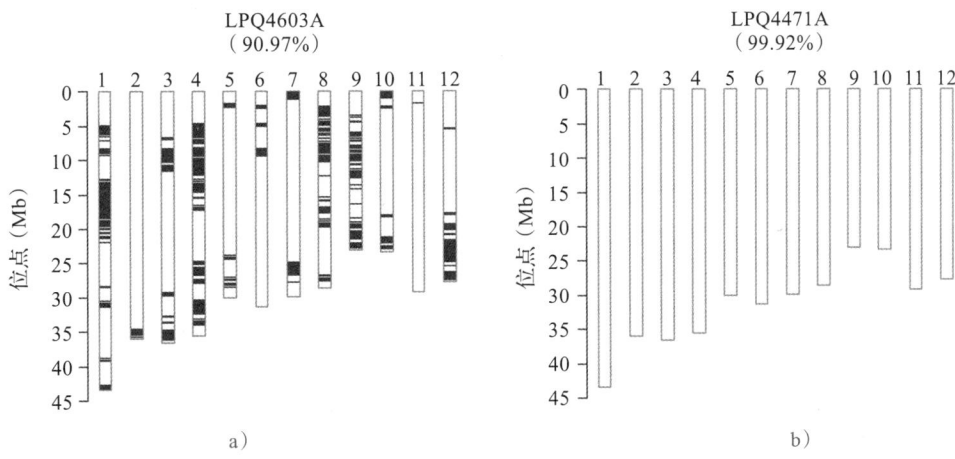

图7-22　利用水稻绿色基因芯片GSR40K对水稻种质资源进行纯合度分析(见彩插)

依据水稻品种日本晴7.0版参考基因组,构建各条染色体的框架,图7-22中,纵坐标表示染色体长度(Mb),横坐标表示染色体名。对基因型为杂合(AB)的位点,图7-22a上的蓝色进行标记,并标示出每个样品对应的纯合度(纯合度=纯合位点数/有效位点数 ×100%)。

种质资源的遗传多样性也是育种过程中需要重点考虑的问题。在一定的范围内,两个品种之间遗传距离的远近直接影响杂种优势的强弱。在进行遗传多样性分析和育种计划中的亲本选择时,系统发育分析(Phylogenetic analysis)是常用的方法。利用水稻基因芯片RiceSNP50,对全球195个水稻自交系的种质资源进行了基因分型,提取每个品系具有代表性表型的单株基因组DNA进行SNP分析。通过高质量SNP标记构建的进化树,将全球195份水稻自交系划分为籼型材料、粳型材料和中间材料三大类,亚型进一步细分为若干亚种群,如图7-23所示,明恢63(MH63)和珍汕97(ZS97)分别是中国广泛栽培的杂交稻汕优63的父本和母本,均为籼稻品种,但分属于不同的籼稻亚群。

水稻种质资源之间存在的差异,本质上源于水稻品种间基因型的差异。SSR、SNP等DNA分子标记能够直接反映水稻品种基因水平上的差异。基于水稻功能基因开发精准鉴定标记,并将这些研究成果应用于水稻遗传改良,构成了生物育种的核心研究内容。长期以来,全球科学家不懈努力,极大地丰富了水稻种质资源及水稻优良基因多样性的数据库。这为开展水稻全基因组分子设计育种提供了充足的基因来源和精准的育种亲本遗传信息,从而为培育高产、优质、多抗的水稻新品种奠定了坚实基础。水稻功能基因的鉴定标记包括两种类型:一种是依据与基因功能直接相关的突变位点设计的分子标记,如功能SNP标记;另一种是与功能基因或功能突变位点紧密连锁的分子标记。多个覆盖基因区域的紧密连锁分子标记可以组合成单倍型标记。单倍型标记在等位基因鉴定以及富含重复序列的功能基因鉴定中具有强大的优势。利用 PLINK 和 Haploview 软件进行遗传关联分析和单倍型分析，成功筛选出水稻稻瘟病抗性基因 Pi2 区段上下游 300Kb 内紧密连锁的 300 多个 SNP 标记。这些标记组合形成该区段的单倍型标记，可有效区分互为等位基因的 Pi2、Pi9、Pigm 三个稻瘟病抗性基因，具体如图 7-24 所示。

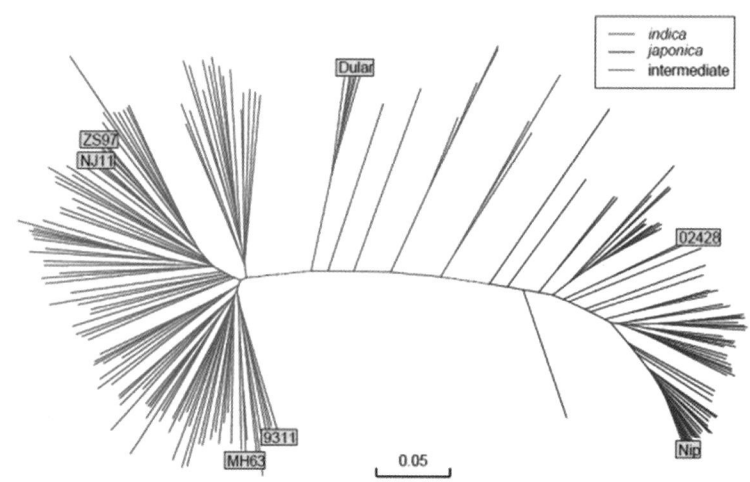

图 7-23　利用水稻基因芯片 RiceSNP50 对 195 份水稻自交系进行系统发育分析（见彩插）

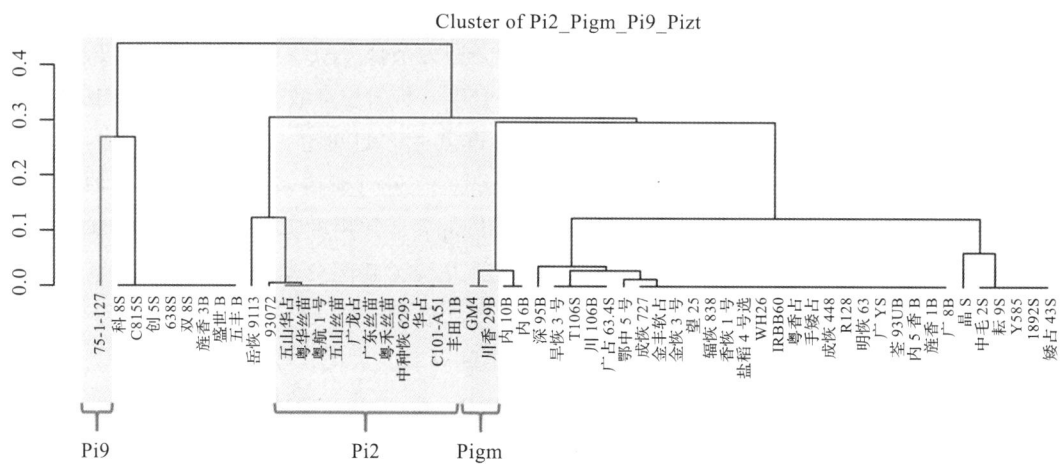

图 7-24　利用水稻基因芯片 GSR40K 对 Pi2 区段功能单倍型鉴定结果（见彩插）

新功能基因的挖掘也是水稻种质资源鉴定评价的一个重要方向。针对某份水稻种质资源，如果通过功能基因标记和单倍型标记无法鉴定出已定位克隆的主效功能基因位点，或呈现出全新的鉴定表型，则该资源很可能含有一种新的未知功能基因。水稻基因芯片均匀、高密度分布于整个基因组的 SNP 标记，可以用来快速定位未知的功能基因。具体操作如下：首先选择两份性状存在差异的种质资源，构建遗传分离群体；然后在分离群体中选择两种极端表型的单株，分别混合形成极端混池，每种混池包含 20～30 个表型确定的单株；最后，结合亲本和混池的基因型分析，即可快速确定与表型相关的染色体区段。如图 7-25 所示，选择亲本 A 和亲本 B 差异且纯合的 SNP 标记，对两个混池进行基因型分析。其中，灰色和红色线条表示纯合基因型，蓝色线条表示杂合基因型。已知混池 1 与亲本 A 的表型一致，混池 2 与亲本 B 的表型一致。依据 BSA 定位原理，两种极端混池中差异的区段即为与表型相关的染色体区段，对应图中圆圈标示的区域。获得基因的初步定位区段后，通过筛选重组单株并进行基因型分析，可以进一步对基因进行精细定位。

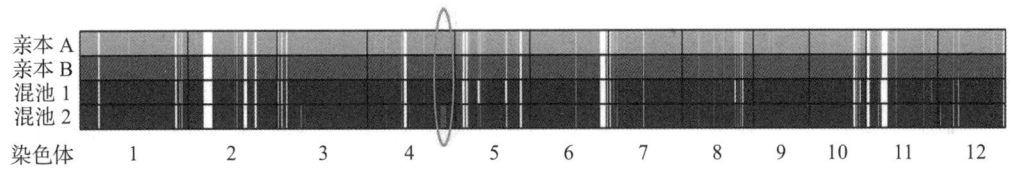

图 7-25　利用水稻基因芯片 GSR40K 对水稻分离群体开展 BSA 初步定位（见彩插）

亲本 A 与亲本 B 差异且纯合的位点分别用灰色和红色线条表示，表型相反的混池 1 和混池 2 中的蓝色线条表示杂合基因型，圆圈所示的基因型差异区域即为与表型相关的染色体区段

3. 单性状突破、多性状集成，培育绿色优质水稻新品种

新中国成立以来，我国农业生产取得了举世瞩目的成就，凭借不足世界 9% 的耕地，成功养活了世界 21% 的人口，彻底解决了中国人的温饱问题。水稻作为全球最重要的三大粮食作物之一，中国既是其生产和消费大国，又拥有世界领先的杂交水稻技术和品种。水稻品种的培育过程漫长而复杂，需要经过反复的杂交、回交、自交，并结合田间表型的选择与测试，经过南繁北育，最终才能培育出优异且表型稳定的品种。然而，任何水稻品种都不是完美无缺的，各自存在不同的缺陷。现代生物育种技术正是在已有较高水平的水稻品种基础上，针对这些缺陷，进行持续改良和创新，以培育出更优秀的新品种。

稻瘟病是水稻的主要病害之一，世界各稻区均有发生，一旦发生，会导致不同程度的减产，严重时甚至可能颗粒无收。自 2008 年起，我国在水稻新品种审定中实行稻瘟病抗性的"一票否决"制度。实践证明，利用抗性基因培育具备稻瘟病抗性的水稻品种，是控制水稻稻瘟病最为经济且有效的方法。以基因芯片为核心的全基因组选择育种技术，通过定向改良，对抗性基因和遗传背景进行双重选择，将稻瘟病抗性基因通过杂交和回交导入待改良品种中。在保持原有品种优良农艺性状不变的基础上，显著提升其稻瘟病抗性。

水稻稻瘟病定向改良育种的标准流程如下（如图 7-26 所示）。首先，选择不含抗稻瘟病基因的受体亲本作为轮回亲本，与含有抗稻瘟病基因的供体亲本进行杂交和回交，得到 BC1F1 代；接着，利用前景选择标记对 BC1F1 代进行抗病基因单侧同源重组片段筛选及全基因组背景选择，选择背景回复良好的重组单株与受体亲本进行回交，得到 BC2F1 代；随后，通过正向选择标记筛选含有抗病基因的 BC2F1 代，并进行全基因组背景选择，挑选背景回复良好的重组单株继续与受体亲本进行回交，得到 BC3F1 代；然后，利用前景选择标记对 BC3F1 代进行抗病基因另一侧同源重组片段筛选及全基因组背景选择，选择供体亲本导入片段较小且背景回复良好的重组单株；选中的重组单株自交一次，得到 BC3F2 代；最后，利用正向选择标记对 BC3F2 代进行检测，并进行全基因组背景选择，最终获得抗病基因纯合且背景完全回复的目标植株。

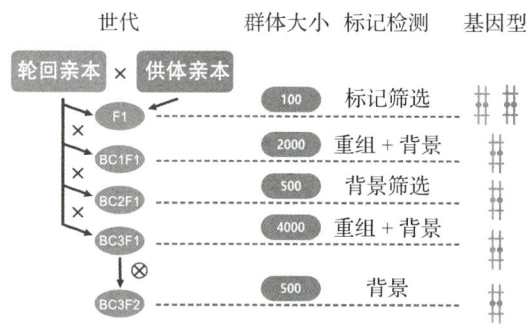

图 7-26　水稻稻瘟病定向改良育种流程（见彩插）

在单性状定向改良的过程中，如果供体亲本是野生稻或其他地方品种，或是性状差异比较大的来自不同生态区的品种，则需要尽量清除背景，筛选重组，保留较小的导入片段，以减少连锁累赘的影响。如果供体亲本本身就是优秀的骨干亲本，具备广泛的适应性和优良的农艺性状，则可在导入改良性状位点的同时，保留一定量的背景片段。通过结合基因芯片的背景回复率分析和田间农艺性状表型，选择表现优异的衍生品系，进而培育新的水稻品种。

水稻新品种的培育，不仅要追求核心的产量提升，还需要秉持资源节约、环境友好的绿色发展理念。中国科学院院士、华中农业大学张启发教授提出的"绿色超级稻"概念，即在确保高产优质的前提上，兼顾对多种病虫害的抗性、肥料的高效利用，以及较强的抗旱或抗逆能力，旨在实现水稻生产中的"少打农药、少施化肥、节水抗旱、优质高产"目标。那么，如何充分利用生物大数据的优势来培育绿色超级稻呢？最佳途径是采取单性状突破与多性状集成的策略。在优良底盘品种的基础上，通过单性状的定向改良技术，持续培育具备抗病虫、高肥效、节水抗旱、优质、高产等特性的改良系，再将不同的改良系进行聚合，同时利用基因芯片进行全基因组的背景选择，如图 7-27 所示。

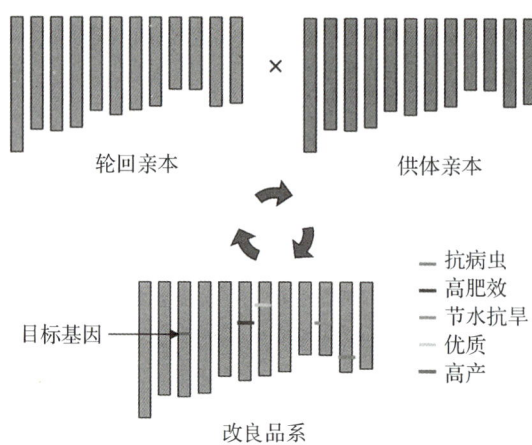

图 7-27　利用基因芯片，通过单性状突破、多性状集成，培育绿色超级稻新品种（见彩插）

案例 7-2 生猪品种选育中的应用

家猪作为常见的农业生产动物，其肉类及副产品在全球范围内均被视为重要的食品和经济资源。随着全球人口的不断增长及对高品质肉类需求的日益提升，家猪的品种选育显得尤为紧迫。通过培育具备优良肉质、良好生长性能、强抗病能力和优越适应性的家猪品种，不仅能够提高农业生产效率、降低成本，还能够满足日益增长的肉类市场需求。中国是全球生猪养殖和猪肉消费的第一大国，在 2022 年，我国全年生猪出栏量高达 7 亿头。生猪产业直接关系到国家经济与民生，且与国民健康紧密相关。然而，我国自主培育的种猪品质相对较低，市场上绝大多数高品质种猪仍依赖国外进口。我国每年还需要从海外进口数万头优质种猪，与此同时，我国家猪品种选育研究则处于相对滞后状态。家猪育种对于提升我国家猪产业效率、保障猪肉有效供给至关重要。

在相当长的时期内，杜洛克、长白、大白三系配套杂交一直是商品猪生产的主流模式，为我国 90% 的猪肉供应提供支撑。然而，这种配套系培育模式存在诸多不足，如流程复杂、周期较长、成本较高等问题，同时难以确保每对公母猪的配对能够充分发挥杂种优势。因此，科学家和农业研究人员需要不断探索新的技术和方法，以推动家猪品种选育的持续进步。农业生物信息学为家猪品种选育带来了新的机遇。随着高通量测序技术和农业生物信息学分析方法的不断发展，研究者们可以深入解析家猪基因组的构成和功能，这使得鉴定与生猪生长性能、肉质品质、抗病性等相关的关键基因成为可能。通过对不同品种基因组数据的比较，能更精准地揭示家猪基因型与表型的关联，从而助力选育适应性更强的优良家猪品种。

本节将综述农业生物信息学相关技术，包括基因组学、转录组学、蛋白质组学以及代谢组学技术在家猪品种选育研究中的最新进展和应用案例。

1. 基因组学在家猪品种选育中的应用

全基因组关联分析（Genome-Wide Association Studies，GWAS）是一种利用大规模群体的 DNA 样本进行全基因组高密度基因分型的方法，旨在探究与目标性状相关的遗传变异。GWAS 在揭示猪重要经济性状的变异规律和推动基因组选择在猪育种中的实际应用方面有重要意义。该方法基于单核苷酸多态性（Single Nucleotide Polymorphism，SNP）、表型和系谱信息进行关联分析，其优势在于能够快速识别对表型具有显著影响的 SNP。SNP 因其数量众多、分布广泛、易于快速规模化筛查及便于基因分型等特点，被视为目前最佳的分子标记之一。随着生物技术的进步，能够进行高通量基因分型的 SNP 芯片应运而生，而高密度 SNP 芯片已广泛应用于畜禽性状遗传解析和育种实践领域。研究表明，在家猪育种中，基因组选择的准确性高于传统的系谱指数和育种值选种，而 SNP 芯片是进行基因组选择育种的基础。2009 年，首个猪 60K SNP 商业化芯片问世。2012 年，猪的参考基因组正式公布。随后，GeneSeek/Neogen 推出了低密度和高密度猪 SNP 芯片，Affymetrix 也发布了高密度芯片 Axiom Genome-Wide Pig Genotyping Array。同时，为整合中国家猪品种的遗传特性，江西农业大学研究团队于 2017 年推出了自主设计的猪育种芯片"中芯一号"。猪 SNP 芯片的发展为基因组选择在猪育种中的应用提供了实质性的技术支撑。

另一方面，随着高通量测序技术的不断发展和测序成本的逐年降低，基因组信息在选配中的应用已从过去的"品种水平"群体选配，迈向更为精细的"个体水平"精准选配。为此，华中农业大学动物遗传育种团队开发了基因组育种大数据计算工具HIBLUP（HI Best Linear Unbiased Prediction）。遗传评估作为育种的根本，随着基因组育种时代的来临，面临育种数据规模的迅猛增长，评估算法的计算速度已成为制约育种进程的关键瓶颈。遗传评估主要涵盖方差组分估计和育种值求解两个关键步骤，其中方差组分估计的计算复杂度较高，通常需数月甚至一年才能更新一次；而育种值求解的复杂度相对较低，需日常计算更新。HIBLUP系统通过深入分析现有遗传评估算法的特点，聚焦于处理迅速增长的基因组育种大数据时所面临的瓶颈问题。团队率先提出了基于V矩阵的"HE（Haseman–Elston）+PCG（Pre-Conditioned Conjugate Gradient）"策略，从根本上避免了遗传评估过程中涉及大矩阵求逆的问题。与国际知名育种工具相比，HIBLUP在个体亲缘关系矩阵构建、单性状和多性状模型拟合等方面均展现出显著优势，不仅计算速度最快，而且内存消耗最低。经过大数据规模模拟测试，HIBLUP所采纳的"HE+PCG"策略能够在1小时内完成方差组分估计和育种值求解，而其他软件则需要长达数周甚至数月的时间（如图7-28所示）。此外，通过模拟不同表型个体数及不同基因型个体比例的多种组合方式，对比了不同软件在拟合SSGBLUP（单步基因组BLUP）模型时的效率，结果显示基因分型个体在总群体中的比例越大，HIBLUP的计算性能优势越显著。另外，HIBLUP软件功能丰富，操作简便，能够运行于Windows、Linux、macOS等多种平台，并充分适配国产鲲鹏生态。

利用HIBLUP，华中农业大学动物遗传育种团队构建了一套三元商品猪基因组精准选配技术体系，包括生猪性状测定、基因组精准选配新算法、新软件及操作流程（如图7-29所示）。该体系的核心是基因组精准选配流程。首先，通过三元商品猪参考群体，估计标记效应值。随后，根据待配公母猪的基因组信息，计算各种交配组合后代的基因型概率。最终，整合标记效应和基因型信息，计算出三元商品猪后代的期望遗传值，并依据期望遗传值最大化原则，推荐最佳的杜洛克公猪和长大二元母猪配对组合。该研究在杜长大三元商品猪生产中成功应用了基因组精准选配技术，并提出了一种新型快速估算标记效应值的方法。该方法不仅大幅降低了计算复杂度，还能够保持计算精度，且避免了涉及大矩阵直接求逆的过程。该猪基因组精准选配技术体系特别适用于多类遗传效应模型，涵盖加性、显性等多种遗传效应。为验证基因组精准选配的应用效果，研究采用纯种杜洛克公猪、长大二元母猪和杜长大三元商品猪的基因型和表型数据进行了基因组选配分析。系统评估显示，与随机交配相比，基因组精准选配后代的料重下降了0.12。研究还指出，随着可用的杜洛克公猪数量的增加，基因组精准选配在提升三元商品猪后代生产性能方面的效果将更为显著。值得注意的是，该基因组精准选配算法具有通用性，不仅适用于猪，还可以应用于牛、羊、禽等多种物种的精准选配分析。这项技术的引入为优质基因的高效利用提供了全新的技术体系，对畜禽育种领域的发展具有重要意义。

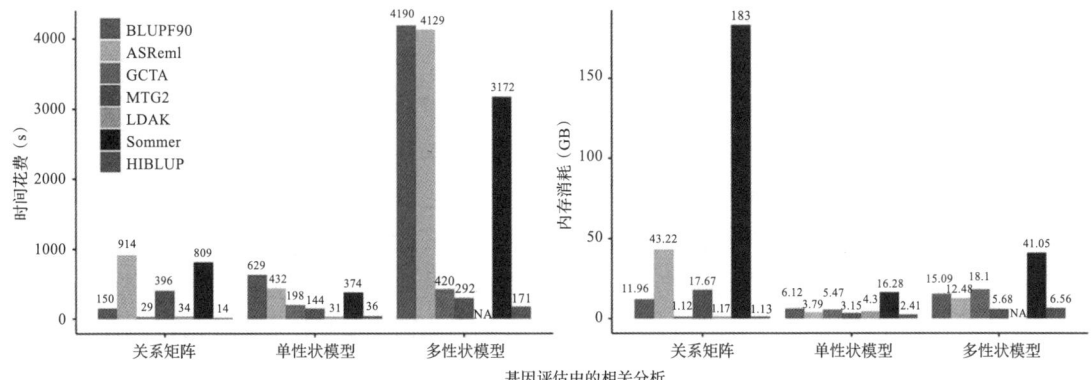

图 7-28　HIBLUP 新工具与国外现有工具计算时间及内存消耗对比（见彩插）

测试数据集的群体大小为 10000，多性状模型中性状个数为 2，均采用 32 线程并行运算，统一采用 GBLUP 模型（NA 表示对应软件未实现该功能模块）

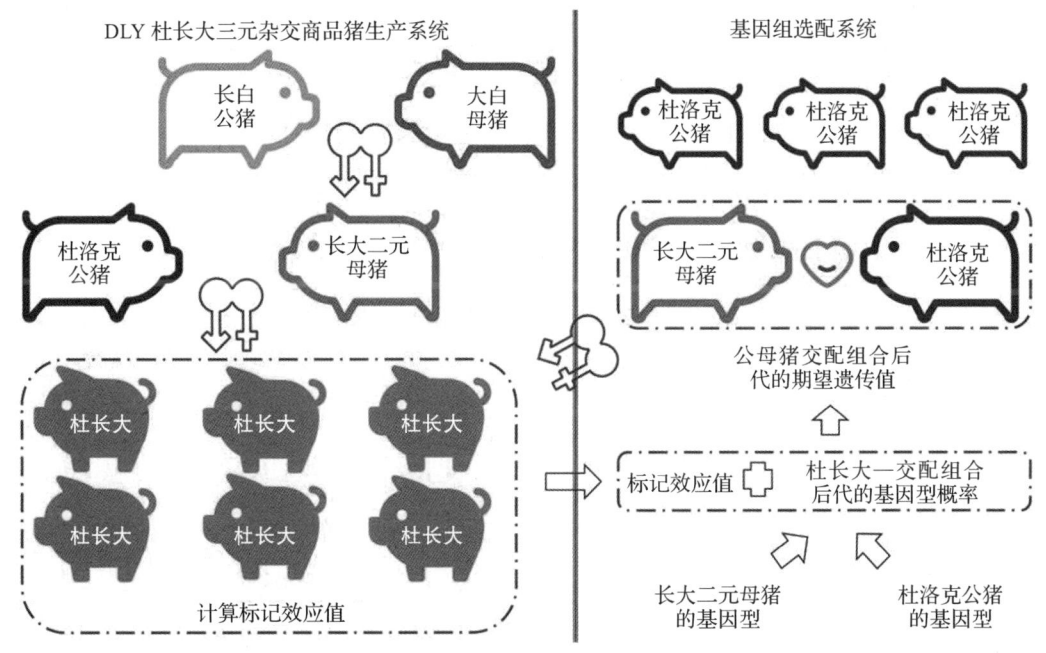

图 7-29　基因组精准选配流程图（见彩插）

三元商品猪参考群体的基因型数据和表型数据用于计算标记效应值，杜洛克公猪和长大二元母猪的基因型数据用来计算所有交配组合后代的基因型概率，根据标记效应值与基因型信息，计算交配组合后代的期望遗传值，根据期望遗传值最大化原则，推荐杜洛克公猪和长大二元母猪最佳配对组合

基于基因组学的家猪品种选育策略已在国际猪育种公司范围内得到广泛应用。大型育种公司普遍采用基因组选择策略，显著降低了对表型测定的依赖性，同时提升了选择的准确性，从而加快了遗传进展（提升幅度在 30%～50%）。基因组学在家猪品种选育中的应用，为我国猪遗传改良提供了新的机遇。值得注意的是，随着 SNP 芯片和基因组测序成本的显著下降，猪基因组选择的应用范围将进一步扩大，有望成为日常育种的标准技术手段。

2. 转录组学在家猪品种选育中的应用

利用转录组数据，研究者能够深入分析猪体内特定组织或器官在不同的生理状态、发育阶段以及受不同环境条件影响下的转录产物类型、结构变异及表达水平的变化。基于转录组数据的农业生物信息学方法，能够筛选出差异表达的基因，进而将基因与性状及环境因素联系起来，为进一步搜寻遗传育种相关靶点提供重要线索。此外，这技术还具备基于转录水平的分子标记物筛选潜力，能够更全面解析基因与性状之间的复杂关联，并在育种过程中精确选择有益基因，从而为优化生猪品种和提高养殖效益提供科学依据。

基于转录组测序技术，Puig-Oliveras 等研究人员对猪同一品种内不同脂肪沉积亚群的猪背最长肌进行了转录组差异分析。他们发现，在高脂亚群和低脂亚群之间，共鉴定出 131 个差异表达基因，这些基因在脂质代谢通路中显著富集。此外，研究团队还发现，其中有 18 个基因位于先前 GWAS 鉴定出的与肌内脂肪组成相关的基因组区域。另外，对 5 月龄的皖南花猪和大约克夏猪的背最长肌进行了转录组分析，结果显示差异表达基因主要参与糖酵解代谢、肌肉发育等生物学过程，同时与脂肪酸代谢、生长和胴体性状相关的通路也存在关联。这些研究结果深入揭示了不同猪种及亚群之间的转录组差异，为研究家猪品种间遗传育种的分子基础提供了重要线索。除了 mRNA，越来越多的研究也证实了 miRNA 在生猪重要表型相关性方面的作用，这些 miRNA 具有应用于生猪育种的潜在价值。例如，miR-1、miR-133、miR-206 以及 miR-27 等被发现参与了猪骨骼肌的发育及与肉质特性相关的调控。

3. 蛋白质组学在家猪品种选育中的应用

蛋白质组学是一门以蛋白质组为研究对象的科学，旨在研究细胞、组织或生物体中蛋白质的组成及其变化规律。相较于其他研究领域，蛋白质组学更贴近生命活动的本质，能够更有效地揭示机体生命活动的内在机制。这一特性使得蛋白质组学在应用研究中具有重要价值，并为家猪品种选育开辟了一条全新的探索途径。借助蛋白质组学的强大功能，我们有望更深入地解析家猪表型差异的根本原因，同时也有望寻找与家猪重要性状紧密相关的蛋白质标志物。这些研究成果不仅为家猪品种选育提供了科学依据，更有望为育种工作注入创新的思路和方法。

中国农业大学研究团队在家猪蛋白质组注释图谱领域取得了重要进展。为深入有效地构建家猪蛋白质组图谱，该研究团队采用高分辨率质谱技术，对家猪 34 个正常组织中的蛋白质组进行了深入分析。团队整合了新鉴定的蛋白质、缺乏基因组信息的蛋白质以及以 LOC 标记的蛋白质，形成了家猪未知蛋白质组，并将这些蛋白质映射到最新的家猪基因组上，以确认其基因组位置。同时，研究团队还分析了这些未知蛋白质在家猪转录组图谱和亚细胞特征中的表达情况，进而推断其与特定组织功能之间的关联性。最终，通过系统地比较家猪未知蛋白质与其他多种物种的同源关系，团队推测了这些未知蛋白质的潜在功能。这项研究不仅丰富了对家猪已知蛋白质组的认知，还有效填补了家猪蛋白质组信息的空白。这是国际上首次在家猪中进行大规模蛋白组学研究，为家猪蛋白组学领域奠定了关键基础，同时也成为家猪育种研究所不可或缺的重要工作。

4. 代谢组学在家猪品种选育中的应用

代谢组学是一门应用分析化学技术，对生物样本（如乳液、血浆、血清等）中的大量小分子代谢产物进行全面鉴定和定量分析的学科。近年来，越来越多的研究者开始在动物遗传育种领域采用代谢组学的技术和方法。相关研究主要聚焦于代谢分子遗传参数的估计、用于区分不同品种（系）的生物标记的筛选、代谢分子全基因组关联分析，以及寻找代谢分子与重要经济性状之间的关联等方面。

在家猪代谢分子遗传参数估计方面，研究着重于评估与肉质性状相关的多种长链脂肪酸的遗传效应。例如，2010年，Ntawubizi等人对猪肉肌内脂肪酸的组成以及与多不饱和脂肪酸代谢相关的去饱和酶和延长酶活性的遗传参数进行了估计。该研究发现，长链多不饱和脂肪酸的遗传效应普遍高于0.50。2016年，Ibáñez-Escriche等人对伊比利亚猪皮下脂肪组织中不同长链脂肪酸的遗传效应进行了估计。研究结果显示，这些脂质代谢分子的遗传效应介于0.06至0.53之间。

此外，通过对家猪血清、组织、乳汁等研究材料的检测，研究人员能够筛选出一些代谢分子，作为区分不同家猪品种（系）的生物标志物。例如，2012年，Rohart等人利用核磁共振技术，对长白、大白和皮特兰3个品种猪的血浆代谢物进行了检测。研究结果显示，乳酸、丙氨酸、β-丙氨酸、异亮氨酸、缬氨酸、柠檬酸、肌酸酐等代谢物与猪的瘦肉率密切相关，可用作预测瘦肉率的标志物。2018年，Picone等人分析了长白猪、大白猪、杜洛克母猪的初乳代谢物，认为乳糖是区分这三个品种的重要标志物。研究还发现，牛磺酸、醋酸盐、二甲胺、顺式-酸酯的水平与仔猪日增重和存活率紧密相关。另外，2016年，Welzenbach等人对97头杜洛克×皮特兰杂交猪的背最长肌样品进行了代谢物和蛋白质谱分析，鉴定出与滴水损失强相关的代谢分子（磷酸甘油酸变位酶2和甘氨酸）。

农业生物信息学作为一门交叉学科，有机地融合了生物学、计算机科学和统计学等学科，为家猪品种选育领域提供了强大的工具和方法，显著加速了家猪基因型与表型关联研究进程和选育效率。随着基因组学和转录组学技术的不断发展，我们能够更深入地解析家猪基因组的组成和功能。结合蛋白质组学和代谢组学技术，我们可以精准识别有益基因编码的蛋白和代谢物，深入分析基因功能及其调控网络，为选育高产、高质量的家猪品种提供了重要线索。此外，家猪品种选育领域已积累了海量多组学数据，农业生物信息学能够有效整合这些多源数据，构建生物信息分析平台，为选育者提供全面的信息支持和决策依据。在个性化选育和精准养殖方面，借助农业生物信息学方法，可以实现每头猪的精准分析和选育，使得研究者可以根据每头猪的遗传背景，制定个性化的选育和养殖策略，最大限度地发挥其潜在遗传优势。随着相关技术的持续进步，农业生物信息学在家猪品种选育领域的应用前景将更加广阔，将为推动可持续畜牧业发展做出重要贡献。

案例7-3 微生物品种选育中的应用

微生物长期以来一直被视为生产有价值化合物的细胞工厂，例如氨基酸、抗生素、有机酸、醇等。这些代谢产物与人类发展密切相关，在制药、化工和农业行业中发挥着重要作用。

作为发酵工业不可或缺的微生物菌种，乳酸菌具有显著的经济价值，广泛应用于食品、生物技术和治疗等多个领域。乳酸菌广泛分布于与食品、饲料、植物、脊椎动物和无脊椎动物以及人类密切相关的环境中。目前研究主要集中在乳酸菌在食品发酵和变质过程中的作用、生物技术的应用，以及其作为"益生菌"的保健功能。在食品发酵和生物技术领域，乳酸菌凭借其酸化作用所带来的防腐效果，以及对食品风味、口感和营养价值的显著提升，与食品生产密切相关。乳酸菌被广泛用作多种奶酪、发酵植物食品、发酵肉类、葡萄酒和啤酒、酸面包和青贮饲料的启动剂或辅助培养物。它们通过产生乳酸作为主要分解产物，迅速降低原料的 pH 值。此外，乳酸菌的蛋白酶活性、香气化合物、细菌素和胞外多糖的产生，对最终产品的质量和营养价值具有重要影响，进一步拓展了乳酸菌在生物技术应用领域的广度和深度。胃肠道（GIT）中的一些乳酸菌也与健康益处相关联，因此被称为益生菌。尽管如此，乳酸菌在食品生物技术领域的应用潜力仍待深入挖掘。本节将综述农业生物信息在乳酸菌分类及育种中的具体应用实例。

1. 在乳酸菌中分类的应用

对应用环境的适应是微生物活菌资源应用的关键，因此揭示有益微生物的生态适应机制是对其资源进行针对性开发与利用的基础。乳酸杆菌处于好氧和厌氧生活之间，许多乳酸杆菌保留了有条件的呼吸能力，但其生态学和生理学特性主要与将糖转化为有机酸的发酵过程相关。乳酸杆菌通过糖酵解途径和/或磷酸乙酮醇酶途径来转化六碳糖。尽管这些途径的能量效率较低，乳酸杆菌却能通过迅速消耗碳源并积累有机酸，抑制竞争对手，从而弥补这个劣势。乳酸杆菌的进化和生态学受生态位适应和基因组大小减小的双重影响。

（1）确定乳酸菌对应用环境的适应

许多物种，如植物乳酸杆菌，因其保持了遗传多样性，得以占据不同的生态位。而其他乳酸菌物种则高度特化，其基因组经历了广泛的缩减。例如，与昆虫相关的水果乳酸杆菌，与脊椎动物宿主特异性肠道共生的罗伊氏乳杆菌。此外，德布鲁克氏乳酸杆菌也经历了最近的基因组缩小，以适应乳品发酵的需求。

农业生物信息学技术能够有效预测乳酸菌与环境之间的互作关系，并深入解析它们在乳制品制造过程中的关键功能。通过精准预测乳酸菌在不同乳制品环境中的适应能力，人们得以更合理地选择适合特定产品工艺需求的菌株。

罗伊氏乳杆菌被公认为脊椎动物宿主共生微生物体进化的典型模型，其在系统发育谱系中呈现出明显的宿主特异性。尽管在小鼠和鸡中已经建立了稳定且宿主特异性的进化关系，但关于罗伊氏乳杆菌的多样性、宿主适应能力及其进化历程仍存在许多未解之谜。随着系统基因组学的不断发展，人们有可能揭示乳酸菌的生态适应机制。一项研究通过系统基因组学分析，深入探索了 94 株罗伊氏乳杆菌不同宿主中的进化机制，涵盖核心基因组的系统发育、基因组组成、噬菌体基因交换以及宿主转换的历史过程。此外，为了评估进化对功能的影响，该研究还进行了在单一宿主中的定殖实验，以期更全面地理解罗伊氏乳杆菌的进化特征及其对宿主的适应性。研究通过系统基因组和比较基因组分析，结合在小鼠宿主体内的定殖实验，对罗伊氏乳杆菌的广泛菌株集合及其相关的不同宿主种类进行了详细的表征，旨在深入研究细菌共生体与脊椎动物之间的长期进化关系。罗伊氏乳杆菌的系统发育分析揭示了早期分支的系群，主要包括来自四个啮齿动物系群和一个鸟类系群的分离株；而以草食动物、人类、猪和灵长类为主的系群则属于较近期分化，且其宿主特异性相对较弱。虽然啮齿动物系群的菌株在系统发育分支上存在一定差异，但在基于基因内容的分析中却表现出紧密聚类。特别值得关注的是，这些罗伊氏乳杆菌菌株，尤其是源自啮齿动物系群的菌株，能够高效定殖于无菌小鼠的瘤胃上皮。研究结果进一步证实了罗伊氏乳杆菌系群与啮齿动物之间长期的进化关系，以及其向鸟类稳定寄主的转变过程。相比之下，与其他宿主物种的关联则显得更为动态和短暂。值得注意的是，罗伊氏乳杆菌的人类分离株在系统发育上与驯化动物中的家禽和草食动物等紧密聚类，这一现象暗示了可能存在人兽共患传播的风险。这些研究成果为有针对性地挖掘和利用益生菌资源提供了重要的理论依据。

（2）厘清乳酸杆菌科的分类学问题

乳酸菌分类对乳酸菌资源的开发具有重要作用。为了给乳酸菌育种的选择提供更有针对性的依据，人们需要更精确地了解不同种类乳酸菌的代谢特性、生态学特点和功能。同时，重新分类也为发现新的乳酸菌种类创造了机会，这些种类可能在传统起始菌中尚未广泛应用，但具备潜在的应用价值。乳酸杆菌属隶属于乳酸菌大类，然而其分类较为混乱，这阻碍了将系统发育关系与生理特性或生态类型进行有效关联。由于对其生态缺乏系统性的认识，加之现有分类系统的混乱，导致其资源的开发利用存在一定的盲目性。随着基因测序和生物信息学技术的不断进步，我们能够更深入地解析乳酸菌的基因组组成、代谢途径及遗传多样性。这为乳酸菌分类提供了更为精确的依据，使我们能够更准确地区分不同种类和亚种。

早期乳酸菌的分类主要依据表型特征，随后逐渐引入了基因型和化学标准，例如16S rRNA基因相似性和基因间核苷酸同源（ANI）值。近年来，ANI值达到95%已被广泛认可作为新细菌种划分的标准，这一标准反映了原核生物种概念的生物学意义。对乳酸菌科和鲍尔曼菌科种类的评估表明，基于单拷贝核心基因和固定基因组相似性阈值的种类划分具有独特性和不连续性。

引用基因型方法已揭示乳酸菌属的广泛多样性，其中乳酸球菌属是其不可分割的一部分。通过单个基因构建的系统发育树将物种分组到不同的系统发育支系，但支系间的分辨率尚显不足。基于核心基因组的系统发育研究进一步确认了乳酸菌和球菌的系统发育异质性，并提供了更高的分辨率，揭示了由共同表型和生态特征所界定的一致性系统发育类群。生理学、系统发育学和基因组分析简化了同源乳酸发酵和异源乳酸发酵的区分，突显了它们的关键代谢中间产物。在乳酸菌属内，同源乳酸菌与异源乳酸菌形成了不同的系统发育支系；而在其他乳酸菌科中，同源或异源乳酸代谢在乳酸菌科水平上得以保留，但戊糖代谢在物种或菌株水平上则表现出可变性。

近年来，人们越来越认识到当前所定义的乳酸杆菌属在遗传多样性方面表现出远超一般菌属乃至科的水平。当前的分类体系阻碍了对生态、生理、进化和应用研究的深入，因为遗传差异显著、代谢多样、生态和功能各异的微生物被放在同一属中。这种缺乏细分的分类结构妨碍了对共享功能属性的准确检测和详尽描述。

2. 在乳酸菌育种中的应用

乳酸菌在人工培育环境中面临耐受性较弱、生物利用效率偏低以及产能不足等诸多问题。这些问题构成了微生物代谢产物开发和产业化过程中的主要障碍。为应对这些挑战，微生物菌种选育成为一项关键任务，其核心目标在于获得在人工培育条件下产量更高、遗传稳定性更强、更适应发酵环境的高产菌株。全高效育种技术的应用在一定程度上显著提升最终产品的产量和质量。包括诱变、适应性进化和代谢工程在内的经典菌株修饰技术已被广泛应用于增强乳酸菌的生产性能。传统的随机诱变育种方法无须了解微生物及其代谢产物的遗传背景，然而，该方法的选育过程耗时且费力，正突变效率相对较低。适应性实验室进化（ALE）虽然已经被广泛应用于获取有益新菌株，然而，ALE 作为一种时间和资源密集型技术，通常需要经历长时间的培养与演化过程，且其结果难以预测。相比之下，基于合成生物学技术的代谢工程育种，通过研究生物合成代谢途径旨在实现预期目标或促进内部基因重组，进而改变菌株的遗传性状，使其过量积累某些代谢产物，最终培育出高产、优质且低消耗的理想菌株。虽然代谢工程育种在提升产量和开发衍生物等方面卓有成效，但其成功程度主要取决于微生物的遗传可操作性以及对目标代谢产物生物合成和调控机制的深入理解。然而，由于特定代谢途径的局部调控限制，这种方法可能无法全面提升微生物的整体性能。此外，在微生物复杂的基因转录和代谢网络调控背景下，确定有效的基因靶标也面临一定的困难。为了解决这些问题，农业生物信息研究可以以生物生产为目标，利用组学数据分析技术对乳酸菌进行菌株改良。

为了更高效、低成本地研究和合理改造酸奶起始培养物，我们需要一个计算模型来模拟发酵过程中的关键变量，例如乳酸菌生物量水平和关键化合物的浓度。目前，模拟微生物生长和代谢的主要模型有两种：基于微分方程的模型和基于代谢通量平衡分析（FBA）的模型。迄今为止，众多研究尝试使用基于微分方程的模型来模拟乳酸菌的生长、底物消耗和乳酸产生。然而，其中一些模型过于简化，只包括 Monod 方程或扩展的 Monod 方程，这些方程仅从经验层面将微生物生长和底物利用联系在一起，将整个代谢网络视作"黑匣子"。此外，还存在基于微分方程的"白匣子"模型，该模型通过一系列酶动力学方程来捕获代谢活动。但由于涉及多种酶动力学机制，构建这类模型通常成本较高，并且需要大量难以获取的酶动力学参数。

系统生物学中的基因组尺度代谢模型（GSMM）和基于代谢通量平衡分析模型（FBA）已被广泛应用于细菌发酵的建模和设计。另一方面，基于 FBA 的代谢模型能够有效避免基于微分方程模型的主要缺点。首先，当具备注释的基因组数据时，GSMM 可以很容易地重建。其次，FBA 不需要酶动力学机制和动力学参数的信息。最后，GSMM 中的基因－蛋白质－反应关系允许整合多组学数据，如定量蛋白质组学数据。目前，已经重建了多个乳制品源乳酸菌的 GSMM，并构建了一个涵盖这些 GSMM 的奶酪启动培养物的动态共培养代谢模型。然而，目前仍然缺乏能够模拟实际工业场景（与非假设情况）中使用的乳酸菌共培养体生长和代谢的宏基因组尺度代谢模型。此外，现有的乳酸菌培养模型不能模拟酸奶发酵过程中独特的种间相互作用。为了解决这一问题，并定量模拟酸奶发酵中乳酸菌的发酵动力学和代谢相互作用，有研究人员构建了酸奶发酵剂培养物主要物种（S. thermophilus 和 L. delbrueckii subsp. Bulgaricus）的动态宏基因组尺度代谢模型。该研究首次将约束蛋白质分配整合到动态社群 FBA 中。通过模拟不同的 S. thermophilus 和 L. delbrueckii subsp. Bulgaricus 的接种比例对整体发酵行为的影响，该研究探讨了所开发模型在支持酸奶发酵过程设计和优化方面的潜力。

  随着基因组测序技术的不断发展和成本的大幅降低，我们得以更深入地探究微生物的遗传背景及其代谢网络。这为定向菌株改良和优化提供了巨大的机会。通过分析海量基因组数据，我们能够精准识别与特定性状和功能相关的基因，进而选择最具发展潜力的菌株。此外，农业生物信息学的应用有助于解析微生物的代谢途径，从而精确地调控代谢产物的合成。通过在模型中整合大量的代谢数据，我们可以预测特定遗传改变对代谢网络的潜在影响，为育种策略提供科学指导。系统生物学可以帮助我们更好地理解微生物的生物学特性，包括基因调控网络、代谢途径以及蛋白质间的相互作用。合成生物学则通过重新设计和重构微生物的代谢途径，实现特定产物的高效合成。将这两种方法相融合，能够创造出具备定制功能的微生物菌株，用于产生特定的代谢产物，例如药物、化学品和能源。农业生物信息学在微生物育种领域展现出广阔的应用前景。通过整合基因组学、代谢组学和系统生物学的研究方法，我们能够更加精准地设计和优化微生物菌株，实现更高产量、更优质量和更可持续的生产过程。这一进展将在农业、食品工业和生物工艺等领域引发革命性的变革。

前沿展望篇

第 8 章

大模型时代的智慧农业

"北冥有鱼，其名为鲲。鲲之大，不知其几千里也。"
——庄子《逍遥游》

正如鲲之巨大，难以度量，当人工智能进入大模型时代，其蕴藏的潜力与影响同样难以估量。在智慧农业的发展与大模型的崛起相互交织的时代背景下，如何有效运用以大语言模型为代表的人工智能前沿技术，为农业发展注入新的活力，并为农业科研、生产与管理方式带来深刻变革，已成为当前农业领域研究与实践的重要议题。

8.1 大模型的发展历程

随着信息与智能技术的飞速发展，大语言模型（Large Language Model，LLM）正逐渐成为推动各行业变革的关键力量。从早期的机器学习算法到现今的千亿级参数模型，大语言模型（以下简称"大模型"）的演进不仅体现了计算能力的提升，更反映了人工智能从专用走向通用、从单一任务走向多任务协同的重要趋势。本书第 1 章对人工智能的发展历程进行了回顾，本节将进一步聚焦大模型的发展历程。

8.1.1 深度神经网络的复兴

2006 年，Geoffrey Hinton 团队了提出深度信念网络（Deep Belief Network，DBN），通过逐层非监督预训练策略，成功解决了深层网络梯度消失问题，使深层网络训练成为可能。2012 年，AlexNet 在 ImageNet 竞赛中以 16.4% 的错误率（远低于第二名的 26.2%）一举夺冠，这一成就不仅在学术界和产业界引发轰动，更标志着深度学习黄金时代的正式开启。这一突破性进展不仅验证了卷积神经网络（CNN）在大规模视觉任务中的有效性，还催生了 VGG、ResNet 等经典架构的诞生。

8.1.2 大模型时代的开启：从 Transformer 到 ChatGPT

2017 年，谷歌（Google）研究团队在其论文《注意力是你需要的全部》（*Attention is All You Need*）中提出了 Transformer 架构。该架构的核心思想是完全基于注意力机制来处理序列数据，摒弃了传统的循环神经网络（RNN）和卷积神经网络（CNN）结构。Transformer 的提出改变了自然语言处理领域的研究范式，成为后续大模型的基础架构。

2018 年，OpenAI 发布了 GPT-1（Generative Pre-trained Transformer 1），这是首个基于 Transformer 架构的生成式预训练语言模型。GPT-1 的核心思想是通过大规模的无监督预训练（Pre-training）和特定任务的有监督微调（Fine-tuning）来实现通用语言理解。尽管 GPT-1 的参数量为 1.17 亿，规模相对较小，但其在多项自然语言处理任务中展现了强大的潜力，尤其是在文本生成和语言理解方面。

2019 年，OpenAI 发布了 GPT-2，其参数量达到 15 亿，是 GPT-1 的 10 倍以上。GPT-2 在生成文本的连贯性和多样性方面取得了显著提升，能够生成更加自然和流畅的文本。GPT-2 的发布引发了广泛关注，尤其是在新闻生成、故事创作等领域展现了强大的应用潜力。然而，由于对其可能被滥用的担忧，OpenAI 最初并未完全公开 GPT-2 的模型权重，而是逐步发布了不同规模的版本。

2020 年，OpenAI 推出了 GPT-3，其参数量高达 1750 亿，较 GPT-2 增长了 100 倍以上。GPT-3 不仅在自然语言处理任务中表现出色，还展现出一定的推理能力和多任务学习能力。GPT-3 的发布标志着大模型时代的正式开启，其强大的语言生成和理解能力使得它能够胜任问答、翻译乃至代码生成等多种复杂任务。

2022 年，OpenAI 发布了 ChatGPT，这是一款基于 GPT-3.5 和 GPT-4 的对话模型。ChatGPT 通过对话交互的方式，展现了强大的语言理解和生成能力，能够胜任问答、写作乃至代码生成等多种任务。ChatGPT 的发布引发了全球范围内的人工智能热潮，有力推动了人工智能技术从实验室走向广泛应用，深入千家万户。

8.1.3 多模态大模型的兴起

多模态大模型的兴起标志着人工智能技术从单一模态向多模态协同的重要转变。多模态大模型能够同时处理文本、图像、语音、视频等多种模态的数据，从而实现更为全面且精准的理解和生成。

1. 多模态学习的初步探索

多模态学习（Multimodal Learning）是指同时处理多种模态数据（如文本、图像、语音等）的学习方法。早期阶段，多模态学习主要聚焦于图像与文本的联合处理上，例如图像标注和文本生成。

2. CLIP 模型的突破

2021 年，OpenAI 发布了 CLIP（Contrastive Language-Image Pretraining，对比语言 – 图像预训练）模型，这是首个能够同时处理图像和文本的多模态大模型。CLIP 通过对比学习的方式，成功实现了跨模态的理解和生成，为多模态大模型的发展奠定了基础。

3. DALL·E 和 Stable Diffusion 的创新

2021 年，OpenAI 发布了 DALL·E 模型，这是首个能够根据文本描述生成图像的多模态大模型。DALL·E 模型通过结合文本和图像的特征，实现了高质量的图像生成。2022 年，Stable Diffusion 模型的问世进一步推动了图像生成技术的发展。Stable Diffusion 采用扩散模型（Diffusion Model）的方法，成功生成了高质量的图像，并在艺术创作、广告设计等领域展现出巨大的应用潜力。

8.1.4 国产大模型的崛起

随着全球大模型技术的快速发展，中国科技公司亦在这一领域取得了显著成就，多家中国科技公司推出了具有竞争力的大模型，推动了国产大模型的崛起。这些大模型不仅在技术层面取得了突破，还在产业应用中展现出强大的潜力，涵盖了自然语言处理、计算机视觉、语音识别、多模态学习等多个领域。以下列举几款具有代表性的国产大模型及其特点。

1. 通义千问（阿里巴巴）

2023 年，阿里巴巴发布了通义千问模型，这是世界首个能够同时处理文本、图像和语音的多模态大模型。通义千问在自然语言处理、计算机视觉和语音识别等多个领域均展现了强大的性能。其应用场景涵盖智能客服、图像识别、语音助手等多个领域。

2. 混元（腾讯）

2024 年，腾讯发布了混元模型，这是首个能够同时处理文本、图像、语音和视频的多模态大模型。混元模型在多个领域的应用中展现了强大的潜力，有力推动了人工智能技术在国内的广泛应用。混元模型的应用场景涵盖视频内容分析、智能推荐系统、虚拟现实等多个领域。

3. 文心一言（百度）

文心一言是百度推出的生成式人工智能大模型，专注于中文自然语言处理和多模态学习。该模型于 2023 年发布，其特点是结合了大规模中文语料库和知识图谱，能够生成高质量的中文文本，并在问答、翻译、摘要生成等任务中表现出色。

4. 智谱清言（智谱华章）

智谱清言是由清华大学和智谱华章联合开发的大模型，专注于中文自然语言处理和多模态学习。该模型于 2023 年发布，其特点是结合了大规模中文语料库和知识图谱，能够生成高质量的中文文本，并在问答、翻译、摘要生成等任务中表现出色。

5. Kimi（月之暗面）

Kimi 是由月之暗面（Moonshot AI）开发的大模型，专注于多模态学习和跨语言理解。该模型于 2024 年发布，其特点是能够同时处理文本、图像和语音，并在跨语言任务中展现出强大的性能。Kimi 的应用场景包括跨语言翻译、多模态内容生成、智能助手等多个领域。

6. 豆包（字节跳动）

豆包是由字节跳动开发的大模型，专注于短视频内容理解和生成。该模型于 2024 年发布，其特点是能够分析短视频内容并生成相应的文本描述，还能够根据文本生成短视频。豆包的应用场景包括短视频推荐、内容创作、广告生成等多个领域。

7. DeepSeek 系列大模型（深度求索）

2024 年，深度求索（DeepSeek）发布了 DeepSeek-V3 模型，该模型在自然语言处理任务中展现了强大的性能，尤其是在文本生成和语言理解方面表现尤为突出。此后，深度求索又发布了 DeepSeek-R1 模型，凭借其低成本、高性能的显著优势，有力推动了人工智能大模型在国内的广泛应用。

8.2 深度求索的求索之路

深度求索（DeepSeek）是一家专注于人工智能大模型技术研发的初创公司，自 2023 年成立以来，迅速崭露头角，成为全球大模型领域的"黑马"。其技术突破和应用落地不仅在国内引发了广泛关注，更在国际上产生了深远影响。DeepSeek 的技术发展历程充满了创新与突破，其模型迭代速度之快、性能提升之显著，令人瞩目。

8.2.1 从 DeepSeek Coder 到 DeepSeek-R1

2023 年 11 月，DeepSeek 发布了首个开源代码大模型——DeepSeek Coder。该模型支持多种编程语言的代码生成、调试和数据分析任务，为开发者提供了有力的工具支持。紧接着，DeepSeek 推出了参数规模高达 670 亿的通用大模型——DeepSeek LLM。该模型支持多种自然语言任务，如对话、文本生成等。这标志着 DeepSeek 在通用大模型领域的初步探索取得了显著进展。

2024 年 5 月，DeepSeek 发布了第二代基于混合专家模型（Mixture of Experts，MoE）的开源大模型——DeepSeek-V2。该模型的总参数量高达 2360 亿，然而其推理成本却大幅降低，每百万 token 仅需 1 元人民币，因此被誉为"AI 界的拼多多"。DeepSeek-V2 的发布不仅展示了公司在技术创新领域的雄厚实力，同时也为中国人工智能大模型的成本战和价格战拉开了序幕。

2024 年 12 月，DeepSeek 再接再厉，发布了 DeepSeek-V3 模型。该模型的总参数量进一步提升至 6710 亿，采用创新的 MoE 架构和 FP8 混合精度训练技术，其训练成本仅为 557.6 万美元。DeepSeek-V3 在性能上超越了多个开源及闭源模型，一举成为当时最优秀的开源人工智能大模型之一。

2025 年 1 月 20 日，DeepSeek 发布了 DeepSeek-R1 模型，这是其发展历程中的又一重要里程碑。DeepSeek-R1 基于 DeepSeek-V3-Base 训练，借助强化学习和知识蒸馏技术，显著提升了模型的推理能力。该模型在数学、代码及复杂逻辑推理任务中表现出色，实力与 OpenAI 的 o1 模型不相上下。

DeepSeek-R1 的发布迅速在全球人工智能领域引发热烈反响。其应用在美区应用商店上线后，仅 18 天下载量便突破 1600 万次，远超 ChatGPT 的 900 万次记录。此外，DeepSeek-R1 的日活跃用户数（Daily Active User，DAU）在发布后迅速攀升，全球用户数从 34.7 万激增至超过 1 亿，一跃成为全球人工智能应用赛道的佼佼者。

8.2.2 技术特点与开源战略

DeepSeek 的崛起不仅源于其模型的强大性能，更在于其独特的技术路径和低成本优势。DeepSeek 通过优化模型架构和训练方法，大幅降低了训练和推理成本，并在模型架构和训练方法上进行了多项创新。例如，其混合专家模型架构借助动态路由技术，实现了高效的计算资源分配；其基于规则的强化学习策略（Group Relative Policy Optimization，GRPO）取代了传统的人类反馈强化学习（Reinforcement Learning from Human Feedback，RLHF），显著提升了模型的推理能力。

同时，DeepSeek 的开源策略亦是其成功的关键因素之一。借助开源模式，DeepSeek 吸引了大量开发者和企业参与其生态建设，推动了技术的快速迭代和应用落地。例如，DeepSeek-V3 和 DeepSeek-R1 的开源版本为全球开发者提供了强大的工具支持，有效促进了人工智能大模型技术的普及与创新发展。

8.3 "大材"（大模型）与"小用"（为我所用）

大模型的出现为诸多行业带来了能力上的新跃迁，其在自然语言处理、图像识别、多模态分析等方面表现出强大的泛化能力与知识整合能力。然而，面对智慧农业这样一个高度垂直、环境复杂且需求聚焦的应用场景，如何将"通用大模型"高效转化为"场景价值"成为亟待解决的关键问题。本节将从模型使用方式、幻觉问题、数据安全等多个角度，探讨大模型从"大材"向"好用"和"能用"转变的落地挑战及其基本路径。

8.3.1 大模型使用方式的权衡

当前大模型的使用方式主要包括以下三类。

1. 本地部署

用户将大模型（或其微调版本）部署于本地服务器或私有云中，具备数据自主可控、低延迟响应的优势，适合数据敏感性高、响应时效要求强的场景。然而，本地部署的挑战在于对计算资源要求高，必须配备专业的硬件设施及团队进行维护。

2. API 接口调用

用户可通过云平台提供的 API 接口调用大模型服务，采用按需计费模式，易于接入与迭代，适合原型开发与标准任务。然而，该方式对网络及数据传输的依赖程度较高，可能引发数据隐私与响应稳定性方面的问题。当用户使用 API 调用大模型服务时，大多数平台（比如 OpenAI、DeepSeek、阿里、百度等）并非按"调用次数"或"字数"进行收费，而是以"Token"（令牌）这一单位来计费。

什么是 Token

Token 是大模型在理解和处理文字时的最小单位，可将其理解为"字"或"词"。通常，1 个中文字或词、1 个英文单词或单词片段、1 个数字、1 个符号均计为 1 个 Token。主流平台通常会设定一个"每百万 Token 的价格",这一价格涵盖了输入(即提问内容)和输出(即模型回答)的 Token 数量。例如,若用户提出了一个包含 300 个 Token 的问题,而模型回复用了 800 个 Token,则总计为 1100 个 Token。

3. 平台工具 / 网站

对用户而言,最便捷的方式是直接在大模型平台 / 网站上使用,通过图形界面与内置工具来完成任务,这种方式特别适合非开发者群体快速使用,但其灵活性与可控性较弱,往往难以实现深度集成。

更直观地讲,用户不编写代码、不调用 API,直接在平台网站上输入问题并查看回答。用户使用的可能是网页版,也可能是 App 或者小程序,但本质上都是在用一个已经封装好的"工具界面"来与大模型进行对话。

8.3.2 大模型幻觉问题及应对措施

尽管大模型在生成流畅自然、逻辑连贯的内容方面表现出色,但同时也存在"幻觉"问题。大模型幻觉指的是模型输出中看似合理但实际错误的内容,如虚构的事实、错误的引用链接、无中生有的专业术语等。

大模型幻觉的根源涉及多个方面:首先,大模型采用概率预测机制,生成的是"最可能被写出来"的内容;其次,大模型尚缺乏真正的逻辑推理与事实校验能力;再者,大模型对罕见知识和稀有事件覆盖度较低,容易"编故事"。

在对可靠性、真实性要求高的应用场景(如医疗、科研、法律等)中,大模型幻觉可能带来严重后果。针对大模型幻觉,以下介绍几种常见的应对措施。

1)**RAG 与外部知识库**:结合外部知识库进行检索增强生成(Retrieval-Augmented Generation,RAG),将大模型的生成能力与外部知识库连接起来,让模型"生成前先查一查",实现模型在生成内容前先进行知识检索,确保生成内容的准确性和丰富性。

2)**微调与对齐**:在特定领域数据上进行微调训练,通过引入监督微调(Supervised Fine-tuning)、指令微调(Instruction Fine-tuning)、基于人类反馈的强化学习(Reinforcement Learning from Human Feedback,RLHF)等技术,使模型能够"明确哪些话不能乱讲,哪些事实必须确保准确无误"。

3)**结构化输出**:让大模型的输出"格式规范""遵循规则",从而有效降低自由生成中的出错率。具体措施包括:限定回答格式(如表格、条目、JSON 结构);限定输出范围(如仅允许从知识库提供的选项中选择);采用"模板驱动生成"方式,使模型在预设句式中填空,而非全篇随意发挥。

4)**人工审校**:尽管目前已有多种技术手段来缓解大模型幻觉问题,但在许多对可靠性要求高的场景中,人工审校(即对生成内容进行人工评估和校验)依然是最为直接、最为可靠且不可或缺的一道防线。

8.4 大模型时代，智慧农业何去何从

当人工智能大模型技术以超乎预期的速度普及至千家万户，渗透至千行百业时，智慧农业也正面临前所未有的变革机遇。凭借其强大的数据处理能力、多模态学习能力和泛化能力，大模型技术有望为农业生产、管理和科研注入全新活力和强劲动力。在大模型时代的背景下，智慧农业将如何发展？本节将从技术赋能和未来方向两方面，探讨大模型时代智慧农业的发展趋势。

8.4.1 技术赋能

随着技术的不断进步，人工智能大模型在农业领域的应用展现出广阔的拓展前景。大模型的深入应用将推动农业生产与管理模式的变革，使得农业大数据分析更加智能化、农机操作更趋自动化、农业知识的获取也更为高效便捷。聚焦于技术赋能应用，本节将探讨其中一些具有代表性的潜在应用领域。

1. 农业大数据智能解析与预测

现代农业数据来源极为广泛，包括土壤监测、气象数据、作物生长图像等。大模型技术能够融合海量的多源农业数据，进行综合整理和智能分析，从而为农业决策提供精准支持。以作物种植为例，大模型可以整合遥感影像、传感器数据、气象数据以及历史农业生产记录等多种信息，进而在预测农作物生长趋势、优化种植策略、提升产量和资源利用率等方面提出科学的决策建议。

2. 智能农机与无人化农业生产

在农业自动化进程中，大模型与智能农机的深入结合，将显著提升农业生产效率。依托计算机视觉和自然语言处理技术，大模型能够辅助无人驾驶拖拉机、自动喷洒无人机等智能农机，增强其自主规划、实时调整和精准执行的能力。

3. 智慧畜牧业与动物行为分析

大模型有望应用于处理和理解畜牧场景中的多模态数据，包括图像、视频、音频信号及环境传感数据等，以实时监测动物的生理和行为状态，建立动物个体及群体的行为模式。通过对历史数据和实时数据的综合分析，能够提前感知动物健康异常、预测疾病风险，并及时提出科学干预措施。此外，深度理解动物行为有助于优化饲养管理策略，提升动物福利，降低饲养成本，从而推动畜牧业实现精准、高效、可持续发展。

4. 农产品市场分析与趋势预测

通过全面分析国内外农业市场信息，包括历史价格数据、生产情况、消费趋势、天气状况、政策动态及国际贸易变化，大模型有望在农产品市场价格和需求趋势的分析及预测方面发挥重要作用，提前预警市场波动风险，协助农户、企业及政府机构更精准地把握市场动向，制定科学合理的生产和销售策略。

5. 农技知识服务与智能问答系统

传统农业知识主要依赖经验积累，而大模型能够整合海量的农业科技文献与专业数据，辅助构建农业知识图谱，为农民、农业技术人员及研究者提供精准的知识服务。通过结合智能问答系统，大模型可以模拟农业专家的角色，为农业科技创新、生产服务以及知识科普等领域提供智能化的支持。

8.4.2 未来方向

人工智能大模型的迅猛发展有望加速推动智慧农业加速进入智能化、精准化、可持续化的新阶段。从数据驱动决策到智能化管理，从精准农业到智慧供应链，大模型技术将在农业产业链中发挥更重要、更全面的作用。未来的发展方向不仅包括提升模型性能，也将涉及成本控制、可持续发展等多个层面。本节将探讨几个值得关注的未来趋势。

1. 农业大模型的本地化与个性化

由于各地区农业生态条件存在显著差异，农业大模型必须结合当地的气候、土壤及作物种类等特征，进行细致的本地化与个性化适配。针对不同的应用场景，需要构建相应的知识库并制定优化策略，从而提供更精准和高效的农业智能服务。

2. 多模态融合农业智能系统

未来的大模型将在文本、图像、音频、传感器数据、遥感数据等多模态数据融合方面发挥更大作用，实现更全面的农业感知与智能推理。这将使农业系统具备"看得懂图、听得懂话、读得懂文、理解上下文"的综合感知和认知能力，为农业生产与管理提供多维度的智能辅助。

3. 低成本、高效能的农业人工智能应用

当前，大模型的体量庞大且计算成本高昂，这在一定程度上限制了其在农业领域的广泛应用。开发轻量化、低算力需求的农业人工智能模型，将有助于显著提升农业领域的智能化水平。通过将边缘计算设备与轻量化的农业大模型相结合，可以在农田、养殖场等实际环境中实现实时运行，从而有效提高智能决策能力。

4. 人工智能伦理与可持续发展

在推动智慧农业发展的同时，我们同样需要关注数据隐私保护、技术公平性以及生态可持续性。在农业人工智能系统的设计中，应确保数据来源的合法性、防范数据安全风险，避免算法歧视，并积极推动节水、减药、降碳等可持续农业技术的创新与发展。

推荐阅读

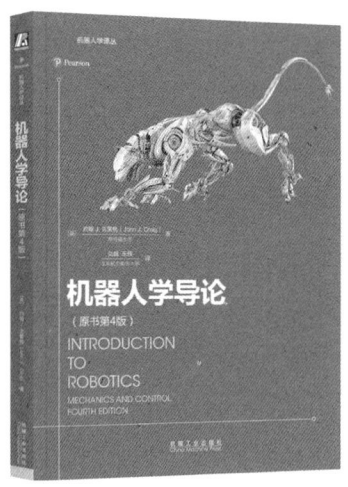 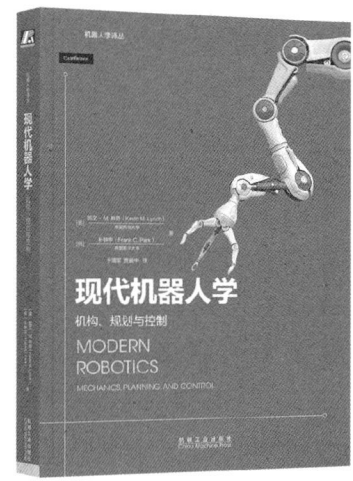

机器人学导论（原书第4版）

作者：[美] 约翰 J. 克雷格（John J. Craig） 译者：贠超 王伟
ISBN：978-7-111-59031-6 定价：79.00元

本书是美国斯坦福大学John J.Craig教授在机器人学和机器人技术方面多年的研究和教学工作的积累，根据斯坦福大学教授"机器人学导论"课程讲义不断修订完成，是当今机器人学领域的经典之作，国内外众多高校机器人相关专业推荐用作教材。作者根据机器人学的特点，将数学、力学和控制理论等与机器人应用实践密切结合，按照刚体力学、分析力学、机构学和控制理论中的原理和定义对机器人运动学、动力学、控制和编程中的原理进行了严谨的阐述，并使用典型例题解释原理。

现代机器人学：机构、规划与控制

作者：[美] 凯文·M. 林奇（Kevin M. Lynch） [韩] 朴钟宇（Frank C.Park） 译者：于靖军 贾振中
ISBN：978-7-111-63984-8 定价：139.00元

机器人学领域两位享誉世界资深学者和知名专家撰写。以旋量理论为工具，重构现代机器人学知识体系，既直观反映机器人本质特性，又抓住学科前沿。名校教授鼎力推荐！

"弗兰克和凯文对现代机器人学做了非常清晰和详尽的诠释。"

-------哈佛大学罗杰·布罗克特教授

"现代机器人学传授了机器人学重要的见解…以一种清晰的方式让大学生们容易理解它。"

-------卡内基·梅隆大学马修·梅森教授

南京大学人工智能系列教材

推荐阅读

人工智能：原理与实践

作者：（美）查鲁·C. 阿加沃尔　译者：杜博　刘友发　ISBN：978-7-111-71067-7

本书特色

本书介绍了经典人工智能（逻辑或演绎推理）和现代人工智能（归纳学习和神经网络），分别阐述了三类方法：

基于演绎推理的方法，从预先定义的假设开始，用其进行推理，以得出合乎逻辑的结论。底层方法包括搜索和基于逻辑的方法。

基于归纳学习的方法，从示例开始，并使用统计方法得出假设。主要内容包括回归建模、支持向量机、神经网络、强化学习、无监督学习和概率图模型。

基于演绎推理与归纳学习的方法，包括知识图谱和神经符号人工智能的使用。

神经网络与深度学习

作者：邱锡鹏　ISBN：978-7-111-64968-7

本书是深度学习领域的入门教材，系统地整理了深度学习的知识体系，并由浅入深地阐述了深度学习的原理、模型以及方法，使得读者能全面地掌握深度学习的相关知识，并提高以深度学习技术来解决实际问题的能力。本书可作为高等院校人工智能、计算机、自动化、电子和通信等相关专业的研究生或本科生教材，也可供相关领域的研究人员和工程技术人员参考。